古代歷史文化研究輯刊

二六編

王明蓀 主編

第 26 冊

民族文化傳承與「國家級」非物質文化遺產保護之研究
——以 yal lengc（侗錦）為例（上）

劉少君 著

國家圖書館出版品預行編目資料

民族文化傳承與「國家級」非物質文化遺產保護之研究——以
yal lengc（侗錦）為例（上）／劉少君 著 -- 初版 -- 新北市：
花木蘭文化事業有限公司，2021〔民110〕
目 6+182 面；19×26 公分
（古代歷史文化研究輯刊 二六編；第26冊）
ISBN 978-986-518-609-8（精裝）
1. 侗族 2. 編織工藝 3. 民族文化 4. 中國
618   110011832

ISBN-978-986-518-609-8

古代歷史文化研究輯刊
二六編　第二六冊　　　　　　ISBN：978-986-518-609-8

民族文化傳承與「國家級」非物質文化遺產保護之研究
——以 yal lengc（侗錦）為例（上）

作　　者　劉少君
主　　編　王明蓀
總 編 輯　杜潔祥
副總編輯　楊嘉樂
編　　輯　許郁翎、張雅淋、潘玟靜　美術編輯　陳逸婷
出　　版　花木蘭文化事業有限公司
發 行 人　高小娟
聯絡地址　235 新北市中和區中安街七二號十三樓
　　　　　電話：02-2923-1455／傳真：02-2923-1452
網　　址　http://www.huamulan.tw 信箱 service@huamulans.com
印　　刷　普羅文化出版廣告事業
初　　版　2021 年 9 月
全書字數　378435 字
定　　價　二六編 32 冊（精裝）台幣 88,000 元　　　版權所有・請勿翻印

民族文化傳承與「國家級」非物質文化遺產保護之研究
——以 yal lengc（侗錦）為例（上）

劉少君　著

作者簡介

劉少君（Kuli‧Kilang），花蓮縣娜荳蘭部落阿美族人。學歷：國立政治大學民族學博士。專長：民族學、大陸西南少數民族文化研究、臺灣原住民族文化研究、博物館文化近用與推廣教育設計。現任國立臺灣史前文化博物館研究典藏組助理研究員，主要任務：展廳友善導覽規劃、文化近用推廣教育活動。

提　要

　　在全球化的影響下，傳統與現代的衝突顯得尤為尖銳，如何保護並發展傳統的民族文化，是普遍面臨的議題。

　　侗錦產生於侗族的生活中，展現出豐富而精彩的圖案紋樣，強烈地反映了他們對生命、大自然和民族文化的熱愛和崇敬，同時也滲透著民族文化的樂觀精神、凝聚著人們對美好未來的嚮往，侗錦可以說將侗族最真誠的情感表現了出來。

　　本研究地域範疇以湖南省懷化市通道侗族自治縣的侗錦傳承區域為主，侗錦傳承區域占全縣面積 60%，主要分佈在該縣之西部以及南部百里侗族文化長廊的各鄉鎮。

　　作者在通道縣以及周邊的其他侗族地區田調時間前後長達七年，對於通道縣的侗錦進行了具體的收集和整理的工作。立基於這個基礎之上，作者充分瞭解了關於通道縣侗錦藝術的形成背景、產生因素、內外的特徵以及目前的實際情況，同時也深入探討其蘊涵的文化精神、現代價值以及其在工藝美術中的運用。此外，本文也結合織錦文化資源保護的現狀，分析政府與民間所採取的傳承原則與實際方法。

　　本研究期許通過對通道侗錦的整理與分析，找出侗錦藝術存在的各種意義與價值，並希望以此引起社會對通道侗錦文化從認識進而重視、從重視進而保護與弘揚。因此本研究透過從政府保障非物質文化遺產的角度入手，對非物質文化遺產保護的具體執行層面進行探討，其中主要是探討政府應該如何扮演傳承文化主導者的角色。作者先由戰略層面探討政府對侗錦織造技藝如何保護與傳承、如何制定政策、如何復振，再由戰術層次探討政府如何組織民間所擁有的研習管道、如何強化傳承人與學習生之間的互動狀況、如何開展侗錦的未來等問題。

　　本研究最後的重點聚焦於侗錦文創可能性的分析。侗錦展演如何在各項文化體驗活動中展現其潛力，俾便達成藝術生活化的可能性？侗錦文化如何以文化創意產業的型態經營，俾能超越地域性的侷限？當大眾聚焦在文創產品的真實性議題的時候，如何藉之促成族人對於侗錦文化認同的差異性，以及侗錦如何在村寨形成傳承認知的效應？侗錦藝術是否能夠活化通道縣侗錦文創產業的契機，進而提升侗錦文化發展的主體性？

　　本研究最終期待透過這樣以學術性的方式，探討侗錦非物質文化遺產的生存與發展現狀，提供侗族在進行適度保護性旅遊與再利用政策的時侯，將這一項國家級的非物質文化遺產推向市場、推向國際。

謝　誌

　　本論文得以完成，首先要感謝我的指導教授張駿逸博士。張教授在政治大學這十幾年的指導與薰陶，除了學業上的授業解惑外，還有生活細節的叮嚀與照顧。尤其在學生撰寫論文的期間，教授不厭其煩地修正論文的問題意識，並耐心地教導學生如何在田野中進行學習與體驗，如何運用民族學的自觀 EMIC 與他觀 ETIC 的態度，理出一個感性與理性兼顧的平衡觀點。此外，教授平日待人處世、尊重生命和嚴謹治學的態度是最令學生尊崇的。

　　感謝口試委員阮昌銳教授、林志興博士、顏芳姿教授、江美英教授對學生的論文提供許多寶貴的意見。口試時的震撼教育讓學生深刻體悟到學術的博大精深，而自己所知卻是如此的有限與微不足道，原來，博士學位不是學習的終點，而是學習的起點，要承認自己在浩瀚知識中的渺小。學海無涯，今後自當更努力與精進，才不致辜負師長們的諄諄教誨。師長們對論文的斧正，令學生獲益匪淺。

　　感謝我碩士論文口試委員，以及鼓勵我攻讀博士班課程的王嵩山教授、潘英海教授、童春發教授，沒有您們當時的鼓勵，我也沒有完成博士課程的信心。

　　本論文還要特別感謝在通道縣指導我學習侗錦織造技藝的國家及傳承人粟田梅老師、省籍傳承人吳念姬老師，以及黃土鄉、獨坡鄉、牙屯堡鎮、坪坦鄉、播陽鎮的各位侗錦織造技藝的老師們。因為您們耐心的教導，才打開了我在侗錦藝術的眼界，也讓我充分地享受這既燦爛、又具內涵的侗錦世界。在此也特別感謝在學術指導過我的潘年英教授、廖君湘教授、楊通銀教授，讓我對侗族歷史文化有著宏觀的認識。

　　在通道縣期間最要感謝的是帶領我進入侗族文化的楊少波縣長，是您讓我認識了如同阿美族魚文化般的侗族文化；其實，我原本只是打算學習侗族織造技藝，是您鼓勵我探索侗錦藝術，是您像是我的侗鄉大哥般地照顧著我，費心地親自安排我進入每一個侗族村寨，讓我得以全面參與觀察進入侗族的生活。

　　同時也要感謝我在通道體驗侗族文化時，領導我快速地融入侗文化的「紅湘磚廠（專長）」的石願兵老師、吳文志老師、林良斌老師、楊旭昉老師、吳景軍老師；以及梁淵部長、王富部長、歐瑞凡老師、石佳能祕書長、楊少勇主任、楊武龍老師、周豔華主任、楊麗坤老師、張靖明老師；還有我在侗鄉的好朋友李佐亞、石小玉與李仕超的幫忙與協助。

　　感謝母親黃美金女士及二姑姑張懿涵女士、小姑姑張靜宜女士的鼓勵與支持，以及大嫂等家人，因為有家人的一路相伴，讓我在生活上無後顧之憂，得以專心處理學業上的瓶頸，提供我不少的精神資糧與支柱，以歡喜心面對學習。

　　獲得博士學位，完成了自己的夢想，也達成了大姑姑張明哲女士當年的期望，本是件值得高興的事，但如今卻無法親手把這成果交到她的面前，只能焚香遙祭，未來，當盡自己的努力，以告慰大姑姑的在天之靈。

劉少君　謹誌
2016 年 7 月

表目次

緒　論

一、研究背景與動機

在經濟全球化和工業化的進程中，世界各國的傳統文化受到了極大的衝擊，發展中國家的情況尤為嚴峻，少數民族傳統文化也不例外，正面臨著瀕危的現實。人類文化在無奈地趨向貧乏和單一化的今天，保持民族與地域特色，優秀的民間傳統文化顯得尤為重要。目前，學術界要求對非物質文化進行保護與研究的呼聲越來越強烈，搶救的急切感頓時湧上學界人士的心頭。民間優秀傳統文化是非物質文化遺產的重要組成部分，遂成為搶救保護的重要對象。

2003 年 10 月聯合國教科文組織頒佈的《保護非物質文化遺產公約》指出：「承認全球化和社會轉型進程在為各群體之間開展新的對話創造條件的同時，也與不容忍現象一樣，使非物質文化遺產面臨損壞、消失和破壞的嚴重威脅，在缺乏保護資源的情況下，這種威脅尤為嚴重。」〔註1〕對於不得不接受全球化和工業化的世界各國和民族來說，如何保護並發展傳統的民族文化，是普遍面臨的議題。中國是一個具有悠久歷史文化和工藝傳統的文明古國，當前又處於現代化建設的高速增長階段，傳統與現代的衝突顯得尤為尖銳。民族傳統工藝是民族傳統文化的重要組成部分，對其進行保護、傳承與發展的研究具有極其重要的文化價值、科學價值和經濟價值。

少數民族傳統工藝文化的內涵包含了三個層面：首先是技術層面，包括

〔註1〕中國非物質文化遺產網，檢視時間：2010 年 4 月 20 日，http://www.ihchina.cn。

使用的原料和製作技術等；其次是藝術層面，包括造型、樣式、色彩、圖案、花紋等，當然這一層面的造型、樣式、色彩、圖案、花紋等在本民族文化中往往也有其特殊的象徵意義；第三個層面為社會文化意義。（張建世、楊正文、楊嘉銘，2005 年）民族傳統工藝文化的研究，應該既注重有形的製造物，更注重無形的文化象徵。將其放在本民族的文化中進行研究，既注重工藝技術，也注重象徵意義等社會文化價值，而不是僅僅作為工藝美術品，離開本民族文化從普通的技術或藝術角度進行研究。

侗族給人的印象是侗族大歌，但歷經長期淬鍊的「侗錦」卻鮮為人知，侗族將其織錦稱之為 yal lengc〔註 2〕；它與中國四大名錦：雲錦、蜀錦、宋錦與壯錦所受到的關注有如天壤之別。近幾年，隨著中國西部大開發戰略的實施，以及上海世界博覽會的舉辦，侗錦作為具有地方特色的民族民間工藝品被隆重推出，它那神秘的面紗才被撩起，讓世人開始注目。

侗錦在湘黔桂三省區的侗族長期的生活中，產生豐富而精彩的圖案紋樣，強烈地反映了他們對生命、大自然和民族文化的熱愛和崇敬，滲透著民族文化的樂觀精神，凝聚著人們的對美好未來的嚮往，表達出侗族真誠的情感。侗錦在滿足生活基本需要的同時，把物質的實用功能與精神需求緊密結合，成為承載民族文化記憶的重要依據。

侗錦是侗族的優秀文化遺產之一，然而侗錦藝術與其他民族民間藝術的傳承一樣，由於歷史和現實等多方面的因素，侗錦面臨著嚴峻的傳承危機。隨著自然經濟結構的潰散，商品經濟和都市文明不斷衝擊古老的民間文化，侗錦這門傳統工藝的傳承和發展也陷入了前所未有的困境，急需搶救和保護。如何規避商品經濟和都市文明對古老民間文化的衝擊，使文化的領地不被湮滅、對活態的民族傳統工藝侗錦進行的文化研究與保護再利用，有著積極的實質意義和特殊的歷史價值。

透過對通道侗錦的基本特徵進行具體的研究、收集和整理的基礎上，充分獲取通道侗錦藝術的形成原因及表層特徵，探討其蘊涵的文化精神個性、現代價值，及其在工藝美術中的運用，結合織錦文化資源保護的現狀來分析其傳承方式方法。最後，希望通過對通道侗錦的基本特徵進行具體的研究、收集和整理，找出通道侗錦藝術中存在的各種價值，並希望以此能引起社會

〔註 2〕侗錦 Yal lengc=ya⁵⁵leng¹¹。石願兵。2014。《通道侗語詞語》長沙：湖南人民
　　　　出版社。頁 4、313。請參閱表緒 1：通道侗語聲調請。

對通道侗錦文化的認識、興趣及重視；並對非物質文化遺產保護的具體執行層面進行探討、尋求侗族文化遺產織錦的保存方式，以及侗錦織造技藝的保護、傳承的文化脈絡。

表緒 1：通道侗語聲調表

通道侗語聲調表								
調值	55	35	11	323	13	31	53	453	33
調號	l	p	c	s	t	x	v	k	h
例：侗錦 Yal lengc=ya^{55}leng^{11}									

二、研究方法與研究範圍

（一）研究方法

本研究的研究方法包括半結構式訪談、非技術文獻分析和田野調查法，分別說明如下：

1. 非技術性文獻分析

根據 Anselm Strauss 及 Juliet Corbin（1997）的《質性研究概論》對非技術性文獻的定義包括私人信函、日記、傳記、政府公報、機構所提出的報告、報紙和錄音帶等。

對撰寫本研究論文來說，只要是有助於瞭解侗錦技藝及或侗錦詮釋有幫助，以及與非物質文化遺產相關學科內容如民族學、藝術學、符號學等涉及之書籍、文章、期刊、報告、公報以及學術論文，都是本研究預將蒐集參考的文獻資料。

針對非物質文化保護政策的部分，還需要參考中國大陸文化部、省市縣各政府文化白皮書或施政報告書。

其中最重要侗錦文獻資料的來源是民族出版社及侗族研究學會出版的各期專題報告書是最為珍貴的。其次則是屬於各相關問題的研究論文，以及期刊雜誌等文獻採集。

2. 半結構式訪談

以事先規劃的訪談問題，與研究對象交談，以獲得較全面的資料，訪談的對象以通道縣當地居民、侗錦傳承人與傳習人、公部門、收藏家，以及相關的專家學者為主。

　　本研究在個案研究方面，採取質性研究之半結構訪談法，因此本研究根據對研究地區與研究對象的瞭解與判斷，在本研究文獻探討基礎上，針對具代表性的樣本，採以「立意取樣」，而非隨機取樣，以利於研究中所需資料的取得，並達研究目的。

　　正式訪談對象：包括公部門人員、專家學者、收藏家、侗錦傳承人、侗錦開發公司等人，在與受訪者先行連絡表達用意後，再與其約定時間及地點進行訪談。

　　非正式訪談對象：主要以湖南省通道縣居民與侗錦傳習人為主，也有部分為貴州省黔東南州及廣西三江縣居民。由於非正式訪談對象並非本研究預定名單，對於傳習人與侗族居民而言，為避免造成尷尬與困擾，採以聊天的方式獲得必要的訊息；因為田野地點位於偏遠山區，取得相關資料不易，只能直接多次前往，直到遇到相關人員，亦以聊天的方式進行詢問。

　　為了求得論文內容的完整性與真實性，將以實際田野調查填補文獻的不足，並加以檢證資料內容的可信度。因過去對於侗錦資料並無良好且完全之保護機制，現存之歷史資料無法完整呈現侗錦藝術之發展沿革，故擬針對侗錦傳承人、以及接觸侗錦技藝議題之相關人員進行深度訪談，藉以瞭解侗錦之技藝現況以及可能之創作，進而探討侗錦歷年之發展脈絡與織造創作的文化內涵，進而對織造創作之理念與思維作進一步的詮釋。

　　為保護本研究之訪談對象，除專家學者之外，其他參與訪談之受訪者，以律以代名稱呼，其背景資料只作簡單闡述。

（二）研究範圍

1. 研究範圍

　　1.1 空間軸：研究地域範疇以湖南省懷化市通道縣的侗錦傳承區域為主，侗錦傳承區域占全縣面積 60%。分佈在西部各鄉鎮以及南部百里侗族文化長廊的各鄉鎮。主要有：牙屯堡鎮、播陽鎮、菁蕪洲鎮、獨坡鄉、雙江鎮、黃土鄉、坪坦鄉、隴城鎮、坪陽鄉、甘溪鄉，以及縣溪鎮部分村寨。

　　1.2 研究重點：本論文的焦點主要放在觀察侗族展現的民族文化載體——侗錦，以探討非物質文化遺產侗錦織造技藝，以及運用侗錦延伸出相關物件的織造技藝等非物質文化遺產的保護；並特別著重於在非物質文化遺產的大旗下，通道侗錦保護之特殊性、與其他地方差異性之比較。最後是探討在技藝傳承與發展方面的延伸討論與分析。

2. 田野調查研究範圍的選擇

根據 2000 年中國第五次全國人口普查統計，侗族人口數為 2,960,293 人。（請參閱附錄八）侗族主要分佈在貴州省的黎平、天柱、從江、溶江、銅二、石阡、玉屏、錦屏、三穗、鎮遠、劍河、萬山等縣，以及湖南省的新晃、芷江、會同、通道等縣，和廣西壯族自治區的三江縣。侗族所使用的侗語屬漢藏語系壯侗語族侗水語支，分南、北部兩個方言。北部方言區包括天柱、新晃、靖縣、劍河、三穗、鎮遠和錦屏之北部，南部方言區則包括黎平、榕江、從江、通道、會同、龍勝、三江、融水和錦屏之南部。

在特定的自然生態環境下，侗族發展出一套具有民族特徵與區域特色的傳統文化。一方面是由於地理環境的差異，二方面是受到漢族文化進入的影響，致使明清以來侗族聚居區的北部與漢族文化直接接觸，再加上歷朝各代政治勢力的牽制，使得北部侗族社會結構、文化習俗等諸多方面產生變化，逐漸與南部侗族之間形成明顯的差異。本研究以南部侗族為主要探討區域，其因南部侗族受到外部文化的影響也遠低於北部侗族；文化變遷速度相對比較慢，保留較為完整的原生態文化因素，也保持較多侗族傳統文化特色，此外，南部侗族的傳統文化也呈現出較為穩定的結構。故中國近年在普查境內之非物質文化遺產名錄時，發現在南部侗族區域較為完整地保存了侗族非物質文化遺產的項目。

在上述侗族人口佔縣市總人口數 30%以上的縣市中，以貴州省黔東南苗族侗族自治州黎平縣的人口 32 萬人最多，佔全縣總人口數 70%。其次為貴州省天柱縣，人口 23 萬人。從另一個角度來看，侗族人口比例最為密集的侗族自治縣是湖南省懷化市的新晃侗族自治縣，其侗族人口數約為 19 萬人，佔全縣總人口數 80%；其次是侗族人口數為 15 萬 6 千餘人、佔全縣總人口數近76%的湖南省懷化市通道侗族自治縣。再從文化圈的角度思考，侗族文化主要為成南侗與北侗，前者人口最多的貴州省天柱縣，以及湖南省新晃侗族自治縣，均為北侗文化圈；而貴州省黎平縣及湖南省通道侗族自治縣則為南侗文化圈。

通道侗族自治縣為湘、桂、黔三省（區）六縣交界之地，東經 109。25'52"至 100。0'50"，北緯 25。52'55"至 26。29'30"，位於湖南省西南部，亦即懷化市南端。東鄰湖南省的綏寧、城步兩縣，南毗廣西的三江、龍勝兩縣，西連貴州的黎平縣，北接湖南的靖州縣，境內總面積 2,239 平方公里；轄 21 個鄉鎮，

242 個行政村，居住侗、漢、苗、瑤等 13 個民族。2010 年總人口到達 23 萬人，少數民族佔全縣總人口數 81.3%，其中侗族佔總人口數 78.3%。通道於1954 年 5 月 7 日經中國大陸政務院批准，成立為侗族自治縣至今，也是湖南省最早成立的民族自治縣。

通道侗族自治縣非物質文化遺產項目，2009 年普查結果縣境內包括民間文學、傳統音樂、傳統舞蹈、傳統戲劇、曲藝、（傳統體育、遊藝、雜技）、傳統美術、傳統技藝、傳統醫藥、民俗等 10 個大項，500 個小項。

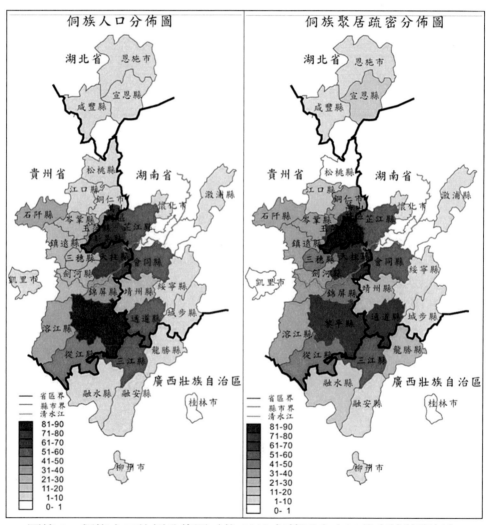

圖緒 1：侗族人口比例分佈圖（依 2010 年第五次人口普查統計資料）
劉少君繪製

　　本研究是以南侗文化圈的侗族為主要研究對象，是故將以湖南省懷化市通道侗族自治縣為參與觀察、質性研究的範圍。然而在這兩個侗族自治縣中，提名為國家級非物質文化遺產項目名錄有侗錦織造技藝、侗戲、蘆笙音樂、侗族儺戲、侗族大歌、侗族木構建築營造技藝、侗族琵琶歌、侗族薩瑪節等八項。關於侗族國家級非物質文化遺產項目名錄以及省級非物質文化遺產項目名錄，請參考附錄。其中學習時間最長、技藝最困難、最容易受外部影響，甚至取而代；且又最為急迫需要傳承的技藝，非織造技藝莫屬。然而在湘黔桂三省（區）的南部侗族文化區中，唯有通道侗族自治縣保存完整的侗錦織造技藝。故本研究除了系統性地探討南部侗族侗錦織造技藝的文化內涵，其侗錦的表現形式及重要特徵與功能價值；並進一步探討從侗族傳統文化自然傳承的生活環境，至侗錦物質文化的保存以及在非物質文化遺產的政策架構下，侗錦織造技藝的文化變遷歷程與發展之因果關系。

三、問題意識

　　侗族是聚居於湘黔桂三省區、部份居住在湖北省的少數民族。在長期的生活、生產過程中，他們用自己的智慧創造和發展了有別於其他民族的織錦技藝與紋飾。侗族沒有統一的織錦圖紋，而是根據各個支系居住與生存的環境條件，形成迥然不同的紡織、刺繡、挑織等織造技藝，製作出不同特徵的侗錦。因此其藝術審美和文化象徵極具獨特性，有重要的研究意義和價值。對一個只有語言，而沒有文字的民族來說，這些看似普通卻又充滿神秘的織錦線條有如特定的符號，使侗族的織錦圖案與其文化之間產生了特有的聯繫和深層次的內涵意蘊，同樣也使其更具研究價值。

　　通道侗族自治縣的侗族，其服飾早在唐朝之前就已逐步定型，侗錦的早期歷史可以追溯到距今兩千多年以前的春秋戰國以至漢代。從諸多的文獻記載中可看出，兩漢至唐宋時期，侗族先民的紡織技術和印染工藝已有了長時間的發展，特別是在織品服飾的色彩搭配方面，已經積累了較為豐富的經驗，形成了自己的審美特徵。侗族婦女從小在家裡受母親的耳濡目染，從七、八歲開始學織錦，到十三、十四歲基本掌握了織錦技法技巧，是婦女一種「女工活」的必修「功課」，侗族用織錦技藝高低，衡量一個姑娘是否聰慧、勤勞、能幹，所以婦女人人從小學織錦，個個會織錦。由於侗族長期和苗族、瑤族、壯族和漢族等民族交流，在漫長的歷史進程中，侗族在繼承和發揚本民族傳

統織錦文化的同時，又向鄰近的其它民族學習。在不斷的變異與融合中發展，形成了自己頗具特色的民族織錦文化，也為此一絢麗多彩的民族織錦文化增添了深厚的內涵。

通道侗錦文化不僅體現在以侗族亮布為主要面料的製作以及不同服裝款式的特色上，還在侗族織繡和服裝裝飾等多個方面都有顯著表現。侗族的傳統服飾豐富多彩，千姿百態，反映出侗族的意識形態和文化藝術狀況，充分地展示了侗族的審美意識。通道縣的傳統侗錦，技藝精絕，舉例而言，大多數的民族僅以平織、斜織為主，最多用到 3 到 5 組的綜，但是通道侗族的織錦可以用到多達 180 組綜，其設計之精巧、智慧之高超，其它少數民族無出其右者；何況是織機與色彩的組合與搭配，其紋樣變幻，具有極高的藝術研究價值。

侗錦藝術的傳承是以民俗文化事項沿襲下來。民俗是人民群眾在社會生活中世代傳承、相沿成習的生活模式，它是一個社會群體在語言、行為和心理上的集體習慣，侗錦完全具有這一特性。侗錦二千年的流傳，已經成為侗族婦女的一種生活方式、審美取向，一種本土民俗文化。在侗錦的圖案和色彩上，我們不僅可以欣賞它的形式美，而且還可以從中瞭解到侗族的歷史文化、信仰與觀念形態等意境之美。所以侗錦的織機工具、織製工藝以及豐富的圖紋是經由歷代祖輩所傳承下來，是研究傳統文化的「活化石」。

因通道侗族居住地的不同和審美觀念的差異，使侗族服裝本身在款式結構、圖案和配飾等多個方面都有著各自不同的特點。侗錦製成的被面、墊毯、服裝料布、頭帕、背帶與蓋布、綁腿等生活日用品最受侗族民眾的喜愛；除此之外，侗錦還廣泛地應用在侗族婚喪嫁娶、祭祀活動之中。

在上述的討論中，研究時，必須探討幾個方面：首先是對侗錦文化藝術價值的探討：侗錦上的花紋圖案，是侗族婦女在長期的生活經驗中，通過對大自然及各種物像的不斷觀察和親身體會。如何產生對於那些與人們的生產生活關係密切的自然現象及相關動植物的崇拜和深切的審美情感，進而經過提煉、昇華而成為抽象化的圖案。而這些經過世代傳承下來以幾何紋為主的圖案，如何經由侗錦藝術不斷昇華，日趨成熟、完美，使得侗錦顯得古老而神秘，保持著鮮明的民族風格，使之在所有的織錦藝術中獨樹一幟，風韻獨具。這反映著侗族的文化傳統和文化淵源，成為研究侗族文化的重要管道。

其二是對侗錦的民族學及自然科學價值的探討：侗錦已不僅僅是一種民

間工藝品，它與侗族語言、民俗共同構成了侗族的顯著標示。侗錦及侗族的服飾文化與其他少數民族的紡織、服飾文化顯然有明顯的差異性，豐富了中國文化的多樣性內容，也為民族文化之比較研究拓展另一個途徑。侗錦的歷史久遠，經由探究侗錦的歷史淵源以及傳承發展過程，後人可以從這一視窗瞭解侗族地區經濟社會、民族文化發展的另一個面向，也看到侗族地區社會生產力發展過程。而侗族斜織機與二千多年前漢代的斜織機有驚人的相似，其槓杆的原理、綜線與綜框（提綜絲所使用之竹簽）的運用等都為今天研究織造科學的進程提供了現實依據。

其三是侗錦織造技藝的傳承及運用價值的探討：現今侗族婦女轉變傳統觀念，將自織的侗錦製品引入旅遊市場，侗錦以其獨特魅力受到山外人的青睞，成為十分搶手的旅遊工藝品，為邊遠民族地區脫貧致富開闢了新的管道。從自織自用到走向市場，侗族婦女為古老的侗錦注入了商品屬性。

侗錦織造技藝的流傳與侗錦文化發展極其相關，而邁向現代社會的侗錦文化如何迎接外來文化的進入，如何適應多元文化、如何與其他文化相競爭，甚至是經過了種種社會、自然、政治、經濟環境的衝擊，如何使其技藝得以振興與流傳。適逢搭上了全球非物質文化遺產保護之風潮，再加上中國政府同樣地重視的非物質文化遺產研究與保護項目，因此侗錦在現實的逆境中似乎出現了一線生機。但是時下政府的非物質文化遺產保護策略與工作，也需要慎重探討：其一，就非物質文化遺產保護工作的效率方面。各級政府相關部門承擔著各種繁重的業務，現有的組織體系負擔過重，是否將導致非物質文化遺產保護和管理工作無法落實。

第二，以行政為主的管理和保護效果有限。非物質文化遺產保護工作，中國政府採取倡導「重心下移，立足基層」，開展工作處於一種被動的局面，基層的主動性、積極性和創造性難以充分發揮。過渡重視積效的行政策略，是否也造成地方基層效率的數字化，而無法表現在文化實質上的保護。

解決了上述問題之餘，改善政府主導作用的同時，更應探討鼓勵民眾的廣泛參與，培育社會志願組織，探索建立政府、研發單位和民間組織等多元實體相結合的保護機制，形成社會支持網絡，以期結合各方力量為推進非物質文化遺產保護工作創造能量。

近年來，通道侗族自治縣認真貫徹落實非物質文化遺產「保護為主、搶救優先、合理利用、傳承發展」的四大方針，加強領導，制訂規劃，深入普

查，公佈名錄，積極向上申報，達到了非物質文化遺產保護工作的階段性成果。

該縣相繼由縣人大以立法形式頒佈實施《通道侗族自治縣侗文化原生態保護工作決定》，縣政府公佈了《非物質文化遺產專案代表性傳承人認定、推薦與管理暫行辦法》等法規；以侗錦等一批典型代表的非物質文化遺產列為重點保護內容。為侗錦國家級傳承人粟田梅、省級傳承人吳念姬等人建立了檔案。此外籌建了第一家侗錦廠——通道雄關侗錦坊，以廠與作坊的形式來帶動農戶開展商品化生產，積極尋找商機，擴大銷路，針對侗錦走向市場進行了試點性的工作。同時積極參加各種節會、展銷會，由宣傳與促銷著手。2008 年 10 月 15 日，以「展侗族瑰寶，傳民族風情」為主題的《錦·尚》湖南通道侗族侗錦文化展在上海東華大學逸夫樓展廳隆重舉行，500 幅精美的侗錦、傳統的侗錦製作工藝作現場演示，兩名優秀的侗錦傳承人，帶著織機從大山深處走進了位於上海的大學校園，吸引了眾多上海服飾界廠商、專家及上海東華大學的師生和上海市民駐足觀賞、洽談合作。這是侗錦首次進軍國際大都市，對社會認識侗錦、保護侗錦傳承和侗錦的市場化與再利用產生了極大的助益。雖然通道縣做了大量的保護工作，但是如何有效化解侗錦技藝的傳承危機仍然是當前需要解決的最主要問題，同時也是本論文所探討的主要重點之一。

四、研究目的

（一）整理侗錦藝術主體性文化業績，試圖詮釋侗錦與綉錦表現的文化思維，並透過非物質文化遺產項目保護的整體性發展解析，作為織錦保護與研究的未來發展方向之參考依據。

（二）充實侗錦藝術主體思維的文化學術研究成果，希冀提升並確定侗錦藝術在亞洲文化領域之藝術地位。

（三）充分解析侗錦織造者及傳承人在織造與傳承過程中的文化思維，並闡釋其織造技藝推廣與侗錦藝術發展的文化使命。

（四）透過非物質文化遺產計劃的捷徑，強化侗錦藝術的主體文化內涵，提升侗錦藝術美學素養與織造技藝之品質，促進侗錦藝術生活化環境之可能。

五、環繞侗族相關研究探討

（一）侗族歷史研究

　　侗族，是一個歷史悠久的民族，學界認為其似屬「干越」的後裔。自稱為「干」（gaeml），或「更」（geml），又或稱「金」（jeml）。在文獻中有稱之「仡伶」、「仡儂」、「峒人」、「峒蠻」、「峒苗」，或是泛稱為「苗」者。最後在中共建政、經過民族識別之後統稱為「侗族」。2010 年侗族總人口 2,879,974 人，侗族主要聚居省份是貴州，境內人口是 1,431,928 人，佔侗族總人口數之 50%左右；多數居住在黎平、榕江、從江、錦屏、天柱、鎮遠、劍河、岑鞏、玉屏、銅仁、三穗、石阡、江口等縣。侗族人口次多的省分為湖南省，共 854,960 人，約佔 30%；大多居住於湘西的新晃、通道、城步、芷江、靖縣、會同、綏寧等縣。第三是廣西壯族自治區的 305,565 人，約占 10%；多數集中在桂西北的三江、龍勝、融水等縣。少部分居住在湖北省，共有 52,121 人，約占 2%；居住在恩施、宣施、咸豐等縣（市）。

1. 歷史中的侗族研究

　　自秦統一全國後，「百越」一詞才成為長江以南廣大地區的民族泛稱，其涵蓋範圍包括了本文重點探討的沅江流域各族。例如《史記·李斯傳》所引李斯《獄中上（秦）二世書》所提到的百越一詞，就明確地包括了沅江流域各古代民族在內，這裡的各古代民族顯然與大禹和少康之間並不存在明確的關係。

　　據史書記載，侗族地區的古代居民，秦稱「黔中蠻」，後置黔中郡。漢朝將黔中郡更名為武陵郡，稱其民為「武陵蠻」或「五溪蠻」，且以「盤瓠」為圖騰。魏晉以至隋唐，在今之湖南芷江、黔陽、會同、新晃等縣，始出現僚、滸散居其間。唐昭宗時任廣州司馬的劉恂所著《嶺表錄異》提到「南道之酋豪，多選鵝之細毛，夾以布帛，絮而為被，復縱橫衲之，其溫柔不下於挾纊也。俗雲：鵝毛柔暖而性冷遍，宜覆嬰兒，辟驚癇也。」（劉恂，1936：5）此書是一部記述古代嶺南風土的雜記。是關於嶺南地區各民族的經濟、交通、物產、文化等方面的描寫，是瞭解中國古代南方的重要資料。另外一本中國現存最早、較為完整的地理總志，《元和郡縣志·敘州條》引《荊州記》則有提到僚與滸的存在。該書寫到「舞溪獠、滸之類，其縣人但羈縻而已」、「舞陽鳥滸，萬家皆咬地鼠之肉、能鼻飲。」（李吉甫，1983：750）

　　史書上用侗族自稱「干」、「更」或「金」的漢字音譯記載的「仡伶」、「仡

儓」，在南宋時期就有其略述，雜處於現今侗族生活的古代地區。如宋紹興年間洪邁著《容齋隨筆》的《四筆・渠陽蠻俗條》主要紀錄當時靖州（按，即今之湖南靖州、通道等縣）苗侗民族社會文化，是重要的歷史材料；洪邁「渠陽蠻俗」曰：「靖州之地，自熙寧九年（1076），收復唐溪洞誠州」、「其風俗與中州異，蠻首自稱曰官，謂其所部之長曰『都幞』〔註3〕。」（洪邁，2008：3）陸遊《老學庵筆記》卷四記載了包括侗族在內的辰、沅、靖州少數民族的社會生產以及生活文化，提及：「辰、沅、靖州蠻，有仡伶、有仡佬、有仡儓、有仡僂、有山瑤俗亦類土著。」（轉引自張民，1987：103）除了辰、沅、靖州等侗族的記述外，若要研究廣西的侗族，南宋范成大所撰《桂海虞衡志・志蠻篇》記載了南宋廣西地區的一些民族。舉例而言，此書提到「廣西經略使所領二十五郡。其外則西南諸蠻，蠻之區落不可殫記。姑記其聲問相接，帥司常有事於其地者數種：曰羈縻州洞，曰猺，曰蠻，曰黎，曰蜑，通謂之蠻。」（范成大，1937：1）其中關於侗族先世的相關記載值得仔細參考。

　　在明朝有關侗族的文獻中，有兩本著作值得研究，鄺露《赤雅》以及明萬曆田汝成所著《炎徼紀聞》，不但是研究五嶺周邊的侗族，甚至是遠及海南島的黎族，都是必須引徵的文獻。例如《赤雅・狪人條》述及「狪亦獠類，不喜殺，善音樂。彈胡琴，吹六管，長歌閉目，頓首搖足，為混沌舞。獠之有狪，猶獞之有大良也。」（鄺露，1967：14）其全書結構卷一記載各土司以及各部落、各部族、各民族的制度、風俗；卷二則記述嶺西山川古蹟；卷三記述物產及雜錄。這是一部彙集幾千年南方少數民族的民間傳說總彙，學者多認為該書是一部少數民族文學與漢文學互相影響、互相滲透、互相融合的結晶。此外，明朝另一本提到侗族文化相關的文獻就是《炎徼紀聞》；《炎徼紀聞・蠻夷條》曰：「峒人，一曰峒蠻，散處於牂牁、舞陽之界，在沅者尤多，言語侏離。……男子科頭徒跣，或跂木履，以鏢弩自隨。暇則吹蘆笙、木葉、彈二弦琵琶，臂鷹逐犬為樂。婦人短裙長褲，後垂刺繡一方，若綏胸亦如之。」（田汝成，明萬曆：18）此外，對於治理南部少數民族地區的詳細歷史資料，對於民族成份、風俗文化及社會制度等作了實地調查的記錄。

　　清代的學者如林溥所撰《古州雜記》一卷，保留了清代古州廳之侗、苗等少數民族的種類、治理、農耕、歌舞、服飾、民族關係等有參考價值的民族志資料。又見徐家幹撰《苗疆聞見錄稿》三卷，該書保留了黔東南少數民

〔註3〕「都幞」是侗語稱謂官方的意思。

族的許多民族學資料；記錄了苗、侗族的社會組織、節日、婚姻、飲食、服飾、風俗習慣、生產技術以及地方物產和經濟活動等方面的民族志資料。例如侗族地區的整合悉皆由以地域為基礎的村與村、寨與寨所組成，並以軍事防禦或武裝保衛等共同利益為目的的社會組織，曰「款」（kuant）又曰「門款」（menc kuant）。這種古老的社會組織對於維持村落治安秩序，整合民族精神文化，在侗族發展歷史發揮著相當大的影響。此外，許多文獻大部份記載著少數民族文化被「漢化」，而本書卻記載著漢人同時也學習少數民族文化的經過，這樣的紀錄資料則具有十分珍貴的參考價值。清代雍正年間金鉷等人監修的《廣西通志》說：「狪人居谿峒中，又謂之峒人，……椎髻插雉尾卉衣，……以巨木埋地作樓，高數丈，……。」（金鉷等，2006：10）這裡撰寫了侗族棲息的自然環境、裝飾與鼓樓建築，說明了侗族的稱謂或許與自然環境是極有關聯的。鄧敏文對此一紀錄之詮釋為：「許多侗族村寨都分布在崇山峻嶺之間的小盆地中或河溪兩岸較為平坦的台地上。侗語稱這些平地為『便』（bianv），即『壩子』。壩子與霸子之間山高林密，只有小溪小河能夠繞山而行。這些水道古稱『溪洞』。」（鄧敏文、吳浩，1995：7）對於前引《廣西通志》所述的「狪人居谿峒中，又謂之峒人」提出了符合人類學自觀（EMIC）與他觀（ETIC）對照的看法。

　　中共建政前後對於侗族研究的文獻多以民族學實地調查的研究資料為最基本途徑；有別於以往，官方或非官方隨筆紀錄的方式，記述了侗、苗、瑤等少數民族的族源、風俗習慣、經濟文化發展等；詳細地分章分節，記載了少數民族南移、住域與居室、飲食與食具、服飾、家庭組合，婚姻、喪葬、木契草契與高契、語言、歌謠、土司制度等文化特徵。這些文獻與紀錄對於研究侗族歷史，是極為重要的文獻資料。陳國鈞編撰的《貴州苗夷歌謠》是搜集1,000 首居住在貴州境內的侗族、苗族、水族、布依族的歌謠。此外，陳國鈞還在大夏大學社會研究部中與吳澤霖等人進行了研究合作，就侗族鼓樓的調查資料撰寫了一本《貴州苗夷社會研究》。1947 國立邊疆文化教育館曾對村寨教育實驗區之一的貴州榕江縣車江鄉進行了社會調查，算是第一篇採用較為民族學實地田野調查方法撰寫的侗族文化民族志報告。該報告被收入梁甌第所編撰之〈車寨社區調查〉；報告中，撰寫了關於車寨侗族社會當時的概況，並分析侗族習俗，以及漢侗民族之間的交流關係。

　　中共建政初期，於 1953 年由中國社會科學院民族研究所領軍，在貴州、

湖南成立了「侗族社會歷史調查小組」，針對貴州、湖南、廣西三省區的侗族聚居地區進行了一次大規模的社會歷史調查。這是由官方政府直接主導學術研究，帶著特定立場，著重於經濟、階級，對於文化風俗等現象，則著墨較少。其成果則是編撰了《侗族簡史簡志合編》，其中《侗族簡史》由貴州省民族研究所成立編寫組，於 1985 年出版發行，為侗族有史以來的第一本史書。

「侗族文化研究」則是中共「七五」社會科學重點課題——「貴州五個民族文化研究」的成果之一，也是採用中共學界所稱「文化學」的觀點，研討侗族文化的一大收穫。該書不僅構建了文化起源脈絡、物質文化、社會文化、精神文化、族群文化交流的分析，也開創了一般未被看見的文化現象，並且針對有議論的課題撰寫了部分的評述。

除了官方的研究報告，在 80 年代之後，也陸續出版了民間專家學者所進行的口述歷史的實地調查成果，同時，也有針對物質文化遺產方面的實地調查研究。此外，由中國西南民族研究學會和貴州省民族研究學會聯合發起，貴州省民族研究所主導，將相關人員組合針對貴州的「六山六水」少數民族居住區域實施全方位的、多學科的、綜合性的田野調查。調查持續至今已經多年，內部出版了調查資料《貴州民族調查》相關的系列書藉 20 集，近二千萬字。其中一共刊登侗族調查報告 50 篇，其中來自傳統文化保存較為完整的侗區的調查占了 43 篇。涉及的內容有民族歷史淵源、民族經濟、社會組織、家庭婚姻與喪葬、宗教信仰、民族語言、民族教育、扶貧工作、人口與計劃生育、文化變遷、民族歷史英雄人物、鄉土知識、生態環境、民族建築等各方面。

2. 近代對侗族研究的討論

二十世紀末至二十一世紀初，侗族地區逐漸受到更多經過學院派訓練的民族學與人類學者的關注，紛紛進入侗族地區進行政治、經濟、宗教、文化等等領域之田野調查工作，並做成詳實的紀錄與調察報告，之後或以主題性的專書出版，或投稿到專門期刊發表。研究範圍包含了物質文化、非物質技藝智慧，以及語言、精神層面的文化結構，具體地將過去傳統以及現代的適應問題進行整體性的分析。

（1）侗族研究的相關研討會

為了能夠擴大與精進侗族文化研究的團隊與能力，更希冀事半功倍地進行有效率的調查研究，在湘、桂、黔三省區的侗族地區紛紛成立相關的侗學

研究會；主要宗旨在於圍繞侗族經濟發展、文化存揚等各個領域的調查研究，並定期出版侗族文化研究期刊與雜誌，編輯出版侗族研究方面的書籍，積極協助有關部門搶救非物質文化遺產，以及指導開展群眾文化與認知的活動。

　　省、區級的研究會有貴州省侗學研究會、湖南省侗學研究會以及廣西壯族自治區侗學研究會；也有州級的如貴州省黔東南州侗學研究會；地方上的例如廣西成立了柳州市以及三江侗族自治縣侗學研究會；貴州省在銅仁市碧江區、玉屏自治縣、錦屏縣、從江縣、榕江縣、劍河縣、三穗縣、天柱縣、鎮遠縣等成立了研究會；在湖南省則是新晃侗族自治縣、芷江侗族自治縣、通道侗族自治縣等三縣成立有侗學研究會；另外亦成立有薩文化研究會。同時在中國少數民族文學學會成立侗族文學分會，而中央民族大學也成立有壯侗學研究所；以積極的行動，開展侗族習俗文化、建築文化、飲食文化等方面的研究，鼓勵侗族藝人、歌手等積極參與；通過挖掘、整理、利用等手段來實現保護和傳承侗族文化的目的。

　　從筆者搜集到的資料中，從中央、省（區）、州到地方的研究會，至今年8 月為止共展開了 17 項主題型研討會及論壇，包括「侗族和諧文化暨新農村建設論壇」、「全國侗族地區經濟文化協作研討會」、「中國侗族生態文化研究學術研討會」、「中國侗族薩文化研討會」、「侗族非物質文化遺產保護懷化論壇」、「侗族大歌暨貴州民族文化音樂研討會」、「侗族地區經濟社會發展學術研討會」、「中國侗族稻作與祭祀文化國際學術研討會」、「侗族醫藥學術研討會」、「湘黔桂三省坡侗族文化生態保護實驗區研討會」、「三省坡侗族原生態文化論壇」、「廣西侗族文學創作研討會」、「原生態稻作民俗文化搶救國際學術研討會」、「洪商文化與民族融合研討會」、「中國侗族北部方言區文化旅遊合作論壇」、「兩岸少數民族（侗族）文化傳承與創新研討會」、「中國黔東南苗族侗族服飾文化節暨中國苗族侗族文化研討會」。在臺灣也曾舉辦以侗文化議題為重點的研討會，其一為在國立政治大學所舉辦的「兩岸少數民族文化與創意研討會」，以及國立暨南國際大學所舉辦的「兩岸少數民族非物質文化遺產學術交流研討會」。會議中有國際級、中國全國級，以及兩岸共同舉辦的會議，總計搜集到中國北京、上海、湖南、貴州、湖北、廣西、廣東等地的調查研究論文，也有來自日本、韓國與臺灣學者專家的論文。在這 17 次主題型研討會中，僅有在「中國黔東南苗族侗族服飾文化節」中所舉辦的「中國苗族侗族文化研討會」中有專題發表和侗族織錦相關的論文，其他相關侗族織

錦的論文則各別投稿，分散至不同期刊中。

（2）臺灣學者對侗族的研究

臺灣的研究學者也以不同的研究模式，提出了各自所關注的侗族文化的研究成果。國立清華大學林淑蓉教授從人類學、社會學的角度關注在侗族人群之間的社會價值，從實際的田野體驗，以細膩的觀察進行具體的陳述，並以人類學理論進行分析與歸納。先後發表了幾篇研究論文，如〈生態、節慶與禮物的交換談侗族的時間概念〉刊登於《時間記憶與歷史學術研討會論文集》、〈中國侗族的人群關係與社會價值〉刊登於《物與物質文化》、〈侗族社會的階序與權力以貴州侗人的人群關係為例〉刊登於《階序與權力學術研討會文集》，何撒娜的〈中國侗族的村寨、人與空間概念〉刊載於《儀式、親屬與社群小型學術研討會文集》以及國立成功大學建築研究所賴福林撰寫有關侗族傳統民居建築文化的碩士論文——〈貴州少數民族民居之實測研究——以侗族、苗族、布依族為例〉。以上兩位學者均關注在侗族村寨空間及建築工藝，有村寨空間的運用，也詳細的討論到侗族傳統民居建築文化的精神。

在臺灣還有一位人類學者顏芳姿教授，因就讀台灣清華大學歷史研究所期間，參與過貴州東北儀式與戲劇調查。1994 年研究所畢業後，她隨清華大學人類學研究所林淑蓉教授到一個貴州侗族村落進行民族醫療研究，隨後於1999 年與該村的畫家梁全威結婚。婚後，她開始對侗族婦女與健康醫療相關議題進行研究。分別在 2005 年至今發表了「Across the border of marriage: courtship among the Kam People of Lu village, Guizhou, southwest China.」發表於 The Eighth Women in Asia Conference, at the University of Technology, Sydney；還有 2006 年發表的「On the sexuality and reproduction of the Kam people」發表於 Tai Culture（19）: 61-77；在 2007 年撰寫「The impact of gender and hierarchy on women's reproductive health in a Kam village, Guizhou Province, China.」發表於 Culture, Health and Sexuality. 9(1): 55-68；同年發表「To promote minority women's health in China from the perspective of agency and well-being: the case for Kam people in Guizhou.」發表於 Symposium for Gender and Development Forum. Shanghai: Fudan University. 第三屆復旦大學社會性別與發展論壇，上海復旦大學社會性別與發展研究中心及社會文化人類學研究中心主辦，2007 年 6 月 9 日～10 日；在 2008 年發表了〈身體和國家文明：中國侗族的例子〉，「臺灣人類學與民族學學會 2008 年會」，台北：中研院民族

所，2008 年 10 月 4 日～5 日；在 2009 年發表「Social Suffering and Mental Disorders: Death and Crisis Management of the Kam People in China」，發表於 Panel of Medical Anthropology, SEAA & TSAE, Taipei. 2009 年 7 月 2 日～5 日，台北：中央研究院民族學研究所、臺灣人類學與民族學學會與美國東亞人類學會舉辦的「2009 多重亞洲觀點國際研討會」；2010 年發表〈從嬰幼兒高死亡率談侗族女人受苦的根源〉，發表於「臺灣人類學與民族學學會 2010 年會」；2011 年〈暗潮洶湧的和諧社會——侗族身體觀與人觀的建構〉，2011 年 6 月 17 日～18 日，發表於中研院民族所舉辦之「當代華人社會的健康與醫療人類學工作坊」。同年〈侗族身體經驗與健康的美學意義〉，2011 年 10 月 8 日～9 日，發表於「臺灣人類學與民族學學會 2011 年會」。

在林淑蓉教授帶著學生進行到侗族地區進行田野調查研究之後，近年來大學教授也陸續帶領大學生、研究生進入到侗族地區進行田野實習，並全面進行侗族文化調查研究，對於侗族文化保存紀錄有很高的價值與影響。

南華大學江美英教授 2009 年與臺南藝術大學陳國寧教授配合北京大學的調查計畫，開始投入中國西南地區少數民族的村寨調查研究，開始了兩岸師生共同調查紀錄少數民族村寨的工作。2012 年則集中在湖南、廣西交界坪坦河流域的侗族村寨為重點。參與這項調查活動的主要有北京大學、同濟大學、南華大學（臺灣）、臺南藝術大學、雲林科技大學師生，以及中央民族大學、臺灣清華大學、臺北藝術大學和高雄大學的研究生。該計畫是北京大學孫華教授主持的民族村寨調查計劃，主要建立有突出價值的典型村寨的信息庫《中國西南少數族村落文化景觀研究》，調查體例大致分為概述、地理環境與資源、村落傳說與歷史、村落的基本單元、村落的內部結構、村落的外部結構、人群與社會組織、生業與經濟結構、生活方式與風俗、宗教信仰與禁忌等十項議題。

國立政治大學張駿逸教授多次帶領民族學系「民族藝術田野調查課程」的學生，前往湖南省通道侗族自治縣進行侗族非物質文化遺產田野調查，主要調查內容為侗錦製作與紋飾圖案、蘆笙與蘆笙舞、侗布製作、大戊梁民族歌會、侗族大歌等。並先後深入到該縣皇都村、芋頭村、新豐村、駱團村、上岩村、上香村等侗族村寨開展田野調查或參訪。

2008 年，張駿逸教授帶領的侗族建築藝術田野調查，其研究成果彙編成《侗族建築藝術的理論與實際：以湖南省通道縣芋頭侗寨為例的探討》一書，

為近年來對於侗族建築藝術的專著，而隨團學生劉少君撰寫一篇〈侗寨建築的空間佈局：以湖南省通道縣芋頭村為例〉，刊登在中央研究院出版的《資料彙編》當中。

2011 年，張駿逸教授再度帶領學生來到通道侗族自治縣對侗錦的發展歷史、分佈區域、紋飾圖案、製作技藝、存續狀況、傳承方式以及文化內涵等方面進行了細緻的田野調查。張駿逸與劉少君並特別前往牙屯堡鎮拜師侗錦技藝國家級傳承人粟田梅女士，並停留一週受業於粟田梅，對侗錦製作工藝等相關問題進行了實地調查與學習。劉少君並將以侗錦研究為內容，撰寫博士論文。

此外，近年來兩岸影視媒體也利用了影音的形式呈現采風與研究成果，包括《侗族慶新年》、《侗族過年》、《侗族人的生活》、《侗族人的住》、《侗族人的吃》、《侗族的春節特寫》、《侗族的生活寫真》，《中華少數民族婚俗介紹第一集——苗族、侗族、布依族、水族》等，這些影音出版品也吸引不少年輕學子的興趣與關注，並開始進行了侗族文化的初步調查與研究。

第一章　文化生態的情結探討

　　文化作為人類對自然認識和行為的總和，在相當大程度上受制於人類生存繁衍的自然環境和條件，受制於自然環境和條件所決定的生產方式、生活方式和生產物。地球上復雜多樣的自然環境和條件，客觀上造就了人類文化的複雜多元，造成了各自創造的文化在取向和側重即文化價值偏好上有距離，民族文化內涵與結構究竟偏重於科學文化，還是偏重於人文文化或者偏重於精神文化，便構成了各民族文化的不同屬性。屬性不一，創造的文化實物、文化的價值觀念、思維方式、道德標準、審美標準、宗教信仰和群體性格等文化因素便會呈現明顯的甚至是對立的差異。根據生活在不同的自然環境和社會環境條件下的人類群體，他們各自對待物質文化、制度文化、精神文化的偏好以及所採用的解決人與自然、人與社會、人與自我三個問題方式。筆者認同侗族傳統文化有「和諧社會」的基本屬性。本章基於「和諧社會」的文化底蘊，進行侗族在特定生境中為解決人與自然、人與社會、人與自我的三個問題，從整體和綜合的角度進行文化闡述。

第一節　侗族文化的歷史進程

一、侗族的發展歷程

　　侗族目前主要分佈在貴州省、湖南省和廣西省的交界處，屬於中國少數民族之一，但侗族在其他地區也有少量的分佈，如：在老撾，侗族有一個叫「康族」的分支，在中國大陸湖北恩施也有一少部分。（吳大旬，2006）侗族

本土的歷史文化豐富多彩，源遠流長，有著悠久的歷史。在長期的歷史進程中，影響著侗族的生活和經濟的發展，具有旺盛的生命力。

一般認為侗族是從古代百越的一支發展而來。（張一民，1985：131）屬於「駱越」的一支。古越族在經過漫長的歷史演變之後，到了戰國時代，已分化成眾多的支系。故而，從這個時候開始，文獻中便出現了「百越」這一新的稱謂。古越人是春秋戰國至兩漢時期，分布在中國東南沿海及西南地區的一個古老族群。徐松石先生在《東南亞民族之中國血緣》中說：「古代三苗領域的土著，在最東的稱為『干』、『陽』、『鳳』、『吠』等夷，後來形成吳越民族。其餘則稱為荊蠻、揚蠻。」（徐松石，2005）東周出現「越一詞」。《呂氏春秋·恃君篇》有「揚漢之南，百越之際」（呂不韋，1985：1322）的記載。說明當時百越民族已散居中國東南沿海大部分地區。《漢書·地理志》記載：「自交趾至會稽，七八千里，百越雜處，各有種姓。」（楊家駱主編，1978：1670）文獻記載有大越、干越、于越、甌越、駱越、滇越、東越、西越、南越、內越、外越等，支系複雜，稱謂繁多。東漢以後，改稱烏滸、鳩僚、俚僚、蠻僚、洞僚、伶僚、白衣、黎、僮、水、侗等。明清時期，則稱為黎、食僮、水、仡佬、毛難、侗等。現代的侗族名稱就是這樣發展形成起來的，莫俊卿在《試論古越人與壯侗族諸民族的淵源關係》一文中，列舉了大量史料說明俚僚是古越人的後裔。壯侗語族諸民族（含壯族、侗族、水族、仫佬族、毛南族、黎族等）是俚僚的後裔，這是眾多研究侗族學者贊同的一個觀點。〔註1〕自秦統一全國後，「百越」一詞才成為長江以南廣大地區的民族泛稱，其涵蓋範圍包括了本文重點探討的沅江流域各族。從古至今，侗族居住的這個地方歷代以來都是少數民族比較活躍的地方。從歷代的文獻看，侗族的祖先可以追溯到秦漢時期的百越、干越，所以侗族的發展歷史跨度很大。魏晉以後屬於「僚」一支。隋唐五代宋朝時期的「僚」、元明清時期的「峒人」，後來又有許多漢族人來到他們的居住地，與當地人混合而成。侗族的名稱來自「溪洞」，這是當地人傳統的行政單位，今天當地還有許多地名叫「洞」。中華人民共和國成立後

〔註1〕自 20 世紀 30 年代以來，林惠祥、羅香林等人嘗試以民族學的觀點，把歷史上與越有關之族群，合稱為百越民族。根據蒙文通《呂氏春秋》解釋百越民族的地理分佈，即贛江水系東以武夷山與福建分水，南以南嶺與廣東分水，是今福建、廣東一帶。《呂氏春秋》所謂的「揚漢之南」，是就百越民族地理分佈的西部界線而論，而臣瓚的「自交趾至於會稽」，則是就百越民族地理分佈的東南部界線而論。兩者合起來，便構成完整的百越民族地理分佈圖。

將這些地方居民統稱為侗族。根據史料記載，侗族先民在先秦以前的文獻中被稱為「黔中蠻」，秦始皇統一中國之後，侗族地區的古代居民，秦稱，後置黔中郡。漢朝將黔中郡更名為武陵郡，稱其民為「武陵蠻」或「五溪蠻」，且以「盤瓠」為圖騰。

為了敘述方便，我們將會從不同時期的侗族發展來分析和介紹侗族歷史的發展，這些時期主要包括：隋唐時期、北宋時期、元朝時期、明朝時期、清朝時期、民國時期、中共建政戰爭時期等等。（鐘濤，2007）

（一）隋唐宋時期

侗族形成為單一的民族，大概在隋唐宋時期。唐代，侗族中的上層人物或土酋開始歸附於中央王朝。唐朝在「峒區」開始設立州郡，建立羈縻政權，任命當地的大姓土酋為刺史。當時在侗族地區設立的州郡有羈縻晃州，即（大體包括今湖南新晃侗族自治縣全境以及芷江和貴州天柱的一部分）、敘州潭陽郡（領龍標、潭陽、朗溪三縣，包括今湖南的芷江、會同、靖州和貴州的錦屏、天柱、黎平東部）、思州寧夷郡（包括今貴州的岑鞏、石阡、玉屏、三穗和鎮遠東部）、古州樂興郡（包括今貴州的從江、榕江和黎平的西南部）、融州融水郡（包括今廣西三江、融水和龍勝西北部）。唐末五代時期，朝廷衰落，無力統治邊疆地區的少數民族，侗族中的大姓土豪自稱「峒主」，分管誠、徽二州，轄十個峒，今天的靖州、會同、芷江、綏寧、通道、黎平、錦屏、天柱等地均屬「十峒」範圍。峒作為侗族社會內部的行政區劃，峒中的政治、經濟、軍事都由「峒主」把持。（伍新福，2006）

北宋時期，侗族的土酋們先後歸附朝廷，並進貢地方特產，朝廷則讓他們世襲土官。太平興國五年（980 年），誠州十峒首領楊通寶向宋朝「納土」。大中祥符元年（1008 年），土官向光普投宋，被封為古州（今新晃和玉屏境內）刺史。大觀二年（1108 年），靖州西道楊再立獻土地，周圍三千餘裡，戶四千五百，人一萬一千。朝廷皆封他們為刺史官職，但並未給他們刺史的權力。（鐘濤，2007）宋代，由於受漢族經濟文化的強大影響，侗族的政治經濟也有了較大的發展。在王朝勢力能影響到的地區，「峒首」們也開始創立城池，比附王民，建立學堂。據《文獻通考》記載，當時誠州附近的首領已經「創立城寨」，「使之比內地為王民。」而那些住在「峒首」城堡附近的「峒丁」已慢慢地變為「熟戶」，那些邊遠山區則被稱為「生界」。

（二）元、明、清及近代

元朝對侗族的統治沿襲了唐宋以來的「羈縻」政策。至元二十年（1283年），元朝征服「九溪十八峒」，侗族地區的土官們大部分歸附元朝，朝廷「以其酋長赴闕，定其地之可以立官者，與其人之可以入官者，大處為州，小處為縣，並立總管府」。（鐘濤，2007）

峒指山間水流縱橫的小盆地，後來又引申為小盆地裡的村寨，居住在這種環境中的民族也就被稱為「峒民」。特別是元明以後，「峒民」逐漸成為侗族的專稱，文獻中稱他們為「洞蠻」、「洞民」。如《元史·順帝本紀》載：「至元四年（公元 1338 年）五月，……詔……湖廣行省元領新化洞、古洲、潭溪、龍里、洪州諸洞三百餘處，洞民六萬餘戶，分隸靖州。」（宋濂等撰，1976：44）又《元史·世祖本紀》載：「至元二十九年（公元 1292 年）正月，……從葛蠻軍民安撫使宋子賢請招諭未附平伐、大甕眼、紫江、板陵、潭溪、九堡等處諸洞猫蠻。」（宋濂等撰，1976：358）

明洪武五年（1372 年），朱元璋命江陰侯吳良收服五開（今貴州黎平縣）和古州（今貴州黎平西北和錦屏一帶）等侗族地區，得到 223 峒，人口 15000 多人。朱元璋對於歸附的土官均原官授職。1414 年，明朝設立黎平、新化二府，委任流官直接管轄土司，侗族地區出現「土流並治」的統治局面。吳勉〔註2〕領導的農民作亂失敗後，明朝在侗族地區設置了大量的衛、所、屯、堡等軍事機構，進一步加強對侗族地區的封建統治。（張國雲，2001）對於治理南部少數民族地區的詳細歷史資料，對於民族成份、風俗文化及社會制度等作了實地調查的記錄。在明朝有關侗族的文獻中，有鄺露《赤雅》以及明萬曆田汝成所著《炎徼紀聞》，研究五嶺周邊的侗族，例如《赤雅·狪人條》述及「狪亦獠類，不喜殺，善音樂。彈胡琴，吹六管，長歌閉目，頓首搖足，為混沌舞。獠之有狪，猶獞之有大良也。」（鄺露，1967：14）其全書結構卷一記載各土司以及各部落、各部族、各民族的制度、風俗。清代以後，「洞人」、或「洞蠻」就專指侗族了。

在清代，侗族地區的農業經濟有了迅速的發展。農田水利的建設，提高了水稻的產量。《黎平府志》卷二說：「古州（榕江）上田每畝可出稻穀五石，中田可出四石，下田可出三石。」作物的種類增多，如晃州在道光年間除水

〔註 2〕吳勉，男，侗族，元末明初五開洞人，即今貴州省黎平縣中潮鎮上黃村蘭洞寨人。

稻、小麥外，還有高粱、小米、豆類等 10 多種，還普遍種植甘蔗、麻等經濟作物。手工業是重要的副業。「六洞」的侗族婦女多織染藍布，天柱、錦屏侗族婦女所織的侗帕頗為精緻。黎平所出的「侗錦」，「精者甲他郡。」晃州工匠石雕的屏風、硯臺，頗為精巧。清乾隆年間，由於手搖紡車改為腳踏紡車，效率提高一倍，有些城鎮已經出現獨立的手工業者。嘉慶年間，榕江、三江等地造船工匠已能造出載重二三噸的木船，往來于榕江、柳州之間。商業也隨之發展起來，除農村的小集市外，一些集鎮和縣城，如王寨（今錦屏縣城）以及古州（今榕江縣城）等地，已形成為較大規模的市場。清水江已成為全國較大的木材集散地。(《中國少數民族》修訂編輯委員會編，2009)

　　縱觀侗族歷史的發展過程，侗族經歷了許多風雨和磨難，從越到僚最後到侗族的發展過程中，經歷了三次較大的民族遷徙與融合：一是戰國時期至奏漢時期的楚越戰爭和秦始皇的「南征百越」。公元前 215 年，秦征百越後，「謫徙民 50 萬戍五嶺，與越人雜處」。公元 4 世紀初，又有大量北方漢人移居南方，發生廣泛的基因交流，一部份漢人融入當地民族。二是明清時期封建王朝為了加強對包括侗族在內的少數民族地區的統治，實行改土歸流政策，在這些地區設立衛、所、屯等軍事設施，透過「撥軍下屯，撥民下寨」等措施，大批外籍官兵進入侗族地區，封建統治者把侗族從肥沃的田壩上趕進深山老林，佔領田壩，圈佔土地。明洪武年間，吳勉領導的武裝作亂持續 8 年之後，被明朝派來的楚朱禎率 30 萬官兵鎮壓，然後在侗族地區設立衛、所、屯、保，對侗族地區進行統治，在當地娶妻成家。他們平時務農，戰時打仗，農閑訓練，天長日久，與當地侗族融合。三是因戰亂、飢荒等原因，大批其他民族不斷遷入侗族地區。除了深受封建帝國的剝削之外，侗族還受到土司的壓迫，在鴉片戰爭時期，隨著外國資本主義勢力的入侵，侗族地區逐漸淪為半殖民地、半封建社會。在帝國主義、清朝官吏、封建地主以及高利貸者的層層剝削下，侗族的生活極端貧困。

二、侗族族稱與族源的討論

　　根據中國國家民委民族問題五種叢書之一《中國少數民族簡史》系列叢書中的《侗族簡史》是官方對侗族歷史進行比較有系統的文獻彙整，其中對侗族族源的探討，提出比較合理的觀點有四種：第一種，專家學者認為侗族來自於土著民族，侗族一直生活在這塊他們辛勤勞作的土地上，是在這塊土

地上形成的人們共同體；第二種觀點，侗族是從都柳江下游的梧州一帶溯河而上遷徙到現今的侗鄉，這是由於在南侗的大部分歌謠裡都流傳有「祖公上河」的遷徙歌謠；第三種，專家學者認為侗族是從長江下游的溫州一帶經過洞庭湖沿沅江遷徙來的，這是由於在北侗的歌謠裡有關於「祖公進寨」歌謠這樣的傳說；第四種觀點和第一種觀點相似，都認為侗族的是土著民族，但不同的是，第四種觀點還認為侗族在長期的歷史發展過程中還融匯了從外地遷來的其他民族成份。（侗族簡史編寫組，1985：47）

此外，關於侗族的族源和遷徙問題，長期以來有不少專家學者進行了論證，並取得了不少成果，現歸納起來有以下幾種意見。

張民在〈侗族史研究述評〉一文中認為湘、黔桂一帶的侗族自古就是生活在該地區上的主人，只是時代不同稱呼不同而已。他提出了五項依據：1.侗族是古代越人中的西甌駱越的一支，魏晉以後又稱僚人。2.從侗族語言、習俗等和文獻記載中，與古越人、僚人有淵緣關係。3.侗族自稱和黔中郡的古意「黔中」相同，都是用樹枝圍成圈子，「圈內」侗語稱呼和漢語「黔」字音義相同。4.由於侗族長期聚居湘、桂、黔一帶，語言、社會結構和習俗比較統一。歷史上未見有因戰爭或自然災害而造成侗族系由外地遷來的記載。5.梧州遷來說雖有侗族古歌為据，但此屬古越人、僚人內部的遷徙，就古歌內容也反映出梧州先民未遷入前，這裡早就有侗族先民居住。（張民，1987：106）

劉錫蕃在《嶺表紀蠻》一書中寫道：「狪（侗）人其移殖中華，較漢之本族為早。其所以成為狪（侗）人者，大概根於後述之種種原因，……漢族初由西方搭里木河流域東向發展之始，最先到中原者，必為許多小部落，因其勢力不敵多數原住之苗民，不得不受其統治。……漢苗交戰時，漢人有被俘虜為奴者，及苗大敗，因而隨同南竄，由是而為（侗）民。」（劉錫蕃，1945：19～20）

張民在〈從《祭祖歌》探討侗族的遷徙〉認為，由梧州遷來是侗族的一個重要組成部分。（張民，1980）廖耀南先生認為，侗族是土著民族，但也有遷徙進來的民族成份，……其族源可能分別來自駱越和于（於）越。（廖耀南，1980）

莊為璣在〈建國以來對百越民族的歷史研究〉一文中認為：侗族源於西甌。（莊為璣，1982）

湯宗悟在〈考古發現與侗族族源〉一文中認為，侗族源流大致是：古越

人一支－「五溪蠻」－「仡伶」－「仡覽」－「峒人」（峒人，峒蠻）－侗族。
（湯宗悟，1982）

徐松石在《泰族壯族粵族考》研究中認為：侗族就是洞庭族的遺裔。甚
遠祖本居洞庭湖附近的平原，濡染楚文化甚深；洞庭族即通常所謂侗族。（徐
松石，1936）又在《粵江流域人民史》提到侗佬乃指峒人，古時大部住武陵
郡。漢唐時居資水沅水上游，仡佬乃溪僚義，都是廣義的僮族。（徐松石，1939）
這更是是言之無物，述之含糊，論之缺理，細究其語，實與戴氏之說，同出一
轍。

戴裔煊在《僚族研究》圖示中認為侗族在周以前為蠻，或駱越；在秦為
陸梁，晉時為僚，唐為西原蠻直到宋代才稱為侗，而在明清以後又與羊黃有
其關係。又說峒人即為峒僚，也就是說侗人就是與僮同一族。（戴裔煊，1949）

梁聚五《苗夷民族發展史》中認為：苗夷之建國雖由北而南，因年代之
遠環境變遷，而民族的稱呼，也漸漸有些不同。他還認為不論是苗、九、蠻、
僚、僮、黎、羅羅、洞家、越……等不同的稱呼，但其所屬於苗夷民族血統。
這樣的血統族源不分，以苗夷之族，將侗族視為苗族之一支。（梁聚五，1949
／2007）缺乏史料和實際調查，也缺系統研究，純屬分析臆造，無法令人信
服。

到了 1958 年，中國科學院民族研究所貴州少數民族社會歷史調查組，建
立侗族分組之後，對於侗族進行全面調查，搜集有關文獻記載，才開始了有
系統的對侗族各方面的歷史文化研究。

石若屏《侗族族源與遷徙的初步探討》一文中說：「侗族可能至少在唐代
已經定居在黔、湘、桂三省（區）交界的地區，其祖先與古越族的西甌駱越有
密切的族源關係。」（石若屏，1984）

王勝先《侗族族源考略》一文也認為：「侗族與瑤族是同一語族，主要來
源於土著的西甌、駱越。」（王勝先，1984）

洪寒松在《侗族族稱、族源初探》一文中，又從民族學和民俗學的有關
資料中，證明侗族來源於古代的駱越。（洪寒松，1985）

田曙嵐認為：「侗族乃洞庭之民。其古代居處在洞庭湖一帶，故因洞庭而
得其名。」（田曙嵐，1986）

以上諸家除劉錫蕃認為侗族是老漢人之外，其他學者皆認為侗族乃百越
系之民族，只是在支系上尚有分歧罷了。對於侗族的歷史源流，前人和當代

諸多學者做了較深入的探討研究。侗族源於百越民族系統，已成為大多數學者的共識，但具體源於百越的哪一部分，則看法不一致，結論各異。大致有如下幾種典型的看法：1. 由古越人中的駱越支系發展而來，可表述為越－僚－侗族；2. 由古越人中的干越支系即後來的「西甌」發展而來，唐以前發展為侗族，並遷居到今侗族分布地；3. 從南遷到嶺南定居的越國人後裔，其人「仡覽」、「仡伶」部族遷到「武陵蠻」、「五溪蠻」地帶，與當地土著融合，形成了當今的侗族；4. 由百越支系沅水中游一帶的「甌」人發展而來。〔註3〕（張民，1994：95～104）

　　前文提到侗族是秦漢時期的駱越和魏晉時僚族的後裔，但他們並不是一開始就分布在現在的湘、黔、桂、鄂四省區連接地區。依據地下發掘以及民族語言文化結合歷史文獻進行考證，可以看出侗族先民從嶺南地域向北遷徙移動的。但對於侗族先民從何時遷徙而來，從嶺南哪個具體地方遷徙而來？還得從一些極有限的史料文獻中的記載，我們只能從民族學材料裡尋找證據。結合民間「祭祖詞」以及侗鄉的地名來進行考證：侗鄉的民間歌謠所談的事件有很多是有其正史依據的。流傳在通道縣芋頭侗寨的遷徙是祖先原居住於江西省太和縣一帶，生活空間因為人口繁衍而受到擠壓，所以遷移至湖南省東山地區一帶；即現今湖南省通道侗族自治縣芋頭村。

> 芋頭村的開拓者，主要是以楊姓人家為主。相傳於明朝洪武年間
> （1368～1398 年），楊華龍與揚文龍兄弟帶著獵狗外出打獵。當一
> 行人追逐獵物行經芋頭界一帶時，獵犬卻趴下來不肯再前進。兩兄
> 弟萬般無奈，決定將食物拋向空中三次，倘若獵犬都能接住，並且
> 吃下食物，將留在芋頭界。此地因其山形與山芋頭的葉子形貌相似，
> 故取名為「芋頭」，這個故事就成了日後膾炙人口的「古岩得道」的
> 傳說依據。〔註4〕

　　由以上的訪談中可以得知芋頭村侗寨的祖先，最早是在明朝洪武年間，祖先楊華龍與楊文龍兄弟追逐獵物路經芋頭界，因獵狗留戀不願離去，兩兄弟亦認為該地吉祥，適合居住，故在此地定居。這與流傳在黎平、從江一帶的一首《祭祖詞》敘述到了侗族祖先來自「江西吉安府太和縣」有類同之處。

〔註3〕有關族源之爭議的詳情綜述，請參見冼光位主編，1995《侗族通覽》。南寧：
　　　　廣西人民出版社。
〔註4〕2008 年 3 月 31 日於雙江鎮芋頭村寨，訪談者老楊 TW。

《祭祖詞》是侗寨有聲望的老人在莊重的祭祖儀式中所背誦。它表現了侗族對祖先懷念的一片虔誠之心，決不是編來欺騙後代的。高增寨吳顯才口述的一首《祭祖詞》中有這樣一段：「譯文：我們的祖公從哪裡來？從那梧州、潯州河，潭村出，潭巷來。」（王勝先，1984：101）有些研究者懷疑這首古歌的史學研究價值，認為造成民族遷徙的原因必須有大規模的戰爭和災荒等等。的確，造成侗族先民被迫遷徙的原因正是戰爭引起的。根據《通道縣志》記載，由芋頭村楊進文所藏《宗譜》中載：

> 元朝末年帝位衰，群寇四起亂天地。洪武明君接帝位，百姓紛紛走東西。……青衡二州都走盡，石落舞陽把身棲。……來到靖州打一望，飛山寨上又安棲。……吾祖離了靖州地，沿河上至通道吧。……吾祖又生離別計，來到江口西寧壁。……吾祖楊公名大傘，走到石壁更頭地……。（通道侗族自治縣地方志編纂委員會，1999：134）

從宗譜中可以證實，楊姓祖先是明洪武年間因戰亂四起，致使各族族人拋妻棄子，四處逃亡，階級衝突和民族衝突劇烈激化。從江西吉安府太和縣遷出，經過青州、衡州到達靖州飛山之後。順著雙江河，經過江口最後遷到芋頭界。我們將史料文獻與地下發掘以及民族語言文化習俗綜合起來對侗族族源進行考證，可以清晰地看到，侗族祖先經過戰亂時期，經歷了千難萬險，來到了今天的這片地域，在此定居至少有幾百上千年的歷史，成為了黔桂湘邊界地區的主體民族。

侗族的自稱最早見於宋代的史籍，用反切的方法記為「仡伶」或「仡儖」，在南宋陸遊《老學庵筆記》卷四中有寫到：「在辰、沅、靖州之地，有仡伶、仡儖」。（鐘濤，2007：23～30）而辰、沅、靖州之地就是今日的新晃、芷江、玉屏、天柱、三穗、靖縣、會同一帶，正是侗族聚居區的中心地帶。與此同時，《宋史·溪蠻叢笑》也有紀載：在嶺南地區亦有「狪」（侗）人聚居，尤以今之廣西梧州、蒼梧、藤縣、容縣、岑溪等地為盛。（朱輔，1985）這證明侗族先民居住在湘黔桂交界之地已有千年的歷史，在唐代就已成為單一民族載於史冊；唐宋時代，「黔」的名稱演變為「峒」或「峝」，「黔首」也演變成為「溪峒之民」或「峒民」。在當時區域的劃分一般用「洞」表示，至今侗族地區不少村寨仍保留「洞」的名稱，如黎平、從江的肇洞、頓洞、貫洞一帶叫「六洞」，岩洞、曹滴洞一帶叫「九洞」，黎平的潭洞、特洞一帶叫「八洞」，三江、龍勝、錦屏、天柱、新晃等縣的不少侗寨也叫做「洞」。侗族這一族名

的來歷與「溪峒」之名有密切的關係。明清以來，侗族被稱為「僚人」、「侗僚」、「峒人」、「洞蠻」、「峒苗」或泛稱為「苗」或「夷人」。民國時期稱為「侗家」，中共建政成立以後稱為侗族。

第二節　侗族與自然共生

　　地域環境是民族賴以生存、生活的場所和發展的基礎，也是文化形成、發展的場所和必須的基本條件。民族諸特徵如語言文字、宗教信仰、風俗習慣、經濟生活、居住方式等無不帶有地域環境的印記，具有一定文化的人們，通過與之一致的勞動方式和技術水準來作用於自然環境，相反地自然環境又通過一定的自然資源和自然條件來影響文化特徵的形成。一定的生產方式和經濟基礎，是形成特定的生活方式和社會組織結構、產生特定思想觀念的基礎。文化模式一旦形成，又會反過來影響人們生產和生活的各個側面，規範人們的社會交往、風俗習慣、社會行為和態度等，人類往往依靠他們創造的文化體系來適應周圍的物質環境。

　　任何民族都會佔有一片比較穩固的生存環境，作為民族生存和發展的必要空間基礎。而完整的生存環境必須包括自然生境和社會生境兩個部分。自然生境是自然空間及其所附帶的自然特性。侗族生存的自然環境自宋代開始，侗族佔據的自然空間較為集中且相對穩定，其界域古今變化甚小。自然空間區位為經緯座標上約東經 108 度至 110 度，北緯 25 度至 26.5 度之間，覆蓋了今中國大陸行政區系統中貴州、湖南、廣西三省區交接帶之黎平、從江、榕江、錦屏南、通道、靖州南、三江、龍勝等縣侗族聚居區。該區域內具有相近的複雜多樣的自然生態環境，由地形地貌、氣候條件和物產資源等表現出來。這一節，筆者先介紹侗族的自然環境，然後分別從侗族的建築風格、等方面來分析侗族如何與自然環境共存。

一、侗族地區的自然環境

　　侗族地處貴州省東南部雲貴高原向湘桂丘陵盆地過渡的斜坡地帶上，是雲貴高原、湖南丘陵、廣西丘陵的交匯區。其地勢走向西北高、東南低，海拔從 2000 公尺到 300 餘公尺不等，區域地形複雜，有高、中、低山、丘陵，以及面積寬窄不一的河谷盆地、平原盆地，但以低中山和丘陵、盆地、谷地為主，其中山地比重最大，是俗語所稱「九山半水半分田」的典型山區，山地面

積占整個區域面積的近 80～90%。山坡皺褶起伏大，河流縱橫切割深，侗族民謠「上山到雲端，下山到河邊，隔河能對話，會面要半天」，就是這種地形地勢的直觀描述。地表土質深厚，質地疏鬆，保水保肥性好，有機質含量較多，自然肥力較高，適種性廣泛，為各種作物及植物的生長提供了極為良好的條件。

侗族地區的氣候條件利弊交織，屬中亞熱帶濕潤季風山地氣候區。總體上氣候溫和，霜期短，夏無酷暑，冬少嚴寒，年平均氣溫在攝氏 14～18 度，年均無霜期 300 天左右；陰雨天氣多，降水日每年有 170 天以上，雨量較充沛，年降雨量為 1,000～1,400 公分，而且 70%的降水集中在春夏兩季。雖然具有濕度較大，熱量豐富的特點，加之雨熱同季，這樣的有利氣候條件宜於農作物尤其是水稻的生長，也適宜于林牧漁業的生產、經營。雨水充沛、氣候溫和，適宜發展糧、林和多種經濟作物，物產資源豐富、土特產多。不利之處表現在山多田少，而且坡田、垮田多，平壩田少，不能自流灌溉；山高林密，日照時間短，影響產量；山區雜草茂盛，須付出更多的勞動強度，才能保證糧食作物的穩產、高產。

侗族地區得天獨厚的地形、地貌與氣候條件孕育了豐盛的野生動植物資源。生長有成百上千種熱帶、亞熱帶、溫帶和暖溫帶飼草植物，藥用植物，芳香植物，實用植物和菌類；密佈的溪河可以提供營養豐富的水產動物資源，有鯉魚、魚草、鯽魚、鱔魚、鰭魚等魚類和泥鰍、黃鱔、龜鱉；山野、樹林、草地棲息有大量的野生禽、獸類動物群。森林樹種繁多，有「林海」、「宜林山國」之稱，是國家重點林區之一。區域的森林覆蓋率高，林木資源極其富足，尤盛產杉木。侗族的自然環境特點是重巒疊嶂、峽谷幽深、道路崎嶇阻隔，既有雄偉的峰巒和蜿蜒起伏的山麓，在崇山峻嶺之間也散佈著或大或小、比較平整的盆地與河谷；亞熱帶濕潤氣候區域，冬無嚴寒、夏無酷署、雨量充沛，宜於農耕，同時也孕育了茂密的森林和各類草木植被，為眾多野生動物的生存和繁衍提供了良好的生態條件。侗族社會和經濟發展所依賴的自然環境因素，利弊互存有利。

「溪峒」由崇山峻嶺之中的若干面積大小不一的「壩子」所組成，「壩子」地表平整、四面環山、溪流密布，是山區最適宜農業耕作的地方。生活在這些山環水繞小天地裡的侗族，對家園自然生態環境有相當的敏感力和判斷力，對周圍自然界的動植物資源和土地、氣候具有深刻的認識和理解，並以各種

不相同的方式極為有效地利用這些自然資源。透過世代的經驗積累，他們建構了一套能夠高效利用和有效維護生態資源的技術和技能，創造了民族所持有的地方性知識系統。他們的生產、生活乃至於思維方式，往往帶有自然環境的深刻印記。

二、侗族村寨佈局規劃與傳統民居建築

侗族是中國大陸古老的民族之一，主要分佈在湘西、桂北、黔東三省交界的 16 個縣域之內，地處雲貴高原東部邊緣的丘陵地帶。

（一）村寨佈局規劃

1. 村寨選址

侗族村寨是由幾十戶到上百戶所組成。通常一個姓氏為一個團寨，一個村也可能就由數個團寨組成。這是因為在過去侗族地區生產力不佳，從改造自然、抗禦自然災害與外敵的能力有限，族人為了生存與繁衍後代。侗族村寨的選址是人文精神和自然精神的結合。侗族的風水觀認為：「只有根據龍脈來落寨，並根據龍脈的走勢來規定建築的位置與規模，才能既降伏龍脈，又不傷害龍脈，從而使村寨蒙福受祉，人丁興旺。」〔註5〕龍脈就是村寨依靠的山脈，侗族選擇山間有水流過的平地作為理想的寨址，山水相交的地方、土厚水深之處即為龍穴，天人合一、萬象一體的理念蘊於其中。（劉芝鳳，2009）。在這種思維之下，村寨選址必須要考量適合生存條件自然環境。自然環境又分大環境與小環境。大環境指的是整個區域，包括地質、水源、氣候、物產等適合族人居住的條件；而小環境則指小範圍的村寨環境。首先侗寨選址特點是擇水而居。水是萬物之源泉，侗寨一般都選擇在水質好、水源充足、向陽的依山傍水的地方，並沿河布局，如侗族出門串寨時會常說去某某河。選寨址的第二要點是擇土而棲，因為土質好的地方才能長出食物，否則無法生存，更不用談繁衍子孫了。過去在沒有儀器探測分析土壤的好壞，侗族運用類似「倒插楓木樹」勘驗土質的辦法，在侗寨就有傳說，有「倒插杉樹」或「插筷成林」的說法。第三個選址則取決於風水。一個民族最大的心願就是希望能夠發展壯大，永存於世，所以侗族寄希望於天地，追求人與自然的融洽和諧，因而「風水說」就逐漸在侗寨中佔了很大的心理意識。侗族在選址時常以「左

〔註5〕2008 年 3 月 31 日於雙江鎮芋頭村寨，訪談楊 TW。

青龍、右白虎、前朱雀、後玄武」做為條件，以山環水抱、藏風聚氣的位置為最佳寨址。

　　另外在擇地時有一些風水上的禁忌是會避免的，像是「沖煞」，路和河行經方向的延伸線所對到的就是沖煞，一般會避免在該地搭建房舍，而事後發現有沖煞之處，也會請風水先生在木板寫上「泰山石敢當」貼在沖煞之處化解。

2. 村寨佈局

　　在侗族村寨的背山一般都是綠樹成蔭，在村寨頭尾的附近一般可以發現高大的古樹，這就是保護侗寨的風水樹。因為侗族族人相信高大的古樹會帶給村寨人丁興旺。而與古樹同樣在侗寨相當明顯的標志就是鼓樓，是場所感和人文精神的表現，鼓樓以及圍繞著它的廣場是村民活動的中心。一般一村寨會有一座鼓樓，但是較興旺的村寨則按姓氏房族而建多座鼓樓，如通道縣芋頭侗寨就有四座鼓樓。鼓樓的形式是模仿古樹的，在過去尚未修建鼓樓時，侗族是在大樹下休息、議事，後來族人便模仿大樹的形狀，發展建起穿枋交錯的鼓樓。在村寨下游的寨口處，一般會建有福橋又叫花橋，或稱迴龍橋。迴龍橋取名於回龍聚福、迂回龍脉、環抱村寨之意，最初因為風水的需要而修建，扮演著關閉地戶不讓財氣外流的角色。侗族村寨整體佈局以鼓樓為中心，櫛比鱗次的吊角樓和迴龍橋組成的整體，以自然為依託，在自然中生長，隨自然變化但又統一有序。

　　水是生命之源，在侗寨除了依溪水而建之外，還講究「以水養寨」使侗寨更有生氣，所以在侗寨中挖掘水井、建設水渠與水塘。建水渠是因龍喜水，居住在龍脉上的侗寨就不能少水，山谷型的侗寨還好有長年不斷的泉水流淌在村寨水渠中，但是居住在比水源高的侗寨，則需要開渠引水來養寨。在侗寨修建水塘傳說是因為龍需要水塘洗澡，但是也有實質上的消防作用。侗寨所有建築都是木構建築，必須隨時備有充足的水量以防火災時可以滅火。第二個作用是確保水質的乾淨，水渠與水塘基本達到村寨的污水處理的功能。溪水經過水塘的沉澱，並經過塘中生物的分解，再流進溪河裡，以確保用水不受污染。

（二）民居建築

1. 民居建築

侗族地區多雨而且因為居住在山溝間所以環境潮濕，建築主要以氣候條

件設計為杆欄式。杆欄式民居是因應山區地形發展而建，又因為底層空間並非平地，所以侗族利用架空方式，為的是使上一層樓達到平整之目的，運用其不同高度的柱子，來適應當地的地形地貌。建築材料主要是以當地杉木為主，杉木材質不傳熱，縫隙較多，在夏季容易通風。若建築被拆除後，材料還可以回收再次利用。建築的柱腳下面主要墊以石塊作為基礎。在「改革開放」之前的傳統屋面是以樹皮覆蓋作為屋瓦，目前則使用青瓦。整個建築材料中理想地做到與自然共生的方式。

2. 建築空間

民居的設計為底層架空，一般不住人，通常用來飼養牲畜和安置農具，其通透的空間可以促進室內外空氣流通，同時還可防止獸類的侵襲。村民的生活空間主要在一樓以上，一般用於生活起居會客、煮飯、織造和從事副業加工等。內部木板隔間有隨意移動之設計，對空間利用較靈活，可以根據不同用途隨時進行空間的分隔或合併。

3. 建造方式

建築在侗族的建造過程中通常不使用機械化設備，其樑柱等大架構全由榫卯嵌合。首先是在杉木柱子上鑿眼並在柱子之間橫搭方形木條，要求木條與柱子用木榫銜接，而且周圍牆面的木板必須開槽以鑲嵌方式結合。在整個建築中大小與長度不等的柱子或條木必須以榫卯扣接密實，建築的堅固耐久程度使用可達兩三百年。

4. 建築色彩

侗族崇尚自然並信奉神靈。建築的裝飾通常以花草魚蟲為主，輔以神話傳說中的神仙等彩繪或雕刻，色彩都較為鮮明。其裝飾主要集中在公共建築的細部，如簷角、柱頭、天花等，或是作為基礎的石墩上。

綜上所述，特殊的地理位置造就了侗族村寨自然的規劃佈局和獨特的建築形式。無論是侗族村寨的佈局規劃，還是建築的空間、方式、色彩全面都表現了尊重自然、與自然和諧共處的關係，精確的表達了侗族對大自然的敬畏之情。

三、侗族人與自然合一的民族特色

侗族能夠依仗其優勢的自然環境和民族特色開闢了侗族文化傳承和旅遊發展，主要原因就是侗族充份地將民族特色和自然環境融合在一起，表現出

侗族與自然共存的成果。我們可以清晰地看到，侗族觀光旅遊的發展越來越壯大，和自然風景的吸引力也是離不開關係的。南部侗族地區自古都比較封閉，雖然有外來文化的傳入，但是相當於北部侗族而言，南部侗族受到外來文化的影響顯然較弱，所以一直較完整的傳承自己獨特民族特色。例如南部侗族的民族特色是多彩的：侗族大歌、哆耶舞、蘆笛舞、侗戲、鬥牛會都是傳統的文化娛樂活動。在這些活動之中，無時無刻皆可看出侗族與自然共存的身影。

（一）侗族的農業生產

侗族結合當地的自然環境和地貌特徵，主要從事農漁業，兼營林木，林業以杉木著稱。農漁業則以生產粳稻和魚為主，選育栽培有本民族獨特優質的水稻品系「香禾糯」；又善用稻田養魚，創造和傳承了以「稻魚鴨共生」為特點的侗鄉有機農業文化遺產。在進行「社會主義建設」期間，特別是「黨的十一屆三中全會」以後，侗族地區的生產也發生了巨大的變化。他們紛紛開始採用新的農業生產技術，糧食產量逐年增長。農、林、牧、漁也進行全面發展。在侗族傳統節日中，「蘆笙節」是居住在南部方言區侗族為慶賀農獲豐收，為表達心中的喜悅，抒發內心的激情而舉行的傳統節日。

（二）侗族大歌

侗族屬於富有音樂智慧的民族；侗族認為唱歌與吃飯均為同等重要，唱歌屬於侗族精神食糧，對侗族來說唱歌屬滋養心靈的養料，他們用集體音樂智慧創造出中國甚至世界上猶如「天籟之音」的精品侗族大歌。侗族大歌之所以能夠傳承唱下來，與其藝術生命力是分不開的，除了侗族「飯養身，歌養心」的精神理念，還有它植根在民間沃土、與自然共存、貫穿於侗族的生活領域有關聯。在侗族人與人的和諧、人與社會的和諧、家庭的和諧構建方面產生重要作用。侗族融合了天地山水之神韻，匯及傳統侗族之智慧，將美好的大自然與侗族同心同德、團結友愛的民族精神在民間歌曲裡面展現出來。侗族大歌被國內外音樂界專家讚譽為「天籟之音」與「清泉閃光的音樂」。自然美是侗族大歌表現出的最主要與最突出的藝術特徵，同時也是侗族大歌的精髓。大自然與自我身心的和諧互動及價值理念在侗族大歌中得到展現與高度濃縮，並有著深厚的精神文化內涵。

侗族大歌主要表現了侗族對大自然中百鳥疊鳴、蟬蟲合唱、流水潺潺、

林濤聲聲等模擬，所產生的「和聲」在音樂藝術審美的效果上是一種與自然的和諧藝術，同時這些對大自然的模擬也促使侗族大歌有著更加立體和優美的音樂形象。侗族大歌之所以能夠產生「大自然的和諧」、「人與自然的和諧」的藝術審美效果，主要是侗族與大自然的生存環境及生態的和諧、侗族人與自然和諧的自然生態觀、建寨居住觀與人口生育觀以及傳統醫藥觀等生存理念有關；換言之，侗族大歌是最集大成的理念表現。

侗族大歌流行在侗寨地區中的顯著特徵是：它產生於依山傍水的坡地或小片平地、壩子上建立，有著很明顯的生活環境及生產功能區分佈。通常村寨的生活居住區是圍繞著鼓樓而建的。寨子的周邊是風水林與農田耕作區，風水林以外是侗族的生活所需物，如桐油林或茶油林或果樹林的人工栽培林帶，往外延則是供侗族的杉木林或松木林帶，主要是供修建木樓、房屋、橋樑和一般建築用材的林帶。再往外延便是侗族砍柴、放牧、燒炭、採藥、打獵之地的野生混交雜木林帶，即是原始森林狀態。侗族對自然生命的尊重展現出良好的自然生態環境與有序規劃居住的理念，並折射出侗族「萬物有靈」的自然崇拜觀。侗族遵循「山林為主、人為客」〔註6〕的規則，與自然共生、共存、共發展的道理，即呈現在侗族大歌的特徵，除了表現在音符的和諧對位圓融之外，其取材於大自然聲腔與韻味才是侗族大歌的真諦。

如果人口超過土地承載的極限，侗族會採取疏浚的方法來解決人與自然的和諧共生：一是將大寨中的部分人口，分支出來另僻新寨，二是侗族採取民間自古以來的習慣法控制人口的增長，並用祖傳秘方來控制男女性別人口的平衡。〔註7〕體現了侗族「天人合一」的思想理念，侗族大歌中所唱到的「一窩樹上一窩雀，多了一窩就挨餓」揭示了人與環境兩者互為依存的關係。而「崽多了無田種，媳婦接不進家；女多了沒銀戴，別人還會娶她？」這首歌謠則唱出了人們要想獲得幸福生活就必須尊重自然、順應自然發展的規律，亦即侗族與自然共生的最佳寫照與反應，它所代表的意義也就是侗族大歌藝術和諧的本原。

（三）侗族服裝

在侗族地區侗寨的規模與自然生態能夠養育人口之數量，人口保持哪個

〔註6〕2012 年 8 月 1 日於播陽鎮，訪談吳 LH。
〔註7〕2010 年 8 月 7 日於貴州省黔東南州從江鎮，訪談梁全康。

階段的水準才能與居住周圍的各方面協調、健康、可持續發展，都是有講究的。侗族很久以前就已經在嶺南山區自由自在地生活，觸目望去皆是藍天白雲、青山綠水、紅花綠葉，她們沐浴著陽光雨露與大自然相依相容。山林景色的美麗和田園風光陶冶了人們的情懷，並形成她們以自然為美的審美心理。這種審美情感在侗族服飾的圖案與色彩以及服裝款式上展現出來。侗族把布染成和大自然相同的顏色來製作服裝，這與她們生活在綠色自然環境有著關係。這種靛藍色是大山的顏色，也是森林的顏色，更是江河流淌的顏色；換言之，是大自然的原色。萬物在大自然中生長，它為我們提供各種生活資源，使人們世代在她的懷抱和庇護中繁衍生息。所以侗族服飾的外形款式也效法大自然，除了注重實用功能外，還要與自然協調和諧，融實用與美為一體。侗族服飾的對襟衫、左衽或寬筒褲，百褶裙通常以寬大形式為主，如此顯得更自然也更適合勞動。除了節日盛裝外，她們平時穿的百褶裙多短至膝蓋部或小腿上下。山間荊棘叢生，打上綁腿或護套，方便在山間行走。袖口、領口、衣角、襟邊最容易磨損，便特意以滾邊加厚，既耐磨，且美觀。侗族的服裝寬大開放與她們效法大自然有關，他們用自己的方式回應大自然包容與博大胸襟的態度。

　　侗族屬於樂觀豁達的民族，主要是代代生息在這風景秀麗的土地上，受到自然環境的影響。生活的一切資源都依靠自然，他們熱愛自然並依賴自然、與自然相依相融。這種生活環境養成她們樂天知命、安然豁達、自由樂觀的人生態度，並且更將之展現在服飾之中。侗族服飾以勞動婦女為代表，她們熱愛生活，對生活寄予滿腔熱情，對未來充滿希望。她們在製作服飾的圖案上，她們更是為了滿足自己的精神需要，亦即透過圖案來表達自己的理想願望。她們通過豐富的想像和巧妙的構思，按照美的形式的規律，對圖案進行高度提煉、概括、誇張，從而使花、鳥、蟲、魚等的圖案紋樣，比現實生活中的動植物更美麗、更自由、更富於幻想和更具藝術魅力。如嬰兒背帶蓋上面繡著圓圓的太陽，像太陽花般的大榕樹圖案，詮釋出來的意義是太陽是指生命和溫暖的象徵，在大榕樹上結出的太陽花蓋在嬰兒的頭頂上會格外地溫暖；還有用象徵美好勤勞的蜘蛛圖案組成的花狀繡片，圖案佈局是蜘蛛分佈在花瓣的周圍和花的中間，有秩序地排列到花托向上的位置，另外鋸齒狀花瓣的週邊圖形，有一組組像是一群手牽手歡快跳舞的小人圖案所組成，每片花瓣的裡邊像是身著盛裝舞動長袖跳舞仙女的圖案，展現出團結的舞蹈與大自然

的和諧相融。農耕氣息濃厚的侗族的生活比較清貧艱苦，但他們豁達樂觀且從不放棄對美好理想的追求與嚮往。侗族用充滿吉祥寓意的傳統圖案，來表達對未來美好生活的無限憧憬。她們托物寄情，借物寓意，將自己的情感與理想傾注在服飾圖案中，表現了侗族婦女豐富的想像力、審美水準、自由瀟灑的藝術心靈，以及從容達觀、自由和諧的人格秉性與生存態度。她們創造的不僅只是服飾的美麗，同時也是創造了詩一般的美好人生。

第三節　侗族的和諧社會信念

　　民族文化是該民族共同心理狀態的表現形式，也是民族意識的綜合反映。獨特淳厚的侗族文化，有一種原真、古樸、自然、和諧的美。侗族生活在中國西南的崇山峻嶺之中，獨特的自然、經濟和社會環境，塑造了侗族與其他民族迥然不同的民族文化。熱情好客、誠實守信、樂善好施、以善求存是侗族為人的基本準則，平等友善、樂觀向上、自強不息、充滿活力是侗族處世的基本觀念。侗族在長期的歷史實踐過程中創造出的這些極具正面意義的民族文化，最終促成了侗族生命與自然之間和而為美的文化體係。侗族是一個有著悠久歷史的民族，在漫長的歷史進程中，逐漸形成了獨特的民族文化，維繫著社會和諧、穩定與發展。因而有些學者將侗族稱為「沒有國王的王國」（鄧敏文，1995）、「桃花源一樣的和諧社會」〔註8〕。本文以湖南省通道南部侗族社區為參照和個案，就侗族傳統文化蘊含的和諧思想內涵試作初步探討。

一、湖南省通道之南部侗族社區概況

　　從 1956 年立縣已走過 60 年的歷程，經濟社會各方面都取得了長足的發展。基礎設施逐步完善，通道縣交通便利，境內鐵路、公路四通八達。公路通車里程已達 1,000 公里，209 國道、1805 省道從東向西穿縣而過，所有鄉鎮和 90 的村寨都通了公路。郵政、電信和廣播電視事業發達，開通了萬門程式控制電話、手機業務，可直通世界各地；已開通了數十套電視節目。經濟穩步增長。農業結構調整漸趨完善，正逐步形成竹木、畜牧、土特山貨果菜、中草藥材四大產業發展格局。工業從無到有。自成體系，以木材系列加工、水電、建材系列、食品系列、農機製造為主，鄉鎮企業全面發展。通道是以侗族聚

〔註8〕2008 年 3 月 31 日於雙江鎮芋頭村寨，訪談者老楊旭昉。

居為主的少數民族地區，有燦爛的侗族文化遺產和古雅淳樸的民情風俗。侗族獨具特色的建築、織繡、服飾等，在中國大陸文化藝術的寶庫中，璀璨奪目。建築以鼓樓、涼亭、迴龍橋最為出色，堪稱侗族建築「三寶」，有的已被列為國家或省級文物保護單位；織繡以侗錦、侗帕最負盛名；通道侗鄉一向被譽為「歌舞之鄉」，其中以琵琶歌、侗戲、侗族大歌、哆耶、蘆笙最受人們喜愛。境內山青水秀，風光旖旎，奇觀勝景遍佈。芋頭侗寨古建築群保留著侗族的原生態特色，「百里侗文化長廊」記錄著多姿多彩的民族風俗，雄偉壯觀的馬田鼓樓、巍峨神奇的白衣觀、匠心獨具的迴龍橋、古樸敦實的兵書閣、富麗堂皇的普修橋等民族建築群，均古色古香，引人入勝，現已成為最新的旅遊勝地。其中，芋頭侗寨古建築群、馬田鼓樓已列入國家重點文物保護單位。

二、寬容和柔、趨靜求穩的文化品格

　　古代侗族未能形成統一的民族意識，主要是與苗、瑤、壯、布依等其他民族交錯雜居，並在不同程度上受到漢族文化的影響。儘管這樣，侗族在民族交往聯繫中吸收了其他民族的不少長處，創造了獨樹一幟的民族文化系統，並一直穩定地發展著。只要留心觀察，也不難發現侗族傳統文化品格的基本指向，即趨於寧靜、穩定、有序、和諧，這也正是存在於侗族的核心精神價值。

　　在父系氏族社會裡，鼓樓是氏族的標志，一般一個氏族或房族有一個鼓樓。以前鼓樓通常情況下是男人的活動場所，女人只有在祭祖、集會、迎賓和對歌時才能進入鼓樓。與鼓樓相對應的是建在薩壇旁的「薩屋」，才是女人重要的活動場所，通常情況下也禁止男人涉足，只有在祭薩時才能進入。鼓樓和薩屋分別作為父權和母權的象徵，一直沿習至今。不論是在母系氏族社會，還是父系氏族社會，都有嚴格的組織結構和嚴格的婚姻制度。每個氏族成員也只有無條件地遵循這些制度，個人的婚姻和其他權益才有可靠的保障。在父系氏族社會裡，因胞族之間聯姻的需要而產生了款組織。侗族的款社會，經歷過漫長的歷史階段，大約從原始父系氏族社會的部落聯盟開始，一直到封建社會末期才真正結束，是一段帶有濃厚傳奇色彩的坎坷歷史。源於侗族生存方式、價值觀念、情感方式等長期積澱的民族特性，才使侗族社會得以長期保持和諧、穩定與發展。侗族社會生活各方面，尤以「款文化」為典型，

展現出維紀守律、寬容和柔、趨靜求穩的民族品格。

最初，款組織是因內部聯姻而產生的，但隨著歷史的發展，因抵抗外侮入侵的需要，後來逐漸發展成為「以血緣為基礎，以地緣為紐帶，帶有軍事聯盟性質的民間社會組織。」在氏族社會裡，生存與繁衍是人類的第一要務。侗族祖先透過制訂內部法則，加強族內的團結與交往，使這第一要務得到初步的鞏固和發展。在長遠時間的脈絡下，侗族和諧文化的雛形也已悄然孕育。侗族世代遵循的「款文化」，維繫著每個寨子與宗族的集體利益，更維護著寨風與族風，規範社區正常生活與發展。「起款治寨」是侗族用以約束人們遵守社會規範的一種習俗，也是「款文化」在治理侗族社區不安定因素所形成的歷史產物。各村寨過去都有「款」組織，「小款」是臨近幾個寨子的治安聯盟，「大款」是幾十個、甚至上百個寨子的治安聯盟，由各宗族的族長組成。在人口多的宗族中德高望眾的族長一般被推為「款首」，通常由「款首」召集款組織中的成員進行「議款」和「定款」，然後向眾人公佈和實施，違者必究。在中原漢族朝廷的政治力量未及侗鄉的時代，侗族地區沒有「王法」，只有「款約」。（劉芝鳳，2009）明清時期有了土司和朝廷流官後，「款約」逐漸與「王法」互滲。於是，侗族地區的「王法」便與「款約」結合起來，演化為具有「王法」色彩的「村規民約」。款組織作為封建政權力量的補充一直存在到清末民初。中共建政之後款組織基本消失，而衍生的「村規民約」一直發展與保持下來，其內容隨社會生活需要不斷地修改翻新。

據通道侗鄉的耆老們回憶，在清末民初時期仍有起款活動，常常與當地民族最隆重的祭祖「擺古」、「吃牯臟」和重陽「鞍瓦」節等活動一起開展。每年開春之前，各宗族的族長就會到各戶家裡去聽取各戶的建議，之後由「款首」召集各宗族族長以及一些相關的人員在開會，討論各戶提出的建議和主張，當地稱之為「議款」。然後制定出一個「款約」，並由「款首」公佈給全寨人。在公佈的當天，寨裡的人會聚集到鬥牛塘，並在所有全寨人前將一頭水牯牛宰殺，將肉均分給每一戶，這在當地稱為「吃定款」，當人們吃完肉後，就要履行款約的約定了。所制定的款約會由當地的歌師或者是有學問的人，編成一個通俗易懂的「順口溜」以便於寨裡的人記住。若「款約」在履行幾年後，隨著山寨人需求的改變，款約也會依需要而修改，這時就需要對款約重新議定。而合款制是作為侗族古代社會的一種民間自治和自衛組織形式，它的實質是為對內治安，對外自衛。侗款主要功能在於：對內保護公有和私有

財產，調解族內糾紛，維持地方秩序，對外抵禦外侮，彼此相援，其主要宗旨不在於掠奪和戰爭，而在於防禦掠奪、制止戰爭。歷代史籍很少載有侗族主動襲擾鄰近民族的事件，而多是在朝廷官府重壓忍無可忍而被迫自衛。侗族非常注重維護自己的民族尊嚴，遵守款約中「壞事不進官衙」的信條，主張大事化小，小事化無。一般民間糾紛，當事人多在相互諒解的精神下自行解決，實在寬容不了的才訴諸公認的「理老」，再大的事也不至於上往官衙解決。因此，侗族社會歷來風尚較好，長期基本保持穩定，很大原因是歸功於合款制，更深的意涵則在於侗族寬容和柔、趨靜求穩的基本民族文化性格。

　　雖然，侗族長期受到沒有本民族文字的限制，但是他們仍然創造和累積了豐富的民間文學藝術，使侗族生態文化得以沿續傳承下來。其中，侗歌作為侗族精神生活和原生文化傳承的重要載體之一，以形象的語言、生動的比喻、獨特的韻律忠實地記錄了侗族大量的民族文化遺產。侗族在重陽節、三月三、七月二十趕歌場等傳統節日裡，大家盡情娛樂，以歌會友，以歌傳情，所唱侗歌內容豐富，有古歌、大歌、酒歌、情歌、山歌、婚嫁歌、喪事歌、巫術歌、活路歌、科事歌等等，涉及生產生活的方方面面，曲調多姿多彩，承載著侗族的喜怒哀樂，豐富了侗族精神生活的同時，又促進了民族之間的瞭解和團結。例如：嘎花以婉轉細膩和諧為特點，其主旋律多在中聲部，一領眾和，和聲完美，速度徐緩，情感莊重，旋律優美，曲調平和，延續了侗族特殊的文化脈絡，從中也能窺見侗族基本民族性格之一般。

　　所以，不管是侗族的「款」組織，還是侗族嘎耶（歌舞）以及一些沒有提到的侗族文化，都無時無刻地顯示了侗族的和諧社會理念，展現了侗族寬容和柔，趨靜求穩的品質。

三、尊祖敬老、秩序和諧的民俗文化

　　在大部分的侗族社區，鬼魂崇拜和祖先崇拜是一種具有濃厚民族觀念極為普遍的傳統民俗現象。在他們的心中祖先崇拜是與血緣聯繫在一起的，一般有始祖、遠祖、族祖、宗祖、家祖崇拜等之區分。原始祖先崇拜最初產生的是氏族團體的共同祖先的崇拜，然後才產生氏族聯合體的共同祖先崇拜，隨後是一個個家庭的祖先崇拜的產生。自今家家戶戶堂屋中一般都選正方位置安設家祖神位，是凡逢年過節，婚喪喜事，皆在此擺供品、點燈燭、燒香、化冥紙，陳詞祝禱，舉行祭祀活動。發展到平時的一日三餐之前，也照樣燒香

供奉，飲酒者，舉杯先灑幾滴落地，同時也先拈菜在飯碗，默禱「老人（祖先）先吃」而後自己才端碗。不論在什麼時侯或地方遇到危險，心底都默默祈求祖先保佑，謀事成功以後也喜幸地歸功於祖先。始祖遠祖祭祀，只有在許多的寨子中都有牯臟節、擺古節、侗年等古老的節日，才舉行儀式。

　　侗族認為靈魂與鬼魂是有區別的。靈魂是和人的肉體結合在一起，只有在做夢或生某種病的時候才脫離肉體，但它不會作祟於人。而鬼魂是肉體已亡脫離了肉體的靈魂，它可以作祟于人，故人們對它因畏懼而產生崇拜的心理。在觀念上，人們認為死者的鬼魂仍與宗族維持著一定的關係，認為這些鬼魂仍在監視著宗族成員或家庭成員的行為或暗中參與著這些行動，有的則認為活人行事作為對死者仍負有一定的責任。所以，如果宗族有重要的事情和困難，就要祈求死去的宗族成員的鬼魂來幫助。如果違背規則和風尚，則被認為對不起死去的宗族成員，要受到鬼魂的懲罰。他們也認為鬼魂都有自己生活的世界，也有與人一樣的欲望，人死後鬼魂與活人一樣需要生活。生前既然在一個共同體生活，死後也同樣要在同一個墓地共同生活。因此都有以宗族聯盟為單位的公共墓地。在這塊墓地上還有祖上的公墓，侗語叫「磨會」。每年清明節宗族聯盟都要「借會老」進行大會聚餐，聯盟下的「支宗族」也需要進行像「借會尼」這樣的小會餐。前者指同姓的一寨或幾寨甚至跨縣的宗族聯盟後代成員聚集會餐，並祈求死去祖宗成員的鬼魂保佑幫助所有族人，如有人違反族規禁忌也告知請其懲治不殆。後者是分支族內的會餐，人員規模則少和小得多，內容也一樣。人們通過「借會」推選宗族族長，建立款組織，解決民族內紛爭，維護和諧秩序與社區安寧，由於款約威攝，和對祖先、鬼神的崇拜與敬畏，人們自覺自願遵守款約。

　　由於對傳統的尊崇衍生出了一系列行為規範、人倫道德，凝結成侗族尊祖敬老、勤勞節儉、誠實善良等品格，成為人人遵守，世代相承，滲透到社會生活中各個領域的一個重要文化因素，並表現為十分重要的社會規範；誰要違背，輕者說服教育，重者嚴明處罰。因為侗族歷史上沒有創制過文字，到清朝時才開始學習和使用漢字，因此，過去關於歷史、生產知識、生活經驗等的傳承，都要靠老年人的言傳身教，故長輩對晚輩具有教育的權威性。加上過去祖宗因避戰亂、或逃荒、或被發配而遷移高寒而多霧雨的山區來謀生，世代長輩都有一股艱苦創業的精神，家庭裡的生產資料，都是老年人辛勤勞動積攢的，因此，尊祖敬老傳統表現得尤其突出，與九寨侗族生產活動有著

十分密切的聯繫。

侗族有一部相當於民法法規的《侗壘》〔註9〕提到：

> 奉養徒飲食，財力可勉盡。父母得寬心，乃為大孝順。
>
> 出入動作間，存心常祇敬。有行須請命，有聞必進稟。
>
> 召命無諾語，問對絕厲聲。乍時寒暑熱，亦必勤問聲。
>
> 重大艱難事，怠忽累親心。父母有嗔怒，不可生怨恨。
>
> 自心有煩惱，怒不形於親。弟兄分家居，供養莫較論。
>
> ……人不孝父母，與鳥獸同群。（林良斌、吳文志，2011：56）

侗族基本上是一個傳統的農業社會，社會狀態的相對滯後性，決定了其尊祖敬老、注重傳統的基本價值取向，在這種經濟文化背景中，人們通常能夠感受到傳統的魔力。養老問題是全世界老人普遍擔心的大事，但侗族「老有所養」成為延續至今的一個優良傳統。不僅是有子孫的老人，就連過繼戶的老人以及無子嗣的老人同時享有族人撫養的待遇。

敬老習俗，在衣食住行方面表現特別明顯。老年人穿著顏色較深，多為黑青色，表示莊重。中青年穿著顏色一般較淺，否則被視為「充老」,「賣老」，並受譴責。日常大家吃席不論貧富貴賤，先向年長者敬酒。划拳唱歌也由老年人開頭。遇供神祭鬼，供品由老年人先享用。打到獵物，多少要對病重和鰥寡老人有所表示。節日食品，也記得分贈長者。招待客人要讓老年人上桌作陪。侗族的民居是木構建築，第二層前半部為堂屋，後半部為「屋心」，一般屋心風吹不到雨漏不到故而留給老年人居住。春冬兩季，天氣寒冷，由孫輩給老年人睡覺暖腳。夏秋兩季，在廊簷或堂屋上擺竹椅竹床長凳之類，供老年人納涼使用。路上見有與自己同道的老年人挑東西，自己空手，就得主動幫助。若肩負較輕，老年人肩負較重，就放下自己的，先把老年人的擔去一段路程，再回去擔自己的等等敬老事蹟筆筆皆是。

在宗族內一般推舉德高望重的老人當族長，寨子便由若干族長集體管理。寨子間的交往活動，都由德高望重的長老出頭露面，主持進行。吃酒席，盡可能把座位留給老年人們。青年男女談情說愛，有老年人從該場所經過，大

〔註9〕壘，是漢字記侗音，侗語稱「lix」，翻譯成漢語意為「話」,「侗壘」即「侗話」，亦稱「壘詞」，它是侗族古時祭祀神靈、祈禱祝福的頌詞。從表現形式上看，它既不完全是一味地誦讀，也不同於純粹的歌唱，它既歌也吟，亦說亦唱，因此，也被稱為侗族白話歌。

家要停止說唱，向老年人問好，等其過去後，再繼續進行。上了四十歲的人，一般不再直呼其名，按照以子命父名的古俗改稱「家××」（某人的父親）、「內××」（某人的母親）以示尊敬。年長的對年少而輩份高的也從不直呼直名，通常按班輩稱呼，否則視為失禮，沒教養。

在生產勞動方面，敬老首先表現在對體力衰弱的老年人的照顧。農活中的挑糞、犁田、打穀、拖木頭等等，都嚴禁讓老年人做。若是哪家要老年人幹這些重活，會受到寨人的干預。沒有後代的老人，寨人則去幫助他們做。有報酬的重活路，如承包搬運木頭，安排老年人在山下守木頭，或者在工棚煮飯，而報酬與年輕人拖木頭一樣。有些技術工，老人家只要到場指導，做些示範，也算參加了勞動，老年人參加了所邀請的活動人們會給他們以優待，享受一份報酬。過去寨子中插秧的第一把秧叫做「開秧門」，必須要請一對子孫多的老年夫婦前來拔第一把秧，栽第一蔸秧；栽竹、種果樹和瓜豆，也要請多子孫的老年夫婦前來培土，以祈豐收和發展，這不僅是一種榮譽，也是尊敬老年人的一種表現。

在人生禮儀方面，孩子呱呱落地，除向家中長輩報喜之外，同時派人去向外公外婆報喜。小孩長到七歲，要行拜見外公外婆禮，接受訓導。回到家，又去接受宗族族長教導，然後才開始入學讀書。姑娘出嫁後，每年回家探望父母，須有一次去探望宗族中的最長者，向其問安。出門在外的人回家探親，也要去拜見六親長者。在過節過年方面，老人更是受到人們尊重。大年初一淩晨，少年兒童便去給各家的老年人賀新年說吉利話。過年所做的食品，都得讓老年人先嚐。平時過節宴客吃飯，外孫請舅公，女婿請岳父岳母，兒媳請公奶陪客，是節日中不可少的。

侗族無論是老幼之間、夫妻之間、兄弟姐妹之間還是鄰里之間、群際之間、族際之間都能和睦相處、團結互助、平等友愛，人們無不為侗族濃濃的親情、友情、愛情所感動。從上述侗族的敬老習俗中可以看到侗族優良的社會美德，並形成為社會的一種傳統，對於構建侗族的和諧社會有著規範與維繫作用。

四、侗族和睦社交的人文意識

在歷史長河中，侗族相互依賴、團結互助，形成了強烈的民族歸屬感和認同感，構成了侗族自我意識的主要內容。南侗民族有一系列相關的民俗，

都是侗族相互依賴，團結互助群體意識的突出標誌。侗族崇尚集體主義，侗族喜歡聚族而居，很少單獨居住，村中一人有事，眾人幫忙，一家有難，鄰里相助。婚喪嫁娶，起房造屋，百家幫忙。若誰家遇上天災人禍，大家慷慨解囊，為受害者送上糧食、衣被、用具、木料，幫助受害者重建家園。寨上的鰥寡孤獨和身障人士由全村共同負擔，輪流照顧。如有人事不關己，自私自利，將導致眾叛親離。這種與「講款約」為核心，「借會」、「踩歌堂」、「唱大歌」等民俗相聯繫的獨特文化模式，熔鑄了侗族最富創造性和深刻性的思想情感，進而激發不可抑制的自豪感，極大地豐富和強化了民族人文意識。（傅安輝，2003）

　　南部侗族向來以團結互助著稱，助人為樂是一種倍受推崇的社會風尚和美德，人們時常不計報酬幫人做事，或樂於解難或熱心公益等，日常生活中除了能以幫助鰥寡老人做事為樂外，還以能替別人排憂解難為快事。為什麼助人為樂成為社會的一種風尚呢？南部侗族都認為這是古禮，多積陰德，能使自己長壽和子孫發旺。而分析其中的社會原因，則是南部侗族社區村寨中相對獨立存在的每個家庭，總有一些大事，是單個家庭成員力所不及的，他們認為像修建房屋，婚姻喪葬等這樣的事，是每個家庭常年不遇的大事，這些事除要請工匠、媒人和巫師幫忙外，還要求助於社會力量，每當此時，全寨的人也都主動鼎力相助。

　　侗鄉古道的迴龍橋、涼亭、石板路就具體展現了這種美德。例如其中青石板路是侗鄉的特色，路面平整乾淨，即使雨天也沒有泥濘，這些路大都是族人義務投入勞動，年年劈山鑿石，一塊塊鋪墊綿延，才得以縱橫交錯，溝通相連的，分叉和十字路口都安有指路碑，更見侗族的古道熱腸。逢坳立亭，也是侗族的習慣，所以村寨之間雖有大山阻隔，但三里一亭，五里一樓，再加上橋亭裡設有涼、熱茶桶，備有草鞋、拐棍和扁擔，供過往行人免費使用，使人決無「行路難」之感，這種風俗使多少他鄉遠客終生難忘。

　　在侗族內部不論是家庭裡，還是社會上，總是長幼有序，男女有別，人們很容易在人際關係中找到自己的位置；南部侗族寨群獨自形成了一個社區，與四周近乎封閉而獨立的生存空間，但對於侗民來說，侗寨就等於世界，形成比較獨立的文化生活體系。每個寨子就是一個小社會，侗民日常生活中的行為，必須站得端，坐得穩，在裡面若隨意得罪他人或做對不起人的事，損害寨子和宗族的名譽，則被人們所不容，就沒有了立足之地，被村寨孤立，

後果將不堪設想。因此，在與人相處中講究謙虛、不爭強好勝，以尊重對方、尊重他人為美德。侗族社會有一句警言：「讓人三分，不會瘦壞自己的身體。」〔註10〕這種謙讓的品德使侗族社會人與人之間的衝突得以適時調節，使社會始終保持著一種和諧的態勢。長期以來，南侗族人養成了助人為樂，行善積德，寧肯吃虧的習性，以「吃虧是福」、「修陰積德」、「善有善報」為精神支柱。這種謙讓品行，經過千年的培養成一種社會風氣。

同樣，在民族間的交往中，基本的民族性格和價值觀念，決定了相互認同和聯繫的情感方式。侗族以熱情好客、文明禮貌和急公好義、助人為樂樹立了良好的民族形象。這種在傳統道德模式的規範下，人們表現出來強烈的傳統價值取向，其表層結構是和諧秩序，深層意蘊則在於立足傳統尋求對未來的適應和發展。在侗款《九十九公合款》就記載著侗族與其他民族同源共祖，相互平等的觀念。

> 姜良姜妹成婚三年多，生下個孩子。那孩子無頭又無眼，無手也無腳，像大冬瓜一個。……天上的仙婆看到了拿刀來歌，舉刀一砍，分成五份；肉變侗人，侗人善良溫順。骨變苗人，苗人強悍堅硬，腸變漢人，漢人乖巧聰明。剩下肝肺碎肉變成瑤人、壯人、花衣苗人……這時人們又繁殖起來，人漢了平地山嶺（黃興球、韋順莉編，2003：166）

千百年來，侗族與周邊的其他民族和睦友好相處，族際間交往聯繫密切，經濟上互通有無，文化上互相影響，取長補短，各安其所，各樂其業，平等相待，共同發展。可以確定的侗族與周邊民族之間歷史上沒有發生過大規模的武裝衝突和征服戰爭，史籍記載和口傳歷史中也從未見侗族對鄰近民族的主動襲擾事件。

五、和諧的社會信念對當代的現實啟示

通過以上探討與分析，在從更深層面解讀到南部侗族文化和諧思想的基本內涵及其文化意義和社會價值，有以下幾個重要的現實啟示作用。

第一，在崇奉物質主義、追求金錢功利至上的當代社會，在商品經濟大潮的衝擊下，人們物質上盡情享受，但在精神上的空虛感與疏離感較強烈，生活中金錢富有與精神貧乏形成強烈對比。而侗族主要以注重精神培育為主，

〔註10〕2008 年 3 月 31 日於雙江鎮芋頭村寨，訪談楊 TW。

生活在侗族社區的人們，雖物質生活相對貧乏，但無憂無慮且自得其樂，其精神世界十分富有。侗族助人、無私、忍讓、崇老的精神風尚更顯彌足珍貴為當代人如何尋找精神依託與文化家園有深刻的啟發作用。

第二，侗族許多傳統文化習俗，反映在審美觀點和道德規範，蘊含著積極向上的文化意義和文明進步的社會價值，是中國大陸民族傳統的精華。研究、借鑒侗族和諧、進步、健康的民俗文化，對於我們今天樹立和發揚正向的道德風尚，建立人際之間團結、平等、互助的社會，無疑是有積極意義的。

第三，在世界邁入老年社會的今天，老年問題是否處理和諧圓滿，不僅事關一個家庭是否和諧幸福，更是一個至關重要的社會問題，直接影響到和諧社會構建能否實現。對侗族而言，尊老愛老乃「萬德之首」，被視為傳統文化真、善、美價值的一個最重要體現，因此，侗族社區素有「家有一老，好有一寶」之說，老人向來被視為「寶貝」，侗族孩子從小知禮達義，視孝敬雙親，贍養老人，維護家庭和睦為倫常之道，虐待遺棄老人的現象在侗寨極少發生，在侗寨真正是「老有所養，老有所樂，老有所托，老有所為」的文化家園或者說是天堂，就是陶淵明筆下的世外桃源，也是「禮運大同篇」的最高境界，從中我們應該得到深刻的啟迪與反思。

第四節　侗族精神中的文化價值觀

一、在傳統主義精神價值觀

（一）人與自然的關係體現的「能動精神」

人與動物區別的特殊能動性廣泛地含藏于侗族祖先的創世史詩、神話、傳說、歌謠和民間故事之中。在侗族文化史料中，以較濃厚的神秘色彩和古樸風格，描述遠古時代自然界中的生存鬥爭及人在鬥爭中如何取得優越的生存地位而成為萬物之靈的社會主體，人如何在鬥爭中求得生存和發展。在交織著人與自然、人與神的鬥爭中（人與神與自然鬥爭的曲折反映），雖然人經歷著千辛萬苦和曲折磨難，但人總是取得最後的勝利而使自己獲得生存和發展。（權小勇，2008）在《關於歌的傳說》、《神牛下界》、《張法勇的故事》等文化史料中都有這種人的能動精神的反映，都充分顯示了侗族祖先在求生存、求發展的奮鬥過程中如何戰天鬥地，戰勝險惡的自然環境的英雄氣概和主休力量。人之所以具有這種能動精神，是因為人在同自然界的鬥爭實踐中，發

育和運用了善於思維的頭腦，並能創造勞動工具和武器，來戰勝和支配自然力，從而使自己的本質力量得到展現和擴張而成為社會生活的主體。

（二）人與人之間的「人和精神」

人與人之間的「人和精神」又表現為對內、對外兩個方面：在對內方面，侗族祖先不僅長期在湘、黔、桂毗連地區特定的社會生活條件下，在相互交往的共同活動中，形成民族共同體，而且對內相互依存、團結互助、和睦相處的群體意識與人相精神。這種意識與精神，在侗族社會文化的各個方面都有較充分的體現：在居住方面，侗族不僅聚族而居，很少單獨居住或雜姓混居的，而且在房屋建築上也體現出群體建築的風格。作為象徵族姓群體和集會議事、集體交往兼娛樂活動場所的鼓樓及其附屬建築物，以鼓樓為核心的石板路、迴龍橋、涼亭、晾禾架、魚塘等建築與設施，以及一系列的有關民俗現象，形成侗族獨具一格的「鼓樓文化」，則是侗族群體意識與人和精神的突出物化標誌。侗族對自己的祖先「薩歲」的崇拜，求其消災除難、去禍得福、五穀豐登，對外出師取勝、保境安民、驅妖逐邪，形成了侗族與眾不同的「信仰文化」，則是侗族群體意識與人和精神的外化表現形式。在社交和待人接物方面，侗族急公好義，熱心於公益事業，習尚助人為樂、特別是辦紅白喜事時更是如此。在男女老幼之間總是尊老愛幼，長幼有序，男女有別，在群體中自覺地把自己擺在適當的位置上。

任何一個會說侗話、懂得侗家行為規範的侗族，即可走遍侗鄉，被當作子女、兄弟姐妹、親朋好友來對待。不同地方的侗族人，不管他們居住隔有多遠，只要碰到一起，就立即成為「自家人」，自然而然地具有一種強烈的民族認同感和歸屬感。在對外方面，侗族祖先具有樸實的民族平等觀，並且非常注意在平等基礎上的民族關係。侗族祖先認為，生活在中國這塊大地上的各民族，都是由一個共同的祖先繁衍下來的，基本上都是張良張妹的後代。在過去長期的歷史過程中，侗、漢、苗、瑤、壯、水等族有著親密交往，就是在那侗、苗一起進行民族遷徙的艱難歷程中，也是相互關照，「兩家祖先結伴走，兄弟情誼萬代傳」。在那封建官府重壓下或外敵入侵而被迫自衛的反抗鬥爭中，也非常注意團結其他兄弟民族共同對敵以保平安。「五族連天地，世代共存亡，侗漢苗瑤壯，同鏟官禍殃」。〔註11〕

〔註11〕2012 年 8 月 1 日於播陽鎮，訪談吳 LH。

（三）人與社會組織之間的「法治精神」

侗族在長期的歷史發展過程中雖然沒有形成全民族統一的政權組織，除人前以述及的特定「款組織」社會現象之外，在處理人與社會組織之間關係的法治觀念和法治精神，維持社會的法律規範即是「補拉」組織。「拉」是侗族基層社會中以父系血緣關係、地緣關係、結拜兄弟關係、補拉與補拉之間互不統屬為特徵的社會組織形式。這種補拉組織有自然形成的被公認為德高望重、能言善辯、辦事公道的主持人或代表者。補拉組織制定和執行補拉法規，如補拉內禁止通婚，贍養老人，撫育兒女，團結互助，不盜不賭等等。如有違犯，則被開除出本補拉，或者退賠、處罰，甚至被處死。這種補拉法規一般是依賴習慣法來穩定，並通過口頭世代傳承，從而達到對內實行自治和管理，對外調解補拉之間的矛盾糾紛，保護本補拉的利益和權利不受侵犯。款組織則是侗族社會中一種比補拉組織高一級的對內部生產、生活進行管理的自治組織形式，又是一種對外聯防的帶有軍事民主性質的聯盟。侗族通過款眾和各款之間的平等合款而形成規模不同的款組織，使侗族社會具備了超越個體的性質和整體性的特徵。在這種組織形式中的所有成員，都把自己融化於群體之中，以群體來制約個體，以求實現包括個體在內的群體價值，形成個體與群體和諧統一的關係。款組織通過盟誓立款所形成的款規或款約，構成了侗族社會中生產與生活的規範系統，它是規範人們行為的準則，這種準則又是凌駕於個人意志之上的社會意志的表現。人們按照這些規範去行事，就會使社會中各方面進行得有條不紊、運轉自如。款組織通過宣講和執行款規或款約，達到對款區內的社會實行調節、控制和管理，款區內所有成員都必須自覺地遵守款規和款約，否則將由款首或款眾依約強制執行，故而它又具有實質法律的性質。侗族社會中的補拉組織和款組織，雖然在其性質、規模和功能等方面有所不同，但在其實行自治和管理方面，卻都展現了侗族社會難能可貴的法治精神。正是這種精神的作用，才使得侗族社會中個人與社會、個體與群體、群體與群體之間的和諧關係得以維繫、控制和調節。

二、生態精神價值觀方面

（一）重勞動，輕商賈

侗族世代從事耕作和漁獵，鮮少商賈，從侗族古歌中即可以得知其概況。勞動敘事歌在侗族古歌中占有相當大的比例。許多古歌記述的生產內容很廣，

水運、鍛鐵、建築、造船、植樹、犁田、撒種等；尤其將生產過程介紹得很詳細，包括生產工具的介紹、勞動場面的描寫、勞動氣氛的渲染和勞動細節的鋪陳等。

人類價值觀的形成與社會生產實踐有關。侗族對社會生產實踐較重視，而且也是他們獲取生存支援的方式。侗族在勞動中獲得成果，並對其有著特殊的感情，他們熱愛勞動，以勞動為榮，崇尚勤儉，鄙視好逸惡勞，從勞動中獲得物質享受和精神滿足，認為勞動是最有價值的行為。侗族的生產小而全且與生活有關。他們生產之目的是自給自足，所以種植的作物繁多，但侗族卻對經濟效益觀念淡薄。侗族俗彥說：「吃飯不如老屋場，耕田種地為大本，生意買來戲臺官。」其意思就是種田種地是吃飯之本，生意買賣雖然有大利可圖，但盛衰無常，不可靠。所以大部分侗族以養牛為耕作，養豬為過年，餵雞養鴨是為換油鹽錢等，他們視商為奸的思想根深蒂固。侗族沒有趕集習慣，因為他們趕集目的是為了人情交往，更以趕集作為交換資訊的重要管道。

在商品經濟社會中，生產者之目的是為獲得利潤，他們為獲取更多利潤，便擴大商品生產規模，向自然索取更多資源，同時也排放出更多污染物。對於價值的無止境追求，導致生產呈現極速擴大的趨勢，人對自然的作用以大規模發展進行著，而且永無止境。利潤獲得是以奪取自然資源和污染環境為代價獲取。當與生活相關的必須品以家庭與村寨及區域的內部消費時，實際生產與資源在自然的平衡狀態絕對可以維持。在社會風氣方面，商品經濟以金錢為交換媒介，整個社會關係金錢化，社會風氣容易敗壞，表現為重利輕義的不良特徵。侗族重勞動，輕商賈，自給或半自給的生產方式往往被評價為落後經營，對市場機制反應遲鈍。但是卻表現出自給自足的均衡狀態；在社會方面，培養重義輕利的價值特徵，無疑有益於社會道德的正面發展。

（二）重集體，輕個人

生產資源的公有社會需要共同勞動且公平分配的機制，共同生活是原始社會社會生產力不發達時人們為生存下去而奉行的基本原則。因為早期侗族共同的狩獵活動，所以侗族社會至今保留了公有制的集體生產和生活的特點，如今婚喪嫁娶時的分肉而食和生產勞動中的換工互助等。侗族村寨裡的田地較多如山林、魚塘、河流、荒坡、鬥牛坪、鼓樓坪、墓地等屬於公共財產，為侗族成員所共有、共用及共同管理，對其不許買賣和霸佔。其所獲收益則用於公益事業和集體活動。侗族的生產方式以集體勞動和公平分配為特點，在

農業生產中，如犁田、收割、蓋房、插秧、運木等勞動中，實行以工換工。在生產比較繁忙急需人手時，人們不計報酬的無償幫助。狩獵是侗族早期獲得肉食的主要手段，每年冬末春初農閒季節，侗族男子集結揪隊上山，領導負責指揮與行動，分配獵物與組織祭祀等。獲得獵物後，全部平均分配，除射手和領隊獲得雙份外，其餘隨隊伍上山的人甚至過路的陌生人也不例外都得一份。

婦女主要負責園間種植和採集蔬果，婦女們亦以成群結隊上山，採摘竹筍、山果、板栗，或下河撈蝦、拾蚌等，與男子上山打獵類似，有召集人和規則。侗族社會共同生活的特點強調聚族而居的原則，單家獨戶居住者較少，所以侗族的民間習慣法中，把開除寨籍，趕到寨子外面去住，隔離圍刺，是對觸犯款約居民的最嚴厲懲罰方式。

侗族這種重視集體的生活態度，在人與自然的關係中，侗族每一個人生活資源的需求已減至最低；並以集體主義淡化人們獲取多餘資源的企圖，避免在個人利益驅使下的對自然生物的濫捕濫殺，有利於生態平衡。在人與人的關係方面，集體主義培養侗族大公無私的團結合作精神，維護社會公益的道德特徵。民族風俗以古樸淳厚，並使社會在和諧與統一中發展。

（三）重手工生產

現代科學技術始於西方哲學和理性主義，侗族屬後者與它相對的是重視直覺的技術經驗。他們缺少現代知識與科學技術，但因透過長期以來經驗的累積所以智慧不缺乏。侗族技術文化是以自己的方式發展起來。侗族地區的建築均為侗族民間的工匠所建，侗族地區的大村落多數都有具備設計大型建築的工匠。匠師在設計房舍等較為大型建築物時，以傳統匠桿即度量尺進行放樣。所謂匠桿將毛竹刮去青皮，然後用曲尺、竹筆和鑿刀把樓房的樑、柱、椽、檁等相應比例之尺寸繪刻在上面，使用起來特別得心應手。侗族木匠使用建築專用的文字符號，將符號以建築規模大小和繁簡程式刻在匠桿與建築部件上，他們能根據地基設計出不同的樓房，有著精湛的建築技能。寨子裡的杆欄式民房，高低錯落，房舍因地勢修建，很少挖動土層。即使建築在斜坡上，經過整修即可使用。在建房前先按照要求進行地基測量，把建築物的大小、高矮、尺寸都標刻在匠桿上，侗族社群表現出對手工業的極度欣賞與滿足。侗族稱為匠的很多，匠是寨中的能人，受到人們的尊敬。各行各業的匠承擔了侗族生產中的勞動，開山打石、建屋修橋。侗族的各個行業的匠都

是個體工作室，平時進行農業生產，只有到了農閒時刻才從事各種技術行業。產品大多是滿足家庭、家族和附近村寨的需要。侗族的手工業門類繁多，紡織、織錦、刺繡、挑花、蠟染、編織、竹編、藤編，金屬冶煉和加工、農具製造、釀酒、榨油等製作，以及侗鄉一座座鼓樓、迴龍橋、杆欄式民居，家庭必備的犁頭、鋤頭、柴刀等農具，大小溪河上的靈巧木船，堅固的石橋，精雕的井欄和日常所需的石磨、石臼、蘆笙會上大大小小數百架蘆笙等悉數出於侗族工匠之手。

侗族工匠的工藝技術頗高，明清時期侗族就開始用侗刀，除冶鐵外，銀器打製的技術水準也很高。侗族愛銀飾，雕、鑽、焊、鍛、刻等工藝也都很精湛，所製銀飾如雀鳥、花草都栩栩如生。銀花、銀鏈、銀圈、銀耳環、銀扣造型相當美觀。侗族打鐵與做銀器都是世代相傳的，侗族地區家家都會製作銀飾，所以有很多銀匠村。侗族的手工生產都是小規模，和大型的生產技術有顯著區別。

（四）重視精神追求，對物質享受淡薄

侗族對經濟的整體觀念較薄弱，他們有屬於自己的生活方式與價值觀，喜歡將時間和精力用在閒暇和禮儀中。侗族禮儀節日種類較多，且喜好追求精神生活，因此相行之下走親訪友及人情世故之交往活動偏多。「飯養身，歌養心」這是在侗族流傳很廣的俚語。侗鄉是詩的家鄉，歌的海洋，侗族能歌善舞，喜歡音樂。歌舞藝術是不可或缺的生活內容，也是侗族文化生活中最主要的精神食糧，侗族以會唱歌自豪。在侗鄉除鼓樓和歌坪是人們歌舞活動的特定場所外，在山上及吊腳樓下或山林樹檯都可以聽到山歌、古歌或情歌。侗戲在民族氣息與民族風格中受侗族喜愛。並獲得精神滿足。侗族的節日較多如過侗年、花炮節、吃新節等。節日又分農事性、社交性、祭祀性三大類。農事性的節日以預測豐收、祈求豐收、歡慶豐收等。社交性的節日以男、女青年社交活動和村寨之間聯絡感情的社交活動為主，體現青年人戀愛自由和侗族團結友愛的精神，如趕社、鬥牛、花炮節、玩山、行歌坐月、月也、六月六、大戊梁歌會各種歌會、耍龍燈等等。祭祀性的節日有祭奉薩堂、清明節、土地會、過社、端午節等。過節時他們聚寨整日狂歡，如每年農曆七月十四到次年農曆二月，有六至七個月的時間走村串戶約會蘆笙，一般十五人一組，最多六七十人，甚至上百人一齊吹蘆助興。民族節日的特點決定了它的生態價值。豐富多彩的節日社交活動，表現出侗族生活團體與侗族感情融合體所

蘊藏著的古老的精神文明，也表現出侗族美好的生活情趣。

　　侗族的社會風俗和習慣與商品經濟的要求背道而馳，但是侗族的生活節奏和追求精神生活，在客觀上使侗族對自然處於追求狀態，減少對自然的改造及對自然的破壞。

第二章　侗錦歷史發展與研究

第一節　侗錦歷史與發展歷程

　　侗族是一個主要分佈在中國大陸貴州、湖南、廣西三省交界處的擁有悠久歷史文化的少數民族。在中國大陸悠久的歷史長河中，侗族透過自身的智慧和辛勤的勞動，創造出了很多擁有鮮明特色、璀璨多姿的文化藝術。侗錦就是侗族眾多文化藝術中的一朵奇葩。因為它的獨特的圖案、靚麗的色彩、獨特的編織工藝，以及其擁有豐富的文化內涵和鮮明的名族風格，逐漸成為了中國大陸有名的紡織藝術品之一。

　　侗族與壯族同屬於壯侗語族，都起源於中國大陸春秋戰國時期居於南方的西甌和駱越兩個百越族群支系。到了宋代以後，侗族逐漸從中分離出來形成一個獨立的擁有鮮明的地方名族特色文化的人們聚居體，主要分佈在現今廣西北部、湖南西部、貴州南部等地，在地理上相連在一起形成了大聚居、小分散的分佈格局。這些地方屬於嶺南亞熱帶地區，具有氣候炎熱、雨水充沛、土地濕潤植被比較茂盛等特點，能夠用於紡紗織布的富含纖維的植物較為豐富，這就在很大程度上導致了侗族及其先民們居住的嶺南地區的紡織文化藝術的良好發展。再很早以前，侗族先民們就懂得了利用這些富含纖維素的植物結網織布。

一、侗族織錦的發展過程

　　侗族將其織錦稱之為 yal lengc，在研究上則直接稱其為侗錦，其令人著

迷之處除了織造成品精細的工藝之外，在圖案與色澤方面更具吸引力；其主
要原因是侗錦的設計具有一定的文化根基，因為其細節與侗族文化的發展關
係密切。透過侗族世世代代不斷地改進，千餘年來已經在侗錦的織造上產生
更高的成就。僅就綜框可以無限制增加的技術發明，造就了侗錦得以比少數
民族的其他三大名錦更快速地織造與產出，因此侗錦在歷代各朝被列為貢品
不是沒有原因的。

（一）傳說與苗侗同源的階段

侗族自稱為「干」（gaeml）、「更」（geml）或「金」（jeml）。在文獻中有
稱之為「仡伶」、「仡儉」、「峒人」、「峒蠻」、「峒苗」，或泛稱為「苗」，但就如
同其他長江以南的諸多民族一樣，早在秦朝統一中國之後，他們全都被通稱
為百越民族。〔註1〕

在貴州省黎平縣的侗族地區流傳著一首《盤古歌》，歌中唱到：「請靜聽
我唱首盤古歌，回憶往事都有根源，……我們祖先原來是猿人，樹葉製作
衣……。要代、玉美製棉布，去那樹皮才穿上好衣服，我們穿的衣服都是他
教縫，我們穿的棉布開始都是他種，棉苗獨根秧在地中央，結棉桃用口袋去
裝。早晨壓籽晚上紡紗，拉起來柔軟蓋整個地方。上織布機梭子兩邊擺，做
成許許多多衣裳。穿上棉布裝服特別感到溫暖，剪根包頭帕包頭感到特別暖
和。」（轉引姜大謙，1991：65）

歌中傳達了侗族對本民族紡織工藝起源和作品類別的認識。今天的百越
後裔各族，大多保持了古越的紡織工藝，並且在生產與生活的過程中，也各
自發展出各具特色的織繡。另外一則侗族古歌《遠祖歌》這樣唱道：「魚骨做
梭織花錦，骨針用來縫衣裙。」（楊保願，1986：47～4）除了立基於口傳文學
的各種引述之外，考古資料也提供了一定的證據，例如 1979 年在江西貴溪發
掘出一批春秋戰國時代百越人的崖墓，其中有斜織機的各種構件，包括打緯
刀、挑經刀、引緯杆、夾布棍……，現今侗族所使用的斜織機與之相較，實屬
一脈相承。（陳國強等，1988：37～38）又據下鄉古文化「大荒遺址」證實，
早在新石器時代，侗族先民即已於湘西棲息繁衍，也證實了新石器時代已有

〔註1〕自秦滅六國之後，「百越」一詞才成為長江以南各民族的泛稱，其涵蓋範圍包
　　　括了本文重點探討的沅江流域各族。例如《史記·李斯傳》所引李斯《獄中
　　　上（秦）二世書》所提到的百越一詞，就明確地包括了沅江流域各古代民族
　　　在內。

紡輪的使用，亦即當時土著已使用葛、麻等材料進行紡織。或許前引《盤古歌》與《遠祖歌》等口傳文學無法作為學術佐證，也無法提供一個確切的年代，但是考古物件的可信度較高，對於年代的判定也更為精確，因此與口傳文學交相對照似可推論：寬鬆地說在新石器時期，保守地說至少在戰國時期侗族先民就已經開始了初步的紡織工藝。

　　過去許多研究者誤將「諸葛錦」視為侗錦的起源，從文獻中得知早在春秋戰國時期，侗族先民就會織錦了。春秋戰國距今 2,782 年，諸葛亮南征是西元 224 年，距今 1,790 年，兩個朝代相距 992 年，這就是說，早在諸葛亮南征前的 900 多年前，南僚（包括今侗族）早就會織錦了。諸葛亮南征九溪十八峒，路經通道，並遺下一面行軍銅鼓，現侗鼓村因此而得名。《黎平府志》載有張應昭為諸葛亮在興建三年（225）平定南中所作的《諸葛錦》：「承相南征日，能回太谷春，干戈隨地用，眼色逐人新。芋同參文繡，花枝織朵新，蠻鄉椎髻女，亦有巧紗人。」諸葛錦原本是蜀地之錦，蜀錦是指漢代至三國蜀郡（今四川成都）所織造的錦，諸葛亮向劉備建議：「今民貧國虛，決敵乏資，唯仰錦耳」。為了推動絲織的發展，決定大力發展蜀錦，故名「諸葛錦」。「諸葛錦」主要是繡，其次是織。大多以經向彩條為基礎起彩，並彩條添花，其圖案主要是格子花、紋蓮花、龜甲花、聯珠、對禽、對獸等，諸葛亮南征把蜀錦織繡技術推廣給南蠻，而且張應昭又寫有《諸葛錦詩》，於是有人就認為侗錦源於「諸葛錦」，這是極大的誤解。（胡豔麗、曾夢宇，2011）但是透過這篇文章呈現的研究中，可以看到「諸葛錦」主要為蜀錦發展的基源主幹。但是從另一角度思考，可以發現在「諸葛錦」發展的過程中，亦將織繡技術推廣到了南蠻生活區域，因此，在侗錦發展中，其中有部分是受到「諸葛錦」的影響，族人吸收到「諸葛錦」的織造技術，豐富了侗錦織造技藝的可塑性。

　　侗族服飾文化有著自己的適應性與功能性，是一個較為鞏固的有機體。在古代的東方民族中，百越應屬最早種植棉花並將之用於紡織的民族之一。《吳越春秋》有「越羅穀紗」（王彥，2004：34）的記載；學者亦推論莊子《逍遙遊》所說，百越有「斷髮文身」之俗，是為防蛟龍等水害。（傅安輝，1995：155）這個看法可以說是從民俗學的角度，結合了百越民族的神話，針對紋身做了相應的推理。

　　魏晉到唐代之前將苗侗民族的祖先通稱為僚，（張民，1987：104）這個稱謂在少數民族地區甚至一直沿用到明朝。在猶如嶺南諸族早期民族志的文

獻《赤雅》中，即明白記錄著「狪亦獠類」（鄺露，1967：103），足見此時侗與其他槃瓠民族並列為僚人。其實早在南宋中葉，侗族的紀錄就已紛紛出現於各種文獻與筆記之中國雲。例如陸游在他的《老學庵筆記》〔註2〕中記錄到辰、沅、靖州的「蠻」種類有「仡伶」、「仡儖」（陸游，1979），辰洲、沅江與靖州都是今日侗族聚居密度極高的區域，對於陸游此一紀錄應該並無疑義。到了清代，侗族的稱呼已經相當普遍，但是仍可見到用「侗苗」這樣的稱呼來指涉侗族。所以在稱謂上的不同步調，增加了研究上的複雜性。當眾多的文獻都指向類同記載且經過交叉考證而無疑義時，其可信度則相對增高，尤其是當文獻的作者，假如曾經出任過當地官員，〔註3〕則其資料取得有如民族誌的情況，其紀錄內容多為作者所親歷，應可作為重要參考。

苗侗的先世既已逐步釐清，下則討論當時其織造技藝的概況。唐代李延壽所編撰之《北史·僚傳》記載：「僚人能為細節，色致鮮淨。」（李延壽，1982：1409）由李延壽的這句話，明確道出了苗侗民族之先世在織造工藝上已經是「能為細節」了。雖然無法了解究竟可以「細節」到什麼程度，但是「色致鮮淨」卻也是不爭的事實；也可以看出苗侗織品在唐代即已具備相當的水準了。然而李延壽所記載關於苗侗錦的高水準技藝只應屬於孤證。但《宋史》之《地理志》和《九域志》中同樣載有：「北宋時靖州等地紡織的斑細布、白練布、白絹等均負盛名，有的成為進奉朝廷的貢品。」（傅安輝，2003：44）

（二）侗錦單一化的階段

前已述及民族先世與稱謂的改變是一個複雜的議題，自宋代以來，居住在與漢族毗連地區的侗族（也就是今日居住靠東邊的侗族）就已經被編入了戶籍，被稱為「峒丁」或「峒民」。（楊庭碩、潘盛之，2004：231）楊庭碩的看法有其一定的根據，尤其是參照《宋史·西南溪侗諸蠻》的記載，「峒」族已然有別於苗族，保守的看法是至少在明代初期，過去將侗苗不分，或是將

〔註2〕在《四庫全書總目提要》中對本書的評價是「軼聞舊典，往往足備考證」，該書的內容多作者所親聞、親見，所以《四庫全書總目提要》才會對它有如此高的評價。

〔註3〕例如南宋中葉朱輔曾任官於今日湘、黔交界的五溪，從而寫下《溪蠻叢笑》一書，在其書中就已清楚地說明「五溪蠻」都是「槃瓠種也」，然而在此書中，他更精確地已經將苗、瑤、侗分開看待；又如郭子章曾任貴州巡撫十年；鄺露曾因得罪上官而亡命瑤族山寨，與瑤族生活三年……。事實上，不少的地方官在編寫方志的領域，都有不少的貢獻。

侗族併入苗族的情況已經產生了明顯的變化。

在明初於黎平縣顧亮滴所做的《侗錦歌》看出侗錦所使用的廣泛：「郎錦魚鱗紋，儂錦鴨頭翠；儂錦做郎茵，郎錦載儂被；茵被兩自端，終身不相離。」〔註4〕此文看似以茵（褥）與被來比喻男女之間的恩愛情詩，但是可以看出至少在明朝初期，侗錦工藝技術已經相當成熟。口傳文學有可能是出於後來的文化建構，但若對照於下引之官方文獻，亦有其可以參照的價值。

在侗族居住的地方，地方史志也對侗繡有過各式記載，如《柳州府志》說侗族「卉衣鳥語」（王錦修，2003：365）；《鎮遠府志》道：「女則自織自染，袖以彩繪繡。」（蔡宗建修，2001：317）《貴州圖經新志》亦記載，明代之時，「黎平府屬……女人之衣，長褲短裙……刺繡雜文如綬，胸前又加繡布一方……織花細如錦。……繡花如綢如錦，斜縫一尖於上為蓋頭。」（沈庠、趙瓚，1996：75）明萬曆年間，曾任貴州巡撫十年的郭子章在其《黔記》中所錄文人墨客詩讚「洞女膚妍工刺錦。」《小方壺齋輿地叢鈔》說：「苗童未妻者曰『羅漢』，皆插雞翎。」（轉引自侗族簡史編寫組，1985：14）宋明時期侗族先民以羽翎為飾，在現代的侗族生活中還可以見到。清代文獻也有記載，如《廣西通志》記載：「侗人椎髻，首插雉尾，卉衣。」（金鉷等監修，2006：10）在傳統的《遠祖歌》中，描述了古代侗族的部落首領勇士的裝束：「額上飄揚鷴雞羽，羽簾條裙隨風揚……身穿水簾白羽衣，龍鬚寶劍掛身旁。」（轉引自張柏如，1994：20）現代侗族如果單純地只是為了增加現今男子所著「百鳥衣」的正當性，似乎並無理由在《遠祖歌》之中建構如此的敘述。此外亦描述「懷遠（今三江）侗人，羅漢首插雉羽，椎髻裹以木梳，著半邊花繡衫，有褲無裙，衫最短，褲最長。女子挽偏髻，插長簪，花衫，耳環，手鐲與男子相同，有裙無褲，裙最短，露其膝，胸前裹肚，以銀鑷綴之，男女各徙跣。」（轉引自張柏如，1994：20）由以上成書於明清時代的文獻了解，居住在不同地區的侗族在服飾上雖然各有不同的習慣與愛好，但是普遍使用侗錦的現象，卻是他們共同的特色。

至清代，侗族婦女自紡、自織、自染的侗錦已是名聞遐邇。清代文學家吳敬梓所著《儒林外史》裡，在以鎮遠為背景的42、43兩回中，對鎮遠的「苗綿侗繡」備加先讚賞，當時的一些地方官還以此作為貴重禮品，送往京都饋

〔註4〕顧亮滴，《侗錦歌》。引自侗族網，檢視日期：2014年9月21日，http://www.dongzuwang.com/thread-148-1-1.html。

贈親友。（吳敬梓，1977）康熙年間，胡奉衡的《黎平竹枝詞》就是紀錄「峒錦矜誇產古州……松火夜偕諸女伴，紡成峒布納官租」之句。（轉引自侗族簡史編寫組，1985：47）足見當時侗族女性製作侗錦的技藝已經爐火純青，他們的審美觀念與成品也都受到官府的肯定；同時它也成為侗族百姓經濟收入的一個重要的來源。清嘉慶年間貴州學政李宗昉所撰《黔記》也記載：「從江縣的龍圖、貫洞一帶，婦女多織藍布；天柱、錦屏出產編織的『侗帕』亦很精緻。」（李宗昉修編，2003：469～508）張澍在《續黔書》中提到：「黎平府屬滴洞編織的『洞錦』係以五色絨為之，亦有花木禽獸各樣，精者甲他郡，凍之水不敗，漬之油不汙」（張澍，2003：197～198），可見在唐宋時代就已被各種文獻紀錄的侗族民間織繡工藝，至明清就更非比一般了。

　　早自乾隆七年開始，清政府「立法勸民紡織」，侗錦作為紡織業的一部分因其「制度化」獲得了進一步發展。當時已有別於以往不同的特點，其一是使用了新型紡紗工具，榕江已經開始使用腳踏紡車。它能同時紡兩股線，比手搖紡車提高功效兩倍左右。（李宗昉修編，2003：434）其二是織物精緻、美觀。根據史料記載，當時天柱、錦屏的侗族織出了精緻的「侗帕」布、黎平農民織出了「粗布」、六洞織出了「藍布」。可以想見，侗錦這份精美的工藝品在當時已經廣泛地被侗族所使用。經由紗線的經緯演繹而成的各種圖案與符號，蘊藏著侗族後世對歷史、祖先、故土、戰爭、遷徙、信仰等的記憶與緬懷。它們被侗族婦女世代傳授，從而形成了一種民族內部的認同，並泛化成為民族文化的符號。因此，相對於侗族其他的服飾或配件，如侗布、銀飾等，侗錦則更具代表性地展現了侗族生產生活的歷史過程。

　　清乾隆末年洪北江所做《織錦謠》所描繪出的一個場景如下：「阿娘理紅絲，阿妹理彩線。竹閣止一間，織絲看兩面。眼波時向郎邊瞥，十指纖纖化工出。春禽怪底齊上樓，織得一提花欲活。」〔註5〕特別是黎平的「諸葛錦」，在清朝中期十分有名，邑人張應銘作詩讚歎說到：「苧幅參文秀，花枝織朵勻；蠻鄉推髻女，亦有巧手人。」（轉引自蔡萍，2004：78）作為研究槃瓠民族服飾歷史不可或缺的重要史料《百苗圖》〔註6〕的繪本，在該繪本中每提及「洞」、「峒」、「狪」都會記載他們「種棉花，女則自織紡」（楊庭碩、潘盛之，2004：

〔註5〕洪北江，《織錦謠》。引自侗族網，檢視時間：2011 年 11 月 25 日，http://www.dongzuwang.com/thread-148-1-1.html。

〔註6〕《百苗圖》原作為清嘉慶年間曾任八寨理苗同知陳浩的《八十二種苗圖并說》。

330）、「善種棉花，女工紡織」（楊庭碩、潘盛之，2004：332）、「婦女善紡，織綿、葛二布，其葛布頗精細，有洪州葛布之名。」（楊庭碩、潘盛之，2004：524）另一版本則加載其棉布、葛布「多售於市」。（楊庭碩、潘盛之，2004：522）「以種棉花為務，……女人戴藍布角巾、著花邊衣裙、織洞帕，頗精美。」（楊庭碩、潘盛之，2004：305）「婦女愛穿顏色衣裙、花尖鞋……女則紡織維勤……。」（楊庭碩、潘盛之，2004：608）楊庭碩認為在《百苗圖》繪本中，將黎平、從江、融江地區的侗族婦女愛穿鮮豔的衣服特別提出來，在繪圖中是一件很突出的事。〔註7〕（楊庭碩、潘盛之，2004：611）及至道光年間，僅僅錦屏縣的小江就有「靛塘」40 多個，年產藍靛 400,000 多斤（麻光炳，1986：7）；光緒四年徐家幹所撰《苗疆聞見錄稿》三卷，對於侗錦的描述雖然雖然並非專章敘述，但這也是第一次對於侗布侗錦的織造，有接近後世民族學方式的紀錄。他在生產技術、經濟活動和地方物產方面的部分，提及苗侗地區隨著種植棉花帶來了紡織工藝的進步。「曰狪錦者，出於永從狪苗為佳，以五色絨為之，土人呼為諸葛錦。」（徐家幹，2003：293）光緒 29 年，僅榕江縣城就有紗布綢緞業 16 戶（轉引姜大謙，1991：66）。由這些紀錄可以推知侗族在織錦上所使用的紗線已逐漸使用來自紗廠的專業製造，而非完全由自家生產。染線所需要的顏料雖然仍以傳統方式製作，但是同樣也走向家庭式廠房的專業製造，可以想見棉紡織業的發展，在侗族織錦的生產方面造成了相當的改變。

　　到二十世紀三十、四十年代，因為抗日戰爭的緣故，為了提供前線所需，所以身處後方的侗族地區，紡織文化有了快速的發展。同時為解決穿衣問題，帶動了棉花種植田地的大量增加，農田轉作也是為了提供更多的棉產品原料，以利製作棉紗、棉布等產品。例如榕江的什錦被面、黎平和鎮遠的平織布等，此外工業初始性質的棉紡織廠也在舊有的基礎上擴建或新增，因此為侗錦文化加入了新的元素。至近百年來，隨著社會生產力的提高，各民族的交往增多，侗族的服飾逐漸產生改變，唯有屬於侗族的黎平、榕江、從江等地變化不大，仍然保留著傳統的特色。

〔註7〕對於為何自古以來所有的織品製造都是掌握在女人手中，E.J.W. Barber 的看法是在早期社會如果要增加女性對家庭的經濟生活分擔，就必須是可以兼顧著照顧孩子的工作，而紡織恰巧符合這樣的要求。（Barber，1991：289）逐漸地，織布成為婦女的社會責任，而非強迫性的勞動。（Barber，1991：292）

綜合上述，侗族紡織在唐宋時期就已經形成，到明清時期紡織技藝更趨完善，正如《侗族禮俗歌》所唱到的：「青布、藍布拼成方塊花，紅絨黃絨連成『百歲塊』，純質的白銀塑出群仙圖；繡出的人群能把歌堂踩，繡出的百鳥能歌唱，繡出的黃狗把尾擺，繡出的蜘蛛會牽絲，繡出的杜鵑把化開。」（王彥，2004：34）

（三）侗錦的衰退與轉機階段

侗錦的發展猶如任何其他文化遺產一樣，這一門以手工藝為主的傳承也面臨著現代化的衝擊。主要原因是傳統技藝的過程代表的是慢工細活，其成果代表的是精湛的傳承與文化的生命力，價格上更必須維持著一定的水準；但是其長處也正是其致命傷，在今日一切皆以快捷為標準來進行衡量與判斷的態度下，侗錦自然不敵排山倒海而來的紡織廠成品，侗錦的情況較之於侗布則更為嚴峻。由於侗錦迅速地失去市場的支持，因此多數的家庭多將織機閒置，任其自然損毀。侗錦製作的技藝傳承顯然出現斷層。因此在九〇年代開始，有識之士憂心地提出建言，然而社會發展的趨勢已定，隨著電腦織錦技術的開發與機械化的大量生產，傳統手工侗錦的製作猶如雪上加霜。之後隨著中國大陸對於非物質文化遺產的重視與後來如火如荼地開展的調查與申報工作，似乎給予即將自然消亡的侗錦傳統織造技藝點燃了一線生機。許多學者建言如何保存與發揚，其中較具建樹性的看法是對於包括侗錦在內的非物質文化遺產「需要推進的是有效控制的『產業化』，需要拒絕的是盲目的、完全的『市場化』導致的問題，總結『產業化』的經驗，健康、有序地推進非物質文化遺產的保護。」（李昕，2009：168）類似侗錦衰退的情況早在 40 多年前迦納共和國的 Daboya 就發生了，但是透過諸如對 10 種傳統紋飾的改變等等策略，近年來 Daboya 的手工紡織歷史寫下了傳統產品如何適應與面對外來變化的成功案例。（Esther N. Goody，1982）類此案例都可作為侗錦復振的參考。

二、侗族服飾的變化

（一）侗族服飾布料的發展

在過去，侗錦主要用於衣裙、門簾、被面、胸巾、背包、頭帕、枕頭、綁腿、侗帶等紡織物品的鑲邊或者是整面。侗錦還有一個用處就是，當侗族青年男女陷入愛河之時，女方會採用將自己織的侗錦作為一個信物贈與男方的

方式以表達對男方的愛慕之情。

　　侗族服飾的變化和發展也在一定程度上影響了侗錦的發展。從侗錦的布料方面來看，用於製作侗族服飾的布料依次為樹葉樹皮，草本蔓莖，葛布，麻布，絲綢等，再到棉布，最後為現今的化工布料。侗族的祖先們為了能夠生存下來並得到發展，在遠古的時候就學會了「披髮文身」的護身術。在《禮記·王制》中有相關的記載：「東方曰夷，披髮文身。」〔註8〕「披髮」指的就是將頭髮留長披在身上以抵禦風寒。「文身」則指的是將自己的身體繪滿圖案，使野獸害怕而達到保護自身的一種方法。隨著侗族先民們所在的社會的發展，人們逐漸學會了採集和狩獵，侗族先民開始使用一種使用樹葉樹皮或者是羽毛獸皮等包裹身體以抵禦風寒的新的護身方法。關於此在《滇黔記遊》中有所提到：「夷婦紉葉為衣，飄飄欲仙。葉似野栗，甚大而軟，故耐縫紉，是可卻雨。」〔註9〕鄺露《赤雅》中也曾提到：「僮人編鵝毛，夏衣木葉。」（鄺露，1985：105）之後，在原始的農耕時代，不同地域的侗族先民利用所處的不同的自然環境，開始了以葛藤草蔓、麻纖維等為主要纖維原料的紡織文化，之後再發展為以蠶桑業為主的絲織文化，最後才逐漸發展成為現今的以棉花為主要的纖維原料的棉紡織文化和以化工纖維原料為主的化工紡織文化。對於這段侗族的服飾原料的發展歷史，在侗族古學典籍和漢族典籍中都有一定的體現。《侗族祭祖歌》中有唱到：「我們的祖先／葛根當飯吃／葛藤為衣穿／軟草編成褲／蔓莖織衣服／他們太辛苦。」〔註10〕漢族典籍《禮記·禮運》也有記載到：「昔者……治其麻絲，以為布帛。」〔註11〕對於侗族的棉紡織工藝品，歷代的無論是漢族典籍還是侗族古學典籍中的評價多為誇讚之詞。明弘治的《貴州圖經新志》（沈庠、趙瓚，1997）中有記載：明代當時的侗族婦女所穿著的服飾「刺繡雜文如綬」、「織花細如錦」等。清康熙年間的胡奉衡在其《黎平竹枝詞》中也有描述「峒錦矜誇產古州」的詩句。（轉引自侗族簡史編寫組，1985：47）

〔註8〕中國哲學書電子化計劃網，檢視日期：2014 年 12 月 1 日，http://ctext.org/liji/wang-zhi/zh。

〔註9〕陳鼎紀念館網站《滇黔記遊》，檢視日期：2014 年 12 月 20 日，http://article.netor.com/article/memtext_118757.html。

〔註10〕轉引自馬麗，2008，《三江侗族服飾審美及時尚元素應用研究》（碩論）。北京：北京服裝學院。

〔註11〕中國哲學書電子化計劃網，檢視日期：2014 年 12 月 8 日，http://ctext.org/liji/li-yun/zh。

（二）侗族平裝和盛裝的發展

侗族的服飾擁有平裝、盛裝這兩種形式。我們可以想像，侗族服飾應該是從平裝發展到盛裝的。因為在遠古時期，侗族的先民們只能將樹皮樹葉連在一起作為衣服，沒有染料、印染工藝、刺繡技藝等，到後來，這些都有了而且侗族的先民們還能夠織錦、佩戴銀飾了。雖然可以看出侗族服飾是由簡到繁發展的，但值得指出的是，平裝並沒有被盛裝所取代，平裝與盛裝在侗族服飾中並存了上千年。平裝主要是日常生活以及生產勞動中使用，然而當有重要的節日活動以及探親訪友中侗族會身穿盛裝。（石佳能，1997）但是隨著社會的現代化，侗族聚居地區的文化也受到了現代文化的影響，過去產生於傳統農耕文化的東西都開始紛紛走向消亡。侗族的盛裝同樣也是如此，雖然目前侗族在重要節日以及交際等場合依舊會穿著盛裝，但是穿著的人數和次數都在不斷的減少。由於需要花費的時間和資金太多，不夠划算等原因，已經很少有人原因去製作傳統的盛裝了，而保存下來的盛裝也在時間得到侵蝕下不斷受到損失，盛裝的數量日益減少。人們當前已開始注重經濟實用的簡便的服飾了。侗族服飾在傳統文化向現代文化過度的時期又開始逐漸由繁變簡了。在當今這個時期，我們可以看到一種侗族的服飾現象，侗族婦女變化最快的服飾是鞋子，然後是下裝，再然後就是上裝，變化最為緩慢的則是頭飾。在侗族地區的一些地方，我們經常可以看見腳上穿高底鞋，下裝穿裙子或者是健美褲，上裝仍穿右衽傳統服，而插著唐宋時代的盤髻插簪頭飾的婦女。從這個現象可以看出侗族服飾還沒有徹底完成從盛裝到平裝的轉變。而外出打工的侗族婦女已經完全放棄了傳統服飾，回到家也不再改裝，對村裡人產生著無聲的影響。

（三）侗族服飾裝扮的發展

銀飾是侗族服飾中佔有很重要的地位。在古時候，侗族沒有冶煉金屬的技術，銀飾是受到漢族服飾的影響而形成的。有研究學者根據文獻記載，古代的侗族並沒有佩帶銀飾，而是佩戴鐵器，慢慢發展成銅器，最後才開始佩戴銀飾。目前，銀飾多樣化的形式都是從鐵銅之類的樣式演變來的。如傅安輝 2003〈侗族服飾的歷史流變〉以及王梨 2003《貴州侗族服飾文化變遷研究》（博論）也延用此說法：侗族的祖先早期生活在山地森林，雖然用木材建起來了木棚，並且在木棚周圍也建有籬笆，但仍然經常擔心野獸的侵犯，所以，侗族祖先就隨時佩戴鐵器，防止野獸的傷害。因為鐵非常容易生鏽，使用銅

又太重，不便使用，後來他們選擇使用質地輕盈美麗的銀子，慢慢的就演變為裝飾。這個說法和史書文獻記錄的符合：春秋時期，南方濮僚和百越已經開始使用鐵器，到戰國和秦漢時期，他們已經大量生產銅器，魏晉以後逐漸演變為銀飾，成為服飾的裝飾。在宋代以後，侗族已被廣泛使用，大量使用銀飾，在清朝達到頂峰。（楊昌鳥國，1997）但是筆者覺得有疑問的是，現在侗族地區使用銀子作為服裝配飾的均為女性，男子幾乎沒有看見；若是早期為了要防止野獸的傷害，為何男子沒有配戴，現代侗族地區的銀飾風格在很多程度上受到漢族的影響，例如：手鐲、耳環以及花冠等物品。也有一部分受到苗族的影響，例如：項圈、項鍊以及胸花等物品，它們都屬於清朝的標準的繼承。當前，侗族銀飾的發展受到阻礙，不容樂觀。現有，侗族一般在節日或重大的慶祝場合才佩戴銀飾，傳統的簡單的或時髦的服裝都沒有銀飾。中共建政以來，銀飾的發展幾乎停滯不前。侗族的銀匠人數在不斷減少，傳統的技術沒有得到很好的繼承，而且銀飾圖案花形和造型也在減少。金屬銀越來越不容易得到，在一些偏遠侗寨目前採用其他的合金代替銀子來鑄造銀飾品。從現在的發展狀況推測，在不久的將來，銀飾可能從侗族服裝中分離出來，並走向消失，取而代之的是類似銀飾的裝飾品。

三、侗族服飾上的歷史痕跡

　　侗族作為東方文明古族「百越」中「駱越」支系的發展，它有著較早種棉和先進紡織技術的歷史。最初侗族在服飾上有著自己民族創造的款式，但現在已無法確實考證。據侗族服飾研究專家張柏如考證，早期廣西三江侗族婦女所穿著的貫頭左衽無花邊紋飾衣及挽捲的短筒褲，是屬於侗族服飾的最早款式，但目前已經無法看到。

　　漢唐以後，漢族在中原的北方地區包括在政治、軍事，經濟和文化等方面取得優勢地位且發展很快，他們當盟主後將能量向四周輻射並以追求一統天下為主。而侗族遷徙到湘黔桂毗連地帶後，由於受環境條件限制導致發展緩慢，最終成為弱小的少數民族。並在政治，軍事，經濟和文化上受治於人，更由於她們長期和其它民族交錯雜居，使得她們要適應與融合強勢民族的服飾文化。至今我們看到許多地區的侗族民族服飾，已融合多個民族服飾所長，形成了自己特有的服裝款式。

　　侗族服飾款式種類較多，但區別不大。到現代保留下來的主要是：男裝

對襟衣寬褲式，女裝有對襟衣裙裝式、交襟左衽褲裝式、右衽大襟褲裝式，交襟左衽裙裝式。侗族服飾中大部分款式是接受其他族服飾而形成，而接受最多是漢族服飾款式。如侗族所穿的右衽或左衽服在漢後唐初為胡人所穿，至中唐開始成為漢裝，在中原大地流行後為侗族等少數民族所使用。侗族繡有花紋圖案的肚兜源於宋代漢服。侗族服飾中的托肩與元代漢族雲肩裝束有著相等的關聯性。元朝時漢族婦女在衫襦之外肩上飾有雲肩，雲肩始於金代與元代沿用，主要是發揮裝飾的作用。傳至侗族地區後，侗族婦女將其改造為托肩。清代的漢服來自明代，衣裳多為右衽，大襟、對襟，但袖管比明代的窄小且衣繡鑲邊較多，下身改明代的外裙內褲為單穿褲，這種漢族婦女服飾也被侗族婦女所採納隨處可見到。源於清代滿族旗裝的漢族男裝長袍馬褂現已成侗族寨老服，如今又演變成傳統的侗族男性老人服裝。同樣源於清代滿族旗裝的漢族女裝，交領衣成了侗族一般婦女服飾，大襟衣成了侗族老年婦女服裝。百褶裙乃係苗族服飾，因為侗苗同源，之後又是雜居狀態，所以百褶裙亦為侗族所沿用。百鳥衣是在唐宋流行的華貴服飾在東漢時以漢族男子所穿直裙襜褕演變而成，在元代之後被侗族所採用，至今廣西三江侗族舉行大型舞蹈「蘆笙踩堂」時仍為男子們所穿。除了上述列舉之外，侗族服飾還受到壯族和瑤族等周邊民族服飾的影響。

四、侗錦文化的思想

　　侗族是 55 個少數民族中位於南方地區的一個民族。隨著時代的發展，獨特醇厚的侗文化有著一種原真、淳樸、自然、和諧的特殊美。這個民族有自己的語言——「侗語」，如今用拼音來書寫這個民族的語言，屬於漢藏語系壯侗語族。侗族主要分佈在廣西、貴州以及湖南西南地區等。侗族有獨特濃厚的少數民族特點，文學藝術豐富多彩，並有「詩的家鄉、歌的海洋」之稱。例如侗族歷史傳說中的「開天闢地」、「姜郎姜妹」、「秀甯吉妹」等著名故事；侗族文藝中有「哆耶舞」、「蘆笙舞」等著名舞蹈，以及蘆笙、琵琶、侗笛、侗簫等樂器；有隨處可見的鼓樓、迴龍橋、涼亭等著名建築；還有銀飾、刺繡、藤編等傳統手工藝品；更有侗錦、侗帕、侗布等紡織品多不勝數。他們視女性神祇「薩歲」為至高無上之神，所以在各村寨裡都建有「薩歲壇」來奉養這位尊神。（石霞峰，2010）侗鄉民族文化神秘獨特、歷史悠久、豐富燦爛、民族風情濃郁，他們生活在中國大陸西南的崇山峻嶺之中，獨特的自然、經濟和

社會環境，塑造了與其他民族截然不同的具有特殊個性的侗族文化。

（一）侗錦文化的產生

侗族在歷史發展過程中屬於「母系氏族社會」。侗錦文化是侗族婦女在漫長的歲月裡經過辛勤的專研磨練所形成的一種文化現象，在當時社會裡，它是各家必須具備的生活技能。獨特的地理環境、淵源的歷史背景、辛勤淳樸的侗族婦女是造就侗錦文化產生的主要原因。

第一　獨特的地理環境

侗族居住的地區均屬於亞熱帶氣候，氣候炎熱多雨，土地濕潤，因此這些地區產生的植被十分繁茂，尤其以多種富含纖維、可用來捻線織網和紡紗織布的植物資源極為豐富。侗族先民正是利用這些豐富的植物資源，並經過不斷的探索開啟了紡織的生涯。

第二　淳樸的侗族婦女

侗族婦女從小會在長輩的指導下學習織錦和刺繡技巧，這是她們素有的傳統習俗。她們編織出來的「錦」，是為家中平日生活所用以及為日後做嫁妝的準備。在嫁妝的準備中，她們的嫁衣是一項既費時間又費腦力和體力的活，當然這也是姑娘們所期待的幸福。手工編織的錦融匯成服飾上各個部位的裝飾，例如腰帶、裙蓋、蓋頭帕、背帶、繡花鞋等等，色彩絢麗繽紛，十分美觀。這些秀美的作品展示著姑娘們聰明的才智和精巧的織錦技藝。到現在，一些侗族婦女仍舊保持織錦的習俗，織繡各種生活用品和飾品。在歷史發展進程中，侗族沒有屬於自己民族的文字，於是侗族婦女用圖案的方式來記錄侗族的歷史和生活，所以一幅看似普通的侗錦，我們不僅可以欣賞到它的美豔，更特別的是可以從中讀到侗族的歷史文化、信仰等意境之美。

（二）侗錦文化的含義

在「男耕女織」的社會狀態裡，編織侗錦是家家戶戶的婦女、小姑娘必須學會的一項本領，也是衡量一個姑娘聰明才智的標誌。由田調中瞭解，侗族有這樣一種說法「女看錦邊，男看田邊」。就是說侗族想知道哪位姑娘心有多美、手有多巧，只要看她編織侗錦是否出色、精緻美觀，也以此來判斷這個女孩是否能持家助業。「侗錦」是侗族民間工藝中的精品，承載和演繹著本民族積澱深厚、特色鮮明的傳統文化，反映了該民族的習俗信仰、圖騰崇拜的文化心理。它以其獨特的編織工藝、富有民族特色的圖案、豐富深刻的文

化內涵、亮麗和諧的色彩、高雅凝重的品質和鮮明的民族風格，成為中國大陸著名的少數民族織錦之一。（石佳能，1997）簡單地說，侗錦就是侗族婦女手工編織的用品，具有民族性和藝術性。侗錦有「最樸質大方的織錦在通道，最繽紛華麗的繡錦在貴州」之說。湖南省通道侗族自治縣是侗錦製作手藝最好、分佈最廣泛、影響最大、最具代表性的地區。所以本人在田調期間，主要以湖南通道、貴州黎平、以及廣西三江這三個地區進行田調，其中湖南通道侗族自治縣為重點調研地區。

侗錦代表侗族婦女辛勤勞作的成果。侗錦上的紋樣，顯示出她們在生活實踐中，通過對大自然、對身邊景象不斷觀察以及親身體驗，產生了自己獨特的審美情感，進而經過提煉、昇華轉化成抽象圖案，將其釋放在侗錦上，用以反映侗族美好願望、信仰、思想觀念和審美情感。從而激發他們熱愛生活、熱愛民族、熱愛大自然的熱情，增強他們的民族文化自信心、自豪感，並藉以寄託他們的精神和文化心理的追求。

（三）侗錦文化與信仰的融合

侗族祖先屬古駱越人的一支，以龍為圖騰，每一個聚居地（村寨）都會在重要地方立龍像，以此作為本民族的象徵。現在，當我們走進任何一個侗寨，那裡的鼓樓建築中，仍然可以看到龍圖騰的存在，又或者迴龍橋上的立體雕刻圖。鼓樓是各侗寨（族群）存在的標誌，有侗寨的地方必定會有一座鼓樓，它是各侗寨的政治文化中心，是用來舉行重大議事、祭祀、聚會等所用之地。有的鼓樓在正門的橫額上繪製波濤洶湧的彩畫，暗示龍潛深淵，有的則在鼓樓頂部裝飾立體木雕龍頭形象。侗族喜龍，把龍視為神一樣崇拜。他們認為龍無處不在，雨後天晴出現的彩虹，認為是龍在喝水；深潭水洞，認為是龍棲身之處，至今還保留許多這方面的地名，如龍潭、龍灘、龍王灘等等。侗族信仰多神，在日常生活中會保留許多原始宗教的殘餘，例如崇拜古樹、巨石、山神、土地等，認為它們都有神氣、能顯靈。侗族認為在穿戴物上附有龍鳳呈祥、山川河流、古樹巨石等圖案，就會得到眾多神靈的庇佑，直到現在的侗族傳統服飾上依舊存在這樣的圖紋。例如：穀粒紋、魚骨紋、龍紋、水波紋等這些圖案紋樣表達了侗族的信仰習俗觀念，以及侗錦藝術造就與日常生活息息相關。

第二節　侗錦保存研究

一、侗錦的研究

　　很多學者對於侗族藝術類型，以及侗族工藝研究的學科規範有所觸及，逐步形成侗族現代工藝研究的最初情況。雖然對於侗族工藝研究的發展，前人已經進行過一些研究，但由於侗族服飾藝術始終未能形成一門完備的學科，所以在學術研究方面並不如其他學門般地系統化，這也是侗族織錦研究史缺乏全面探討與分析之原因。五十年代，一些民族學科發展的文章提到了侗族服飾藝術研究，諸如《侗族簡史》、《侗族通覽》、「侗族文化研究」彙刊等著作以及新編的《黎平縣誌》、《從江縣誌》、《榕江縣誌》、《三江縣誌》、《通道縣誌》等對侗族服飾的類型，作了部份的記錄與介紹。這些片段的資料僅只對某一時期的研究機構、主要著述、總體特徵等資料做了概述，但是這些梳理都是在民族學下展開的，很少從侗族藝術研究的角度進行分析，所以對於侗族織錦藝術研究發展的全貌至今還不甚清晰。

　　其次是以侗族織錦製作為專題寫作的論文有如鳳毛麟角，主要原因是由於這項被列入國家級非物質文化遺產的特殊傳承，自古以來就從未留下任何的完整文獻。再則，若要對侗錦製作進行研究的重要條件之一就是研究者本身必須具備織造侗錦的能力，當然對多數的研究者而言，這一個門檻的困難度幾乎是一項無法跨越的鴻溝。

　　侗錦豐富而精彩的圖案紋樣，反映了長期生活在湘桂黔三省區的侗族對生命、大自然和民族文化的珍惜與崇敬，隱藏著民族文化的特有精神，也表達出侗族誠摯的情感。侗錦在滿足生活基本需要的同時，把物質的實用功能與精神需求緊密結合，成為承載民族文化記憶的重要依據。對一個只有語言，而沒有文字的民族來說，這些看似普通卻又充滿神秘的織錦線條有如特定的符號，使侗族的織錦圖案與其文化之間產生了特有的聯繫和深層次的內涵意蘊，同樣也使其更具研究價值。

（一）學位論文

　　過去學院派之中或許有以服飾題材作為學位論文的研究領域，但是與織錦相關的侗族服飾論文則是遲至 2004 年才由雲南大學研究生王彥撰寫〈試論侗族的織繡紋飾〉。（王彥，2004）他的著作內容討論面向過廣，以至於無法深入，例如穿綜是侗族織錦的靈魂部分，可惜他只用了一千餘字敘述，（王彥，

2006：32〜37）而且並未分析其原理、功能與優勢。由馬麗所撰寫的〈三江侗族服飾審美及時尚元素應用研究〉在服飾的美學特徵上做了一定程度的處理，諸如形式元素美、圖案主題美、色彩美、工藝美等面向出發，其中對於圖案的對比與統一、平衡與律動等問題探討甚多，（馬麗，2008：32〜37）雖然作者的主題是以服飾為對象，但是對於侗錦的討論也有相當的助益。陳雁所撰〈貴州侗族紡織藝術研究〉似乎最為專業。作者強調她的研究是關注和保護傳統技術的生存與發展，以尋求傳承與發展之間的平衡點，使侗錦製作可以步入良性的可持續發展方向。（陳雁，2010：1）檢視其內容發現作者由紡織工具、材料、染色與後加工切入，最後進入侗布製作技藝傳承的重點部分。然而作者僅以少量篇幅涵蓋這個理當為核心的章節，閱讀之後發現作者僅以傳承方式、文化意義和發展思路作為探討，完全未能觸及技藝的實作與分析，因此就探討侗錦的織造部份而言，並無資料可供參考。

曹寒娟所撰〈侗族服飾文化在社會轉型期的演變研究〉為天津師範大學碩士論文。該論文最大的貢獻應該是在探討傳統服飾文化的現代演變，（曹寒娟，2010：10〜23）可惜的是作者未能就其列出的預訂內容加以探討，諸如侗族服飾文化內涵的改變並未提到如何改變以及改變後的樣貌；織繡工藝的變遷也未提到如何變等問題的探討；作者對於過去的傳統著墨較為詳盡，但對於論文真正要探討的現代演變卻無法提出看法。本論文所探討的社會轉型對侗族服飾文化的傳承及保護一節，提出了幾個值得實驗的模式，對於面臨現代化衝擊的侗族傳統織錦與服飾而言，不失為一個機會。2010 年北京中央民族大學的周夢完成了博士論文〈苗侗女性服飾文化比較研究〉，這是至今為止中國大陸出版的唯一與侗族服飾相關的博士論文。作者雖然是以服飾為探討領域，然而無可避免地必須觸及紋樣的問題，因此在紋飾部分的探討就提供了侗錦研究的參考資料。在侗族服飾研究上所論及的上衣、下衣、胸兜、花帶、背兒帶等部分，悉皆應該與侗錦相關，可惜因為作者的田野地區是雷山，該地區的侗族以繡為主，在織的方面僅以織布為大宗，織錦則甚少，因此在其論文中並未觸及侗錦的部分。

在台灣方面，由 1990 年到 2014 年止，所發表與苗、侗、土家族的織品相關的各式論文一共有 35 篇。〔註 12〕其中以何兆華的著作最為專精，其中2011 年的博士論文：《染織成禮：貴州施洞苗族的布與人》雖然並非以侗族為

────────────────
〔註12〕筆者根據國家圖書館資料統計。

對象，但是因為在宋代之前苗侗同源，因此在論述方面可以做為侗錦研究的
重要參考；該論文對於布與苗族文化之間所扮演著重要的連結，有著深入的
分析；其次是，較之於大陸諸多的學位論文，本博論最大的長處就是運用了
不少西方學者的理論，諸如在布與物質文化方面引述 Weinern 與 Schneider：
布是一個小型社會的隱喻理論；Linda Arthur：布在宗教團體內所表達的宗教
性、民族性、性別規範理論；尤其是 Annette Weiner 發現布是人類與神之間的
連接。（何兆華，2011：8～9）這一部分對於本人論文中所探討侗族薩歲祖母
神與布之間的關聯有一定的啟示。其次是在布與歷史的部分，Niesson 的調查
顯示，自從 19 世紀殖民者進入北蘇門答臘之後，Batak 的紡織者已經成功地
調適，將其傳統的四種樣式逐漸轉變成為商業與時尚設計。（何兆華，2011：
15）此一部分對於本人論文中所將探討的侗錦創新生境及其文化價值章節有
理論的助益。

（二）專書

張柏如在台灣出版的《侗族服飾藝術探祕》（張柏如，1994）是對侗族服
飾研究的最高學術成果。它的出版填補了侗族服飾文化研究沒有專著的空白，
是促使侗族文化研究，尤其是促使侗族藝術研究，走向學術的里程碑。這本
專書之內容記述了許多作者長期從事侗錦田調的第一手資料，對於侗族織錦
的符號研究，作了深入細致的分析。此外，湖南省通道縣亦將前人相關服飾
的研究集結出版有《中國湖南通道侗族文化遺產集成第四輯・服飾大觀》，該
文化遺產集成全面介紹通道縣境內民族的專著，其中對於侗族織錦工序，作
了分段式的敘述，具有很高的資料性和權威性。黎平作為侗族分佈的大本營，
服飾類型十分豐富。撰寫的《黎平縣民族志》則將縣內的侗族婦女服飾劃分
為三種類型，分別進行圖文敘述。〔註13〕

（三）期刊論文

收錄於各類期刊中關於侗錦的文章，在體裁上可分為兩類，一為采風式
的撰寫，由於撰寫人多數缺乏學術訓練，而且其基本態度間或受到大陸民族
政策的影響，以致撰述多與政策配合，能夠作為學術運用的資料並不多。

〔註13〕黎平縣內將侗族服飾分為三類：口江、雙江、岩洞一帶的服飾稱為「九洞型」，
以岩洞為代表；壩寨、茅貢、九潮及榕江到黎平公路沿線一帶的婦女服飾稱
為「天府洞型」，以九潮為代表；平寨、大稼、尚重一帶婦女的服飾稱為「尚
重型」，以尚重為代表。

　　薛步青在 1982 年所撰〈民族藝術寶庫中的一顆明珠〉對於侗錦的討論有幾個可取的看法。第一是他以相當的篇幅討論侗錦的紋飾圖案，他透過仔細的觀察與比對，提出了侗錦的工藝對於圖案的要求是幾何化、連續化和規律化的法則。（薛步青，1982：81）這個看法在學界雖然並非第一次提出，但是作者卻做了詳細的說明。其次是侗族民間工藝品的設計和生產是以自然材料為物質基礎，因此，他特別提出侗族織錦有「因材施藝」、「依色取巧」的特點。（薛步青，1982：81）換言之，侗族素錦以藍色或黑色棉線為經線，白色為緯線，經緯線相互垂直交織而成兩面互為陰陽效果的幾何圖案，這種兩面效果就是侗族織錦所特有的。在圖案方面有特殊探討的另一位學者是傅安輝，他特別就織錦的構圖和立意提出看法，例如最常見的立意是表達理想與願望、表達對美的追求和反映客觀世界的需要，也就是這些因素使得構圖意境十分明朗，（傅安輝，1995：160）然而傅安輝的看法可能過於漢族觀點，對於侗族圖案的分析也似乎缺乏立論基礎的推敲。粟可可乃侗族人士，因為具有織錦的技藝，因此由侗錦的組織提出了侗錦的特色，與筆者由電腦所繪之組織圖可以加以對照。

　　到了 90 年後，一些民族學者開始對侗族織錦研究有更多的關注，透過符號藝術、文化內涵觀點進行研究。這些研究成果，有助於後人瞭解侗族服飾類型以及侗錦織造技藝的價值。此一時期有相當多的學者開始由西方的審美學角度探討侗錦，例如姚源東強調的是審美價值與實用價值的和諧統一，他認為侗族向來就有追求萬事和諧的傳統，所以侗族的審美觀就由侗錦的織造的審美觀點上表現出來。（姚源東，1992：35）但是姚源東的論述觀點乃屬通則，他對侗族的說法，放到黎族亦可套用，有將通則作為專則的問題。中山大學的陳麗琴延伸了姚源東的看法，提出侗族天人合一的觀念，（陳麗琴，2004：36）她認為這個天人合一就是和諧，我們也可以認為這種和諧由地緣理論來分析是合乎邏輯的。宏觀而言，侗族服飾的審美特色包含了圖案美、色彩美、與造型美，（陳麗琴，2004）她特別由符號論的看法切入，指出侗錦已然進入自成一體的符號系統，雖然侗錦屬於藝術的範疇但是它與侗族的神話傳說、宗教、歷史、語言、科學的發展的也是相關的。（陳麗琴，2004：36）此一觀點是歷史學者所不能苟同的部分，但是作為人類學家，神話傳說同樣也可作為討論的參考。其次就是趙星所撰〈貴州黎平侗族服飾文化的日常審美特徵〉一文，在審美特徵方面，大多數學者都強調在色彩的繽紛之時，她

卻與眾不同地提出了「素雅」是黎平侗族服飾文化的日常審美特徵之一，但是這其中並不存在著矛盾，主要原因是多數學者所看到的是盛裝，但是身為侗族的趙星卻由日常生活中最普遍的平裝作為出發點。（趙星，2009：28）當然在探討盛裝方面，趙星仍然由「華貴」角度進行評析。（趙星，2009：29）侗族學者投入侗錦研究之人數日增，但不具人類學訓練的學者，在觀點上多陷入「自觀」模式，在引用時必須注意。

　　對於侗錦的傳承與保護也是學者較為熱衷的議題。綜觀論文的探討模式，多數由侗錦在歷史上的榮景切入，其次論及侗錦技藝的傳承危機，而危機的來源就是商品經濟的輸入、高效率與低成本的紡織商品的出現，但最重要的還是族人心理文化觀的改變。（石霞鋒、王星，2010：4）另一個更為重要的議題就是如何保護與傳承探討。王豔暉、陳煒的論文是立基於田野調查的論述，其中首先論及通道縣侗錦傳承的現況，再就提出對策。筆者以為侗族本身的自覺才是對抗傳承斷層的原動力。

　　以上著作都針對了侗族服飾藝術進行研究分析，但是這些著作尚未將侗錦研究史作為一個獨立論述。有關侗族織錦研究史，特別是關於侗錦早期發展狀況的研究成果還不夠豐富。因此對於侗錦研究史的研究方法上進行侗族歷史的梳理，以及對侗錦文化的收集、整理與分析還需要更多學者的投入。

二、侗錦的保存現狀

　　侗族姑娘通常在七、八歲就會開始學習織侗錦，但是現在經濟社會的發展和農村貧窮落後的現狀，不少年輕人紛紛外出打工掙錢，所以開始出現侗錦的製作工藝的人越來越少。而堅持繼承侗錦製作工藝的傳承人需要經濟來源。筆者調查現在的現象卻是：傳承人和工廠女工的工作形式是差不多的，給什麼樣的圖樣她們就織出來，但是相對電腦控制的機器，傳承人卻是自己從棉花和染料植物的種植、棉線和染料的製作、染色到織布織錦，這一系列的工序全是純手工而成。從經濟角度來說，傳承人的勞動時間付出是很多的，但是相對得到的經濟收益卻不是一比一的成正比的。

　　2011 年筆者去拜訪省級非物質文化遺產侗錦傳承人吳念姬。她正在為臺灣商家製作餐墊，一張價格為 60 元人民幣，如圖 2-1 所示。以她織布的速度，一天可以織上二至三張。的確以這樣工作的時間投入，產出得到的報酬相對是低了一點，但是她本人對於這個價格還算滿意的。就以所使用的材料來看，

她所使用的棉線為市場上隨意可得的機械製棉線，整體而言，就純手工訂製餐墊來看，價值應算是差不多屬於當時的行情，但是倘若棉線是由侗族自產棉花和自產染料植物，光是種植時間、棉線和染料的製作時間、染色的時間，再加上織造前的所有工序，顯然可以得到更高的文化價值。在與她的交流中，詢問她為何採用市面上隨手可得的棉線，她表示若是自己手工操作軋棉花、紡紗等工序，光是從侗寨收購棉花或手工棉線，所花費的時間太沒有效益，現在盡量在織造工序上保守傳統的手工織造技藝，多數需要放棄使用傳統的織造前工序。在訪談間，看得出她的無奈，她很渴望可以全程的採用傳統技藝，並得到認可，同時可以創造自己滿意的經濟效益。但事實總是無法達成，很多時候她為了生存，他在用純手工的工藝與現代化的機器在比拼產量。

圖 2-1：台商的餐墊布（劉少君攝影）

而隨著通道紅色旅遊路線的開發及 2008 年侗錦這一傳統手工技藝被納為中國國家級非物質文化遺產，一些與之相關的民族工藝品的小公司應運而生。如：通道縣呀羅耶侗錦織藝發展有限公司，該公司長期與兩名傳承人粟田梅、吳念姬合作，組織了「侗錦培訓班教學計畫」，也帶著侗錦參加了很多的國內國際展覽，如 2008 年以來，先後參加了中國 2010 年「上海世界博覽會」、韓國「第四屆首爾國際紡織品博覽會」、中國文化部國粹菁華「民俗文化節」、「第三屆中國家紡品及輔料博覽會」、「第十五屆中國家紡品及輔料博覽會」、「澳門非物質文化遺產項目展」、「第二屆中國成都國際非物質文化遺產節」、「中國桂林國際旅遊產品博覽會」等活動。（趙士德、汪遠旺，2013）對於侗錦的傳承與保護、宣傳與推廣作出了巨大的貢獻，但是隨之而來的問

題就是因追求經濟效益讓這傳統手工藝過於市場化。侗錦培訓班培養的是織工，正如工廠機器一樣標準化、批量化的生產侗錦，追求效益，造成了如今侗錦品質的下降、做工粗糙問題，反而降低了侗錦的工藝價值。更遺憾的是，為了迎合旅遊市場，製作出來的旅遊觀光紀念產品放棄了很多千百年傳承下來的精美傳統紋樣，取而代之的是一些世俗氣市場氣息濃郁的圖案，完全失去了侗錦原本的文化本質，也拋棄了侗族的審美傳統，如圖 2-2 所示。

圖 2-2：迎合市場的新織品（劉少君攝影）

　　因為織機寬度的限制，侗錦的形式多為條帶狀。織不出一大片狀的織物，如果要織大織品只能拼接，除了織小型的織品外，織出來的條帶或是作為被帶等使用、或是作為裝飾帶使用，很大程度上限制了侗錦的用途和出路。雖然這是侗錦的一個特點，但是在如今的經濟發現下這也無疑成為了侗錦很難避免的一個硬傷，如圖 2-3 所示，一張床單由 3 塊侗錦拼貼而成。

圖 2-3：拼貼的床單及局部（劉少君攝影）

總結現狀：進入 21 世紀，中國大陸民族地區社會經濟有了突飛猛進發展，有了進步的科技，豐富的商品物質，加上文化的多元化發展，改變著人們傳統的審美價值觀念，民族傳統與生活習俗受到了工業文明的衝擊，侗錦這一傳統工藝的傳承同樣受到影響。市場化的衝擊下，對於經濟效益的追逐，讓侗錦作為一種傳統工藝的藝術價值在慢慢降低，表現最為明顯的就是侗錦上的傳統圖案，有的經典正在隨著時間的流逝慢慢被沖刷洗淨。

三、當代侗錦傳承重要人物的生命史

侗錦是侗族的優秀文化遺產之一，然而侗錦藝術與其他民族民間藝術的傳承一樣，由於歷史和現實等多方面的因素，侗錦面臨著嚴峻的傳承危機。隨著傳統自然經濟結構的潰散，商品經濟和都市文明不斷的衝擊著古老的民間文化，侗錦這門傳統工藝的傳承和發展也陷入了前所未有的困境，急需搶救和保護。

在侗錦研究與製作中，有三位專家佔有重要地位，一是侗錦織造技藝的國家級傳承人栗田梅女士、以及省級傳承人吳念姬女士；另一位則是張柏如先生，他畢身研究侗錦，將侗錦的文化意涵作出透徹分析，更重要的是他將侗錦的資料加以整理，促成侗錦的價值不再只是停留在民間技藝的層次；換言之，侗錦之得以成功通過人類非物質文化遺產的審查，張柏如的貢獻匪淺。在研究侗錦歷史的過程中，如果遺漏了他們的生命史，對於此一研究而言，將是一項缺憾。

（一）有關侗錦研究的前輩：張柏如〔註14〕

1928 年三月張柏如出生於湖南省邵陽東鄉的梽木山張家村的一戶農家。1934 年，湖南省發生大旱，收成不佳，張柏如的父親只好外出經商，不幸患傷寒死在江西吉安。雖然自幼失怙，家境清寒，但張母即使縮食節衣，也堅持送張柏如到新式小學讀書。

他從小調皮搗蛋，但聰慧精明，勇氣過人。十二歲外出闖蕩，二十歲參加遊擊隊，並當上手槍隊長，曾經親手斃殺邵陽「剿共」總司令。張柏如一向熱愛藝術，於 1950 年主動要求從部隊轉業調入通道侗族自治縣文化館，文革期間以莫須有的罪名被打成右派，歷經坎坷，受盡屈辱。但是侗鄉的建築、

〔註14〕2014 年 4 月 16 日於通道縣雙江鎮，訪談張靖明（張柏如之子）。

雕刻、銀飾等各式工藝都相當吸引著他，其中對於絢麗多彩的侗錦更使他癡迷。因此他就開始潛心搜集、研究侗錦。直到「四人幫」瓦解以後，才勉強被平反。開始的前兩年，他搜集到的侗錦寥寥無幾，張柏如不甘心，決心跨省、跨地區去搜集。為此，1981 年他提前離休，下定決心由基礎的侗族文化開始研究。為了了卻青年時代的夙願，張柏如為自己的往後歲月定出了目標：趁自己還走得動，抓緊時間走訪湘、桂、黔三省區的侗、瑤、苗等少數民族地區，逐步累積資料。先後賣掉邵東老家的磚房和通道農村的木構房作為研究經費，十年間他克服了身患的肺結核、肺氣腫、心臟病、氣管炎、胸膜炎等多種疾病，走訪湘、桂、黔三省區侗族縣份的數十個村寨，與侗族鄉民打成一片，搜集了不少不同地域、不同工藝、各呈異彩的侗族服飾、侗錦等 400 餘件以及從來不為外人所知的寶貴資料，並由此開始探究侗族歷史與技藝。經過幾年的夙夜不懈，他對侗錦的研究，取得了可喜的成績。

1994 年，臺灣漢聲出版社為張柏如出版了《侗族服飾藝術探密》（上、下冊），當年便銷售到世界的四十幾個國家。由此，也引起了大陸學術界的重視。湖南省社科聯授予此著作「優秀成果二等獎」，北京清華大學、中央美術學院等高校也紛紛邀請張柏如前往講學。國家文化部授予他「民間美術工作開拓者」的光榮稱號，聯合國科教文組織也授予他「民間工藝美術家」的稱號。中央電視台和湖南衛視等多家電視台爭相報導了他的事蹟。之後，張柏如終於圓了青年時代的夢，不但圓了以藝術為伍的心願，也成了名符其實的工藝大師。

《侗族服飾藝術探祕》的出版填補了侗族服飾文化研究沒有專著的空白，是促使侗族文化研究，尤其是促使侗族藝術研究，走向學術的里程碑。該專書受到十餘家報章雜誌的專題報導。《侗族服飾藝術探祕》是研究侗錦藝術最為重要的專書，透過實物照片和詳細的文字記載，真實而有系統地展現了侗族獨特風格、絢麗多彩、文化深厚的侗錦藝術，詳盡地探討了侗族各地服飾的歷史變遷與其相關的文化意涵，極具有深厚而重要的學術價值。

《侗族服飾藝術探祕》分為服飾篇及圖紋篇上下兩冊；上冊呈現侗族服飾的演變、現代侗族服飾款式，以及織繡不同工藝所呈現的侗族藝術；下冊則介紹了侗族古老蘆笙衣、侗圖紋考釋以及各式圖騰崇拜與侗族生活秩序的結合。有系統地詮釋侗族以往使用自然物到紡織物製作服飾的過程。侗錦歷史深層的內涵，就像侗族先民穿著在身上的文化史書。該書最大的頁獻在於

把侗錦與侗族歷史、族源以及歷代侗族科學工藝結合在一起。它是一本結合人類學、民族學、社會學、文化學和民俗學等跨學科的研究專書。

（二）侗錦織造技藝的國家級傳承人：粟田梅〔註15〕

粟田梅，1964 年 8 日出生於湖南省通道縣牙屯堡鎮楓香村三組，從小在母親粟培仙的薰陶及本團寨老人的指導下，12 歲的她開始學習織造侗錦。侗錦編織有 10 多道工序，技藝精湛複雜，每道工序皆具有一定的道理與必要性，其中對於初學者而言，所遇到的第一個挑戰就是數紗。但是她樂此不疲，從未因為難學而放棄。她在 15 歲時，就已經能獨立完成整經、穿綜、埋色、補色和挑、勾緯紗等一系列編織工序和技術。心靈手巧的粟田梅對技術接受很快，一般女孩兒十八、九歲才會的技藝，她不到 16 歲就已經全部掌握了。她的第一件創新作品就是兩人手牽手的圖案，也得到許多大人的讚許，從此更加深了栗田梅對侗錦的喜愛。

80 年代初期，粟田梅因為她熟練的侗錦織造技藝被縣城的製衣工廠招募為技術員，隨後在工廠內成為車間主任。但是在 90 年代初時工廠還是不敵市場經濟的大潮衝擊而倒閉關廠。粟田梅如同工廠內的工人們一樣都被資遣，而回到原來生活的小山寨。此後，她無論再忙再累，每天晚上還是喜歡坐在織機前，捻紗成線，挑花織錦，空閒時刻也會教導願意學習的「徒弟」。儘管生活艱難，但她一直沒有放棄侗錦的編織。粟田梅：「一來侗錦紡織是我們老祖宗留下的手藝，不能丟了；二來它可以幫助和我一樣的姐妹找到一條維持生計的路子。」

熟悉粟田梅的人都說，她是為侗錦的織造而生的，侗錦世界固然帶給她幸福快樂，但是相輔相成地，侗錦也因為她而得以傳承、發揚、名聞中國大陸，甚至於國際間。相較於許多湮沒在歷史煙塵中身懷絕技的民間藝人，粟田梅是幸運的。2006 年 11 月，粟田梅被中國工藝美術學會評為「中國優秀織錦工藝傳承人」。2008 年，侗錦製作技藝項目入選第二批國家級非物質文化遺產名錄。2009 年，粟田梅被列入國家非物質文化遺產傳承人；粟田梅也借助這一平台，展現了侗錦織造才華，她的作品在縣城舉辦的首屆全國侗錦文化展中榮獲一等獎。同年 10 月，通道「錦尚」侗錦文化展在上海東華大學成功舉辦，粟田梅和她的侗錦第一次亮相於國際大都市。2009 年，粟田梅先後參

〔註15〕2010 年 8 月 1 日於通道縣牙屯堡鎮，訪談栗田梅。

加了第二屆中國國際非物質文化遺產節、第十五屆中國國際家用紡織品及輔料博覽會、第四屆韓國首爾國際紡織品博覽會等，深受國內國際客商、專家、學者的好評與青睞。

　　成為傳承人後，粟田梅的生活更加忙碌。為保護傳承侗錦紡織技藝，當地政府開辦了侗錦培訓班，並成立侗錦紡織技藝開發公司。粟田梅是培訓班裡唯一的老師，她已先後培養了 1,000 餘名學員。由她帶出的織錦傳人生產的侗錦也源源不斷地輸往中國各地。為了確保這一門精湛的工藝技巧傳承下去，也希望能夠培養出更多願意終身貢獻給侗錦的下一代，粟田梅開始收「入門弟子」。例如其長女則是其中的一位。起初，粟田梅以為現在的年輕人對這些傳統的老東西已經不再有興趣，而女兒的執著讓她看到了侗錦將會繼續發揚的希望。隨後還分別傳於同村的楊 HJ 以及龍 SJ 等幾位姑娘。在當地政府及相關部門的支持下，粟田梅及她的同行們得以借「展侗族瑰寶，傳民俗風情」的號召之下，在織錦技藝傳承和產業化的道路上越走越寬。她表示將繼續努力，繼續貢獻侗錦製作技藝的傳承工作，將自己所悟到的精華、創新、改革之手藝，無私地傳授給侗錦製作的愛好者，為侗錦的傳承打好基礎。

（三）侗錦織造技藝的湖南省級傳承人：吳念姬〔註16〕

　　吳念姬 1962 年出生於湖南省通道侗族自治縣播陽鎮陳團村。根據她祖母告訴她，一生下來手腳就呈現踏機紡紗的姿勢，天生就負有傳承侗錦織造技藝的任務。吳念姬從小就跟隨祖母、母親，看著他們紡織，12 歲就學會用棉線織布，15 歲開始與大人外出打工賺錢養家，並開始織造侗錦。白天，她和大家一道上山砍柴、下田耕作；晚上架好織機便開始織造侗錦。16 歲不到，便掌握了「八十八紗」的基本要訣，由於吳念姬的織錦兼具耐用和美觀，她很快成為廠裡的技術專員，當地有一句話「巧手紡紗八十八，娶妻當娶陳團家」，也就是通道縣周遭十鄉八寨的青年小夥都把能否紡得侗錦「八十八紗」作為考評女孩是否能幹的重要指標。「八十八紗」是侗錦的一套針線細密而複雜的織造技術，織造的扎實而豐富的侗錦構圖。20 初頭的她與其他青年一樣對到城市打工有著夢想，1983 年從播陽鄉下來到了雙江縣城尋找新的工作，最後在通道織布廠找到了生活上的依靠。然而，正當吳

〔註16〕2010 年 7 月 27 日於通道縣雙江鎮，訪談吳念姬。

念姬有了憧憬生活的時候，市場經濟大潮開始了它強勁的翻騰、衝擊，1987年通道織布廠倒閉停業。吳念姬也和工友們一起默默地離開了廠房。此後，她打過小工，擺過地攤，但無論再忙再累，她每天晚上都習慣性地坐在織機前，不斷地磨紗、走線、挑花。小孩在旁玩耍，她專心織布。吳念姬笑著說：「當時織機是我的辦公室，那裡是我的崗位。」終於到 2002 年，在當地政府相關部門的支持下，吳念姬在行政街創辦了「通道侗錦坊」。一路走來，儘管艱苦異常，吳念姬憑藉著「一個『財朋』——納四方財的『財』，聚八方朋友的『朋』」也就是靠著八方朋友我納入四方財的樂觀面對她的侗錦作坊。相較之下現在的吳念姬幸運的搭上了文化旅遊的時代列車。在當地政府及相關部門的指導與支持下，吳念姬以及她的同行們才得在手工織錦技藝傳承和產業化的道路上越走越寬廣。2006 年 11 月，吳念姬與粟田梅同樣被中國工藝美術學會織錦專會評為「中國優秀織錦工藝傳承人」；2008 年上半年，通道文化局報送的「侗錦製造技藝」項目入選第二批國家級非物質文化遺產名錄；2008 年 7 月，上海東華大學服飾學院碩博考察團專家張順愛一行赴通考察侗錦織造技藝，並對吳念姬的侗錦紡織進行了專題紀錄，其間還舉辦了「2008 年湖南省侗學會年會暨三省坡侗族原生態文化論壇」，對侗錦的技藝流變、傳承、文化保護和市場化發展提出了寶貴意見。從通道縣文化局接到了相關部門認定的專門證書「省級國家非物質文化遺產傳承人」、「中國優秀織錦工藝傳承人」。期間她也創作不少的侗錦的作品如「侗鄉風雨橋」就在首屆侗錦文化展中榮獲一等獎，現在她與粟田梅都是湖南僅有的侗錦重要傳承人代表。

從以上的討論分析中，我們可以得到：在侗族文化研究中，許多學者對於侗錦藝術的研究，以神話故事採集、親身田野調查記錄，以民族誌、文化學、藝術學等多面向的研究方法，呈現侗錦藝術的美學體驗及其文化內涵。侗錦其內容豐富多彩，圖紋精美華麗，不愧為侗族文化奇葩。然而，這項歷史悠久的文化奇葩，似乎需要更多的機會、場域將它呈現出來。從研究中知道，自從 1950年之後，多領域的侗族文化研究，被學界與民間藝術工作者逐漸重視，顯然也日漸深入、成果豐碩，不斷出版和發表了不少新的論文和專著。

在長期的生活、生產過程中，他們用自己的智慧創造和發展了有別於其他民族的織錦技藝與紋飾。侗族沒有統一的織錦圖紋，而是根據各個支系居

住與生存的環境條件，形成迥然不同的紡織、刺繡、挑織等織造技藝，製作出不同特徵的侗錦。對於侗錦織造技藝及其文化內涵之論文也逐漸增加當中，張柏如《侗族服飾藝術探祕》專書的出版，對於侗錦研究有著重要的價值。尤其是在侗族服飾文化的深層內涵方面與尋找服飾圖紋中的歷史神話，透過侗錦藝術的相關探析，讓人領略了侗族先民不同歷史時期的宇宙觀、神靈觀、倫理觀，看到了侗族浩瀚的藝術世界的歷史影像。因此其藝術審美和文化象徵極具獨特性，有重要的研究意義和價值。

在侗錦織造技藝的傳承上，栗田梅與吳念姬對於保存侗族寶貴文化遺產，弘揚侗族優秀傳統文化，對於增進各民族文化的交流，加強各民族間的團結、進步與繁榮，對於物質文明和精神文明，豐富人類文化寶庫，都有著重大的意義。侗族織錦在這樣的狀態下流傳得到了侗族的認同，還有許多村寨正處於重建期，侗錦之所以能夠進入中國非物質文化遺產名錄，是許多學者、文史工作者努力的結果，尤其是知識型的文史工作者或是技藝型的傳承人是最重要的環節。筆者更是認為這是一種歷史記憶，使侗族保留了自己的文化特徵，以影響了文化重建的作用，這也代表了侗錦傳承的發展過程。

第三節　侗錦的織造流程

侗錦在傳統發展中是由斜架式織機（俗稱「陡機」）來編織完成。侗錦為侗族婦女的主要傳統手工藝。一年四季侗家的織機總是吱吱作響，女人們一年四季皆從事紡織「一女不織，民有寒者」。侗錦織造均在機頭上裝有預先編排扎好的竹筒，每筒為一個單元的花紋組織，以竹筒中竹針翻動引導織機提經穿紗。常以單元紋樣的一半緯紗數目為翻號，稱為「綸十三」、「綸十四」，每個翻號紋樣因緯紗數目不同而有大綸和小綸之分，此種織法為帶有竹花筒的通經通緯提花織物。另一彩色侗錦的織造不帶竹筒，精致細膩，耗工費時。前者多見素色，亦可適當夾彩緯，織造速度較快；後者為彩色，常見於背小孩用的背帶，是侗錦工藝的精華所在。織物以白色棉紗作經線和底面，以靛藍棉線為底緯，以五彩絲、棉為主要花緯，通經斷色緯，挖花挑織而成。通常完成整幅侗錦必須經歷工藝繁複的十多道工序，織造工藝及準備工序的主要程序可歸納如軋棉、紡紗、染紗、絞紗、絞經、排經、織錦等，並且整個製作都是由手工操作來完成。種棉栽藍、制藍染布有季節性，而織布是沒有季節性的。

一、紡織工具

（一）軋車

軋車主要是將棉籽從棉花中剔除。這裡提到的軋車和明朝《天工開物》中描述的腳踏軋車相似，它的結構非常的簡單，軋車高 50 公分，寬度有 28 公分，上軸和踏板透過踏線連接起來，目的是為了增加兩軸之間的擠軋力。

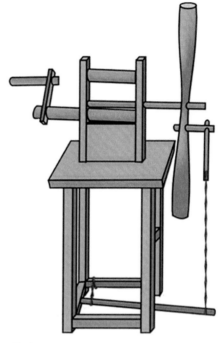

圖 2-4：軋車

（二）彈棉弓

將剔除棉籽的棉花纖維彈鬆的工具就是彈棉弓（meix jongl），這是棉花加工過程中的一個重要工具。彈棉弓身為雜木製作而成，由牛筋加工絞製的彈線為弦，再用染木削製的彈棒為槌。

（三）捲筵工具

捲筵，也可以叫做拘節或擦條。捲筵工具主要是一片越長 30 公分的竹節，一般情況下選擇沒有節端的竹節。將彈鬆的棉片放到木板上，再用手搓成棉筒，捲筵和現代的梳棉條是同一個原理。

（四）紡紗車

將彈鬆並捲成筒狀的棉花紡織成棉線的工具就是紡紗車。主要結構包括

支撐架，曲柄，一個軸兩個傳送帶（傳送軸和大小傳送帶）、捲紗針、捲紗筒。操作時，搖動手柄，以此來帶動傳送軸和捲紗筒。紡車總長有 50 公分，寬度為 35 公分，高度為 53 公分，紡輪直徑為 44 公分。紡輪是木制結構，紡輪相對較厚，紡出來的線比較粗。錠子也是木制或竹子製造的，現代，大部分使用鐵製的錠子。錠子伸出柱外的一端可套上竹管，紗線纏繞在上面。

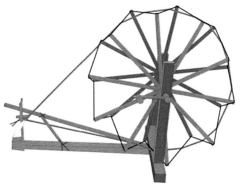

圖 2-5：紡紗車（劉少君攝影、劉少君繪製）

（五）絡車

　　絡車的作用就用小竹錠將紗線經過捲紗、繞紗等操作工序，最後再將紡線捲繞回竹紡錘上，當作經線，而纏於小竹錠上則為緯線。因此，絡車分為捲經紗的竹籠絡車與手搖絡車兩款。兩款絡車都要配合繃紗架使用。繃紗架一般是用石礅或木座製作底座，上穿一根木樁，木樁上釘十字架木棍，十字架的尾部各有一個木榫，主要是用來插四根細木棍；細木棍之間，以堅實的粗線繃緊，方便紗線套於繃繩上，用來纏繞紗線。絡車的高度一般 60 公分、絡車輪的直徑一般是 45 公分。

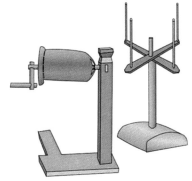

圖 2-6：絡車（劉少君攝影、劉少君繪製）

竹籠絡車主要由竹籠與穿掛竹籠的支架組成，竹籠是以竹蔑編織而成，呈現上窄下寬的錐形籠狀，總長 40 公分，籠身直徑約上窄 15 公分，下寬 20 公分；支架是由三塊長條木板與直徑 3 公分的圓木軸組成。整座長 35 公分、寬 40 公分、高 55 公分。

手搖絡車類似紡紗車，主要作用為緯線用。其結構以是 T 形底座支架、手搖柄、轉動軸、繩輪、錠子組成。錠子製於支架上方的橫梁上。整體長 60 公分、寬 45 公分。

（六）紡錘

紡錘主要是用於纏繞經線，通常是用當地生產的山竹製作。紡錘高一般為 45 公分、直徑一般為 12 公分、底座直徑一般為 20 公分。

（七）木齒凳（bac suis）與引紗片

木齒凳的作用是梳理經線，所以也叫做整經機。一般整經都在木齒凳上操作。木齒凳長度一般為 300 公分、寬度一般為 20 公分、高度一般為 80 公分，通過一根一頭粗一頭細的杉木連接兩條經耙構成，形成類似 H 型的結構。在木齒凳上固定各排列了 5 根直徑為 2 公分打磨非常光滑木樁（經牙），這是用來纏繞經線。在整個紡織過程中，整經是非常重要的工序，其目的是將紡錘上的棉線，按需要的長度和幅度，平行排列地捲繞在經軸上。除了齒凳，在梳理經線時還需要引紗片作為輔助工具。引紗片長為 300 公分、寬度 30 公分，中間依織造者的需要開有 8 至 10 個直徑 5 公分的穿線孔，侗族稱它為溜眼。引紗片後面配有一排紡垂圓木棍，數量同對依需要配有 8 至 10 個。

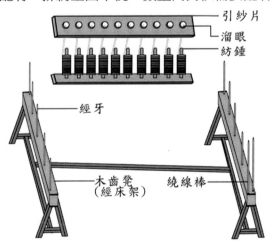

圖 2-7：整經機組（劉少君繪製）

二、織造前工序

（一）軋花（nganx minc）

所謂軋花就是碾開棉花及棉籽，使其分離開來，各派用場。侗族沿用祖傳的軋花機器「鞍」，操作的時候，兩手都要操作，右手旋轉曲柄，使下軸回轉，同時右腳要踩動踏板，帶動「鞍芯」使上軸反向轉動，形成一股吸引力；左手將棉花添加到兩軸之間，棉皮被吸入夾縫，透過這兩軸之間的擠軋力將棉籽從棉花中脫落出來，棉花種子落在軋車的內側，棉花則堆積在軋車的前方，整個操作動作要緊密有序。

（二）彈棉（duic minc）

侗族的彈棉師傅左手持傳統的彈棉弓，右手握拿槌棒，不斷遏彈弓弧，把棉花彈鬆。在侗族，每一代的男人都會彈棉，每個家中都有彈棉工具，有的家中備有不止一套彈棉工具（到目前為止很多侗家仍然保留著彈棉工具）。根據老人們回憶，在 20 世紀三四十年代，每年外出彈棉賺得的工錢可以買數十畝的水田。在嘉慶年間任職侗族地區的知府陳浩在《百苗圖》中描繪的「一扛著彈弓去應雇的婦女」，就可以看出當時彈棉的盛行。人類學家楊庭碩介紹這幅畫時說道：這張照片傳達了三個重要資訊。第一，棉花加工開始專業化；第二，到外地彈棉需要自帶工具；第三，隨著棉花加工過程的社會化，原有家紡的規模也不斷擴大，而且產品已經開始進入市場。此外，專業彈棉匠的產生也代表了家庭紡織業的分工已經比較精細了。在 19 世紀的黔東南地區，這種上門服務的雇工模式已經甚為流行，自到中共建政之後都還存在。

（三）搓棉（tap minc）

把彈鬆的棉纖維搓成空心圓筒棉條的工序。將搓板平放在兩腿上，將棉花放在搓板上均勻攤開鋪平，壓上軸棍，輕輕捲撓鋪平的棉花包住軸棍，張開手心壓任粗圓棉捲，略使勁搓緊棉捲，再鬆開手，抽出軸棍，即成了紡紗工序前的空心棉捲。目的是為了讓棉花中的纖維分配均勻，紡紗時，纖維容易從棉條連續牽出。在古時候就開始使用竹節當作捲筵。王禎在《農書》中記載：「准民用蜀黍梢莖，取其長而滑，今他處多用無節竹條代之。」（王禎，1939：509）捲筵不僅製作容易，而且操作方法也非常容易，王禎在《農書》上也具體介紹了具體它的操作方法：「先將棉霖條於幾上，以此筵捲而捍之，遂成棉筒。隨手抽筵每筒牽紡，易為勻細。」（王禎，1939：509）目前，侗族

的婦女比較偏向於直接購買已經彈好的棉捲。

（四）紡線（xyas minc）

採摘的棉花經過除籽、彈鬆和捲莚之後，就開始侗錦製作的第一道工序紡紗，即利用紡車把手捻纖維空心棉捲紡成棉線。透過手搖紡紗車的手把帶動車葉，由車葉的連結繩傳遞給車帶，使車帶帶動錐管，由錐管傳遞給紡錐和紗芯。侗族婦女先將少許棉絲捏細後，以左手持著棉絲，右手同時搖動車柄，在傳動力的作用下，紗芯產生吸引力咬住棉纖維，使棉纖維均勻地向內捲入紗錠棒中，形成中間大兩頭尖的紗錠。

（五）縮紗（bads mieec）

將成形成的紗錠利用縮紗架（nyax mieec）拆開；侗族婦女右手握住綻棒，左手拿著縮架，一縮右手轉一次，左手接著掛上紗，縮轉成把即稱縮紗。

（六）煮紗

將縮紗放入經過過濾好的草木石灰水中，以甑子蒸煮一段時間，然後再用清水漂洗曬乾即可，主要是讓紗線更加潔白。

漿紗（jaangv mieec）：將薯蕷（山藥）放入大鍋中溫火煮熟，撈出去皮，加入適量禾草，一同入碓搗爛。（也有地方是使用面粉或米梗漿紗。）再次放入大鍋中用水調勻，並溫火煮成糊狀，倒入腳盆。放入棉紗在過濾過的漿汁中揉搓，使其完全浸透漿液，撈起來擰乾，將線紗掛在晾竿上繃直曬乾，重覆兩次即完成此一工序。在晾曬的同時，需要將浮漿抖散不留在紗線上。漿紗的目的在於固定棉纖維，使棉紗更加光滑，更具彈性和韌性，使織出的布更經久耐用。

（七）染紗（mieec）

將棉紗放進用藍靛和其它染料混合配製好的染液桶裡浸泡三四個小時，撈出濾乾。之後進行上皮保色的工序，即用去毛的乾牛皮熬煮成膠水，稀釋倒進水盆裡，再把染紗放入和膠水槑搓透曬乾即可。

（八）浣紗（mieec）

即將白紗或染好的棉紗用竹籃提到河邊台板上，用力搓洗或用衣棒槌打，把紗上的污垢和污痕洗滌乾淨。擰乾後再浸泡漿液，讓漿液浸透後，擰乾後套在竹桿上曬乾。

（九）絡紗（mieec）

侗布用的經線與緯線要經過不同的絞纏方式後才能進行牽的階段。絡紗機由兩個組件，其一是絞纏經線用的竹籠絡車。由竹籠架與綳紗架兩個部件組成，套紗把框架是下方一個木柱為施轉中心的基座，上方插著四支兩尺長楠竹尾的木齒，並用繩索把竹桿的兩端相連，絞紗時將紗纏繞在繩索上。將竹籠穿掛在圓木軸上。右手持一根筷子粗細的竹棍作為手柄轉動，一端穿入竹籠底座竹孔上，另一端則配合綳紗架使用。絡經紗時，以腳踩在竹籠架底的木板上固定，左手食指與拇指配合捏住經紗，右手則轉動竹籠控制絡紗的速度，將經紗從綳紗架上捲到竹籠架上的過程。

另一組部件是手搖絡車，主要將綳紗架取下來的紗線緯線使用穿套紗陀螺的框架，它由橫地枋與支架構成，在橫地枋的一端通過榫眼又豎立一塊木板，豎枋上穿插一根圓棍，把紗陀螺套進圓棍子上，通過手搖把紗陀螺施轉而把紗線絞纏在紗陀螺的小竹管上，小竹管裝滿棉紗為止。主要是為了將漿紗時殘留在紗線上的雜物去除掉，讓紗線平整緊實。

（一）軋花
（nganx minc）

（三）搓棉（tap minc）

（四）紡線（xyas minc）

（五）縮紗（bads mieec）

（九）絡紗（mieec）

圖 2-8：侗錦織造前幾項重要工序（劉少君攝影）

（十）整經（suis dags）

又稱牽經線或排經紗。此一工序是在上織布機前引線穿筘的工序，一般由 3 人共同配合工作。整經主要有兩個部件，一為鑽有 10 個小眼孔的引紗片，另一部件為在凳上插上 5 至 7 根圓棍棒的木齒凳（bac suis）；整經前先將

引紗片釘在整經地點正前方的木柱上，再將絞紗好的紗陀螺的經線放在引紗片下方，對好引紗片的孔眼；最後將一對木齒凳分別放在引紗片前方的兩側位置。牽紗時將 10 條經線分別從引紗片 10 個小眼孔中穿入，並依圖示 A－B－C－D－E－F－G－H－I 的順序套入左右兩側的木齒凳上的圓棍棒，再依圖示反手成 8 字型套入最後兩根較長的 JK 圓棍棒中；再依 I－H－G－F－E－D－C－B－A 的順套入圓棍棒中。根據所需要織出的布幅寬度，決定牽經紗的組數，反覆牽紗直到足夠布幅寬度。

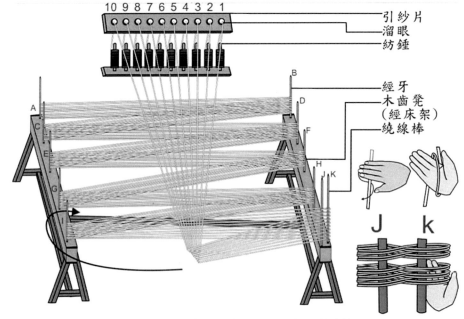

圖 2-9：整經流程分解圖（劉少君繪製）

（十一）穿筘

在牽紗完成後的一道工序，是利用穿筘鉤嚴格地將經線從 JK 繞線棒按順序勾入竹筘筘齒間，此一工序為穿筘。筘（ov）為織布機上主要部件之一，筘由四根長木條和多根細薄竹片製成，竹片間距相等，且為經線的倍數。用來確定經線的密度，保持經線位置。穿筘鉤一般是用光滑的牛肋骨片或薄銅片製成長 20 公分、寬 2 公分，一尖端帶鉤一端圖鑽有圓孔。穿繫著長 1 公尺的棉線。穿筘這道工序非常精細，操作者必須要由經驗豐富、手腳麻利、眼力很好的年輕婦女來完成，通常由雙人配合穿筘。穿筘時先將竹筘豎立在牽好經紗的 JK 兩根繞線棒前固定，再用穿筘鉤依照順序穿過竹筘細密的筘齒，挑起木齒凳的繞線棒上的一根紗線，反覆鉤取十根經紗後，將穿筘鉤棒向上

提，使經紗暫時落入下方的棉線。最後穿好的經線集中在穿筘鈎棒下方棉線的經紗依序套入分經棍，以分出上下經紗，以便裝機時挑結線綜。

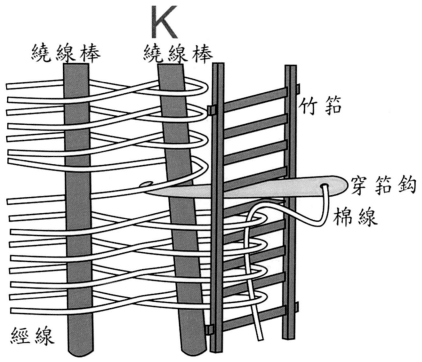

圖 2-10：穿筘流程分解圖（劉少君繪製）

（十二）梳紗

梳紗是將排好的經線，從原先交織在木齒凳取下，帶到空曠的地方進行梳順、疏通的工序。此一工序通常由 3 人以上共同配合工作。所使用的工具有 2 個長 65 公分的 U 形分經棒、由 2 根長 80 公分細棍組成的捲錦軸、細竹片 36 根長 55 公分的細竹片、以及長 70 公分的竹筘。梳紗時，先用繫有長繩的 U 形分經棒插入木齒凳上編號 JK 的繞線棒，並將經線抽出來套到 U 形分經棒內，將分經棒開口的地方用長繩繫好，同時也插入捲錦軸。再將竹筘另一邊用穿筘鈎棉線內的經線的套入另一根 U 形分經棒的一側，同樣把開口綁緊。將所有牽好經線從的木齒凳的經牙中取下，與分經棒及竹筘一起帶到空地中。將經線源頭固定在木椿或是牆上，另一端由一人握住捲錦軸兩頭平放於胸前，並挺腰使勁繃緊棉紗。另一人提起起初穿紗時已放入的竹筘，另一人朝前方邊輕輕拍打尚未完全繃開的棉紗一邊疏通。當向前邁進一段距離時，後者邊轉動捲錦軸捲入梳順好的經線，一邊向前推進，每當捲入一尺長時放

入小竹片在捲錦軸之間以作間隔，以防棉紗重疊過多造成雜亂。兩者前後配合，朝同一方向進行梳順，直到棉紗梳完為止。

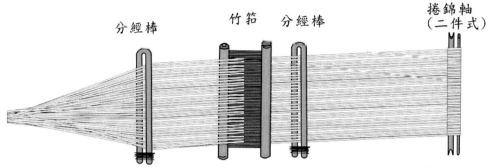

圖 2-11：梳紗流程分解圖（劉少君繪製）

（十三）捲紗

將梳完的經線從起端穿過竹筘，逐步地回捲到捲經板上。捲經板通常使用較硬木，捲經板中有一方槽作為布頭卡槽，將布頭壓入內鎖並插上木銷，將經線固定在捲經板上。在將經線回捲到捲經板時，均勻地把經線捲在捲經板上，整理好每根紗線，必須注意紗線與竹筘筘齒間相對應。同樣地在不斷的往前移動分經棒和竹筘時，捲入約一尺長經線時，放入一竹片作為間隔之用，直到把經線全部捲在捲經板上為止。

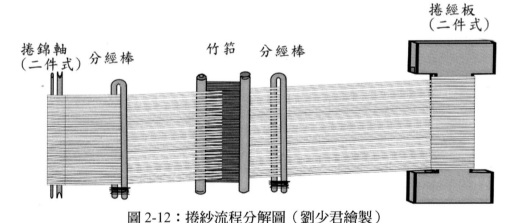

圖 2-12：捲紗流程分解圖（劉少君繪製）

（十四）安機

由以上工序就緒之後，即可進行安機。安機時將捲經板裝在織機的前端，而另一端栓在木樁的經線用捲錦軸穿好，沒有其他特別工序，時間上只是選擇黃道吉日正式開機織布。

（十五）檢紗建綜（jebv gaol）

檢紗有時稱為穿綜上織布機前的最後一道工序。gaol 是織布機上分解經線的主要機件之一，將經線分為互相交替的兩組，一組為建立素綜，另一組為建立花綜，每組為上下兩根圓形竹條。檢紗時找一根與綜桿相似的竹桿，將一端破開，用長約 8 公分的竹條撐開竹桿。將棉線依圖示類似 8 字形的套結，循環纏住綜桿和經線。此工序要求按穿箝時經線的順序在箝與捲經板之間套結。穿綜時僅從竹箝每個箝眼中的兩根經線中挑提套結一根經線。素綜是用來控制底緯紗的，每綜環依次每間隔一根經紗，挑穿套下層一根經紗，所以綜環數量是經紗數量的一半，穿挑好後將它懸掛在素綜架上。當提起一組時，其間的垂直距離高度為 6 至 8 公分，以之為穿梭提供空間，此部件稱為穿綜器；另一組為建立花棕所用，即提起一組時，其間的垂直距離高度為 20 至 30 公分。花綜昃用來控制花緯紋的。每個綜環依次挑穿過上層和下層的經紗，綜環數量與經紗總數是相同的。Y 形穿綜器的開口與線綜穿套的寬度是依據織花所需要的層數難易度決定花竹簽的根數的。也就是說所需要的花竹簽越多，Y 形開口與線綜穿套的寬度越大，寬度越力難度越大，有時需要由兩人配合完成。依據織造者經驗，織造一隻蜘蛛紋需要 88 根花竹簽，大約需要保留 70 公分的綜絲長度。

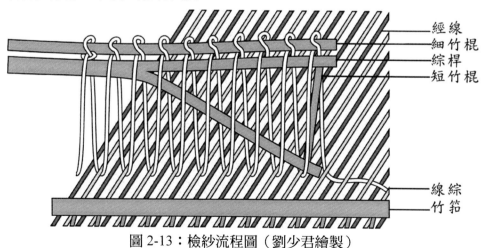

圖 2-13：檢紗流程圖（劉少君繪製）

三、織布與織錦

（一）試織

先試織一段平紋布頭，再織帶花筒的夾色緯錦面。

（二）挑花

挑織時先將束腰的絆帶（一般多用寬布帶或牛皮絆帶）套腰後，拉緊經線，心計默數或參考現成紋飾，選色緯用細牛角挑子桃起成束經線，素紗夾色緯，布刀打緯帶投梭（底緯線裝於布刀中部）。侗錦主要是利用線綜裝置、竹或銅質的彎挑針來形成織口，織錦人按紋樣圖案用緯梭刀將花經與地經分開，引彩緯而織成。

（三）花綜

侗錦圖案的完成是以一組圖案為單元並且連續反覆織造，它是透過由綜絲控制的竹簽即「花綜」來改變緯線下壓經線的數量，以實現預想的圖案效果。使用的工具有長 60 公分的挑花尺、長 30 公分的桃花鉤、長 55 公分的花竹簽。竹簽是以一組圖案並且依據圖案的不同複雜程度，所以使用竹簽的數量也不相同，通常為 60 根到 180 根間不等。織花過程中需按順序取出竹簽，促使經線進行上下分離再通緯梭織。根據要織出的侗錦的不同密度，經線一般有 800 絲和 880 絲及 960 絲，最多的時候要到 1040 絲。這將要求織者對排經編花的技術要做到非常熟練而且專心致志，並且要做到對圖案的口訣熟稔於心才可完成經緯線交織出的不同圖案。

綜框織造分別有兩種情況下進行，其一為建綜，即剛開始進行織造挑花時所產生的單一織花的完整綜框；其二為換綜時，即用已建好的綜框，反覆拆解替換竹簽織造。具體織造流程說明於下。

1. 建綜

（1）先挑花一排織花；（2）用壓經尺將挑花空間變大；（3）用另一片壓經尺穿入竹箱後方空間，並推到最遠處；（4）將上一片壓經尺穿入下方三角空間，兩片壓經尺前後拉推，形成三個三角形空間；（5）用宗條穿入前方三角形空間，並放上一根綜絲。

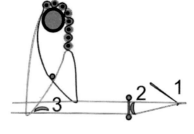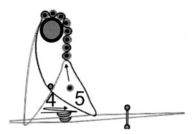

圖 2-14：建綜織花流程圖（劉少君繪製）

2. 換綜

（1）從綜框中取下一根綜絲，並往前拉，形成三個三角形空間；（2）用壓經尺穿入下方三角形空間；（3）將壓經尺向下壓；（4）同時將中中軸棍向前，使後方三角空間變大；（5）將 1 號取下的綜絲穿入後方的三角形空間，並放上綜框；（6）將壓經尺向下壓，同時竹筘向上提起，使竹告前後形成一個空間；（7）將緯線梭從竹筘前空穿到另一側。

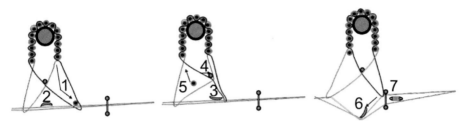

圖 2-15：換綜織花流程圖（劉少君繪製）

（四）織機與織錦工具

織造時身體微微後靠，腳踏分經桿，左手提綜，右手投梭插布刀，每一緯向的粗色婰桃挖完成後即錯綜過緯打緯，依此工法循環織造。通道縣織造者織錦所使用的織機是斜架式的織機，當地又稱陡機，既可織布又可織錦，一般以白色棉線為經線打底，藍靛棉線為素錦緯線，或彩色棉線織造打花。斜架式織機機身由機梁支架、機腿和坐板組成。機身長 175 公分，寬 70 公分，後機支架高 72 公分，前機身支架 35 公分，後機腿高 65 公分，前機腿高 20 公分。坐板長 75 公分寬 25 公分，放置在斜機身與前機腿上方處。

除了織機機身之外，依照織錦時所需要的功能性，可以分為裝紗工具組、提紗工具組、打紗工具組，以及其他輔助工具。

裝紗工具組：主要包括捲經板、壓紗棒、分經器、捲布軸、綁腰帶等組成。為一厚木板，左右對稱開槽。主要作用在於纏繞整理完的經線，有助於邊織邊放經線，並能在織造的過程中，使經線處於緊繃的狀況。捲經板外形像H形木置材料加工而成，主要為捲齊經紗，放置在後支架後固定。壓紗棒是長 75 公分的細竹，主要是在裝紗時分紗用。分經器是由兩片長 75 公分寬 12 公分木板，兩端都鑽有方孔，插入長 10 公分寬 10 分的木板連接，形成中空長方體工具。一組木片，用於經線的分組，主要是控制經線的平衡與區別經線分離的作用。捲布軸由兩根長約 60 公分粗 5 公分及 2 公分組成，主要是將織造完成的布匹整理捲收起來。腰帶則是繫在織造者腰上，主要是控

制經紗的鬆緊用途。

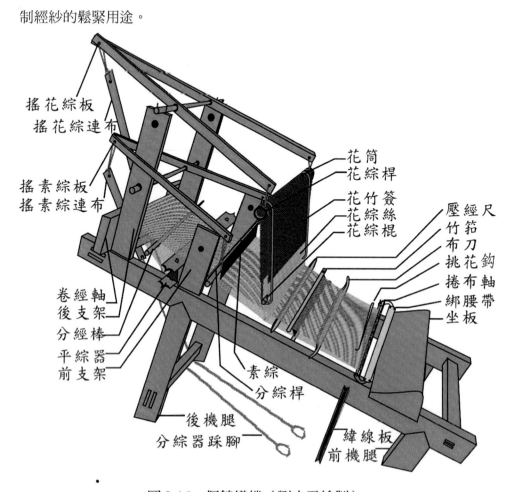

圖 2-16：侗錦織機（劉少君繪製）

　　提紗工具組：主要由 2 個Ｖ形搖綜器、花綜板、平綜板、挑花尺、花竹簽、分綜棍、踩繩組成。Ｖ形搖綜器是放置在機身支架上，分為搖花綜板及搖素綜板兩組。搖花綜板長 120 公分的Ｖ形搖綜器放置在後支架上，後端鑽有小孔，繫上粗繩並與踩繩連接，主要作用在上提花綜的功能。搖素綜板為長 90 公分的Ｖ形搖綜器放置在前支架上，同樣在後端鑽有小孔，繫上組繩與踩繩連接，主要作用在上提素綜的功能。而分綜棍主要是將花綜繩分成前後兩個空間，使花竹簽穿插綜繩可以環繞在花綜棍上。綜桿：為一竹桿，桿上纏有均勻的提綜線套，每個線套穿入一根經線。主要作用是往覆提起經線，以形成開口便於進緯線。

　　打紗工具組：主要由竹箱、緯線梭與緯線棒組成。竹箱：箱由四根長木

條和多根細薄竹片製成，竹片間距相等，且為經線的倍數。長 60 公分寬 15 公分。箼主要是控制侗布經線的密度標準，既有梳紗工能，又有打紗工能。緯線梭：採用較硬的厚木製作，棋截面為銳角三角形，兩端削成手柄狀，梭口長度比布幅略寬。梭背開有深槽，內裝加固的緯線竹管。主要是將經線撐開，以及引進緯線及打緊之用。布刀又名木梭，織出的錦面緊密、結實、耐用。布刀是用於引緯、打緯以及打緊織物的工具。有刀長 60 公分，刀背厚 4 公分，有一個長方形椎梁，刀口為光滑薄切面。

　　輔助工具組：主要有桃花棒、緯線板、撐邊竹、緯線梭、緯線棒、壓經尺。挑花棒：用竹、牛骨、銅或鐵製成，一端方正，另一端尖而且微翹起。用於挑起經線進緯線，為織造時挑花工序中常用的工具。壓經尺：又稱撐子，用於挑花時撐開絣平織花面。撐邊竹長 50 公分，為竹制與銅混合結構，中間為竹條，兩端裝有銅鈎，將撐邊竹兩端銅鈎撐在織物兩邊，使織物絣緊，主要是加強織造出的織錦紋樣面平整與錦邊整齊的作用。

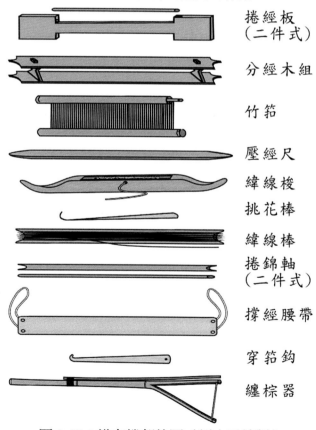

捲經板
（二件式）

分經木組

竹箼

壓經尺

緯線梭

挑花棒

緯線棒

捲錦軸
（二件式）

撐經腰帶

穿箼鈎

纏棕器

圖 2-17：織布機部件圖（劉少君繪製）

四、侗錦的用料

　　傳統的侗錦用料來自于侗族婦女自種自紡自染的棉、麻紗。侗錦紗線有粗紗和細紗兩種類型，用粗紗織成斜紋狀布稱「酥絨」，主要用在棉衣和被裡方面；用細紗織成的布稱「平布」，通常用在夏天單衣與冬天內衣。在漢代期間包括侗族的西南少數民族他們不僅會紡織，而且懂「知染彩」，有著「織績木皮，染以草實，好五色衣服」等記載，說明當時紡織原料以樹皮為主。到三國時代期間，「五色斑布似絲布和古貝木所作成。此木在熟時形狀像鵝毛，木中有核像珠珣，比絲錦還細。人們主要用來治出其核，但紡不出東西來，任意小抽牽引，無有斷絕欲為斑布，則染之五色，織以為布，弱軟厚致」。當時，以野棉古貝木作「五色斑布」的原料，在珠江流域和閩江流域部分地區流行。

　　用來裝飾侗錦的材料一部分是就地取材，一部分是從外地購買得來。就地取材主要是苡米果、鳥羽等物品，也可以請師傅將銀子打造成花鳥蟲魚等造型。像彩線、彩綢、琉璃、玉石、瑪等貴重的材料主要是從外地買來。所以，傳統的侗錦古樸莊重，具有鮮明的民族風格和鄉土氣息。隨著當地交通的發展，當地居民和外地的交流越來越多，特別是「改革開放」之後，傳統的侗錦用料發生了很大的變化，開始採用尼龍、毛線、珠片等作為侗錦的裝飾材料。所以，現代的侗錦帶有一種華麗活躍、朝氣蓬勃的時代特色。

（一）侗錦的刺繡

　　侗錦的刺繡工藝也是非常講究，常用的刺繡方法為立體繡、拼貼繡和雕補繡法。主體繡的代表刺繡方法為盤條結子繡和破絲板繡，同時，這兩種刺繡工藝最能表現侗族婦女高超的刺繡技藝。盤條結子繡，只需要用一線為芯，線芯的外面用白線或是彩線緊緊的纏繞，也就是「盤條線」，這種刺繡也是一種非常富麗堂皇的彩繡技藝。在刺繡的時候，用這條繡線繡出圖案或者紋樣的輪廓，再用結子繡將輪廓內部填滿，也可以用盤條線織繡龍紋，整個圖案呈現出浮雕的效果，立體感非常的強。這種刺繡主要用於女孩鞋面、背帶、童帽以及華麗的腰帶，也可以做袖口的裝飾。破絲板繡需要範本，先按照紋樣和圖案的輪廓剪裁厚紙，稱「壁影」，然後貼在底布上。在刺繡之前，繡工將彩線打開並整理平整；在刺繡的時候，將壁影繡在裡面，表面光滑，整個圖案呈現出浮雕圖案。這種刺繡主要用於姑娘的內衣或是衣服邊角的裝飾。

　　拼貼繡也屬於立體繡的一種。首先，把整個圖案的分成多個小部分分別進行刺繡，然後將各個部分拼接起來構成一個完整的圖案。例如：在刺繡月

季花時，因為各個花瓣的紋理不同，所以可以將他們分開來刺繡，最後將每一個花瓣層層縫上，這就形成了一個完整的月季花，具有很強的立體感。

雕補繡分為雕繡和補繡兩種。雕繡就是把底布按照圖案或紋樣的輪廓剪空，貼襯以他色底布，邊沿用繡線縫好，使凹凸邊緣造成對照吻合，有陰刻的效果。補繡就是把彩綢作成花卉或者鳥蟲的紋樣或圖案，補繡在底布上面，形成陽刻之效果。這兩種刺繡方法常常與繡、挑等其他工藝相互配合，主要用在侗袋、童帽、背帶、兒童口水圍巾以及涼鞋等一些物品上。

除了上述刺繡之外，還有辮繡，由於紋理像姑娘頭上的辮子而得名，也是侗錦中比較講究和使用比較廣泛的刺繡工藝，主要是用來勾繡圖案或者紋樣的輪廓，例如：太陽、星星、月亮等。

（二）挑花和印染工藝
1. 挑花

侗錦的挑花針法與漢族基本相同，都採用的是「數紗而挑」的方法，其中以十字挑法為主，兼有其他挑法。

長度可達數十公尺，而寬則達一尺左右。當想要制床單或被面時，可將數幅布匹拼縫而成。傳統的侗錦大多採用白紗為經、青紗為緯，視之古樸。而在現代的侗錦產品中，經緯均多用彩線，並配以鮮麗的膨體毛線，視之豔濃，騰躍華麗。侗錦花紋可以透過挑花工藝來完成，挑花與織花的不同處在於：挑花不需要竹簽與綜絲提經，即不需要預先設置的圖案來安排程式，圖案在織者的腦海裡展現。梭子在過緯時需要以心記來完成提經的織數，織者通過用手中的竹簽來數經，以撥開經線來穿過緯線。這種織法看似要相比織花的工藝簡單，但需要織造者的熟練程度來準確完成最後挑出圖案。織花與挑花在工藝上的操作的不同之處：織造環節和織花工藝的圖案編排的製作可以分開完成，而挑花工藝通常可以由同一個人獨立來完成。

此外侗族日常使用的侗錦，還有許多帶狀配飾，侗族稱之為花帶，其工序稱為織花帶，花帶的織造方法主要有平織機與腰織機法。平織機法主要是根據紋樣需要，將經紗分穿入綜中，透過踏板連動作用，使綜框上下經紗提拉形成開口，再用特制的打緯刀，透過數紗挑經，引緯打緯方式完成。與織錦的工作原理基本相同，同樣是反面織造、正面顯花，相對來說簡單許多。腰織機則因腰織機所使用的工具簡單，所以可以方便隨身攜帶，隨時隨地進行織造。其織造方式包含木梳式和穿綜式織法，木梳式腰織機是借助一個固

定物以及織者自身的腰椎支撐控制經紗的張力。以一片寬 4 公分長 17 公分的木梳竹片配合使用。穿綜式腰織機與木梳式腰織機原理相似，只是將木梳換成長 10 公分的小綜，與一把匕首形打緯棒配合使用。主要織造工序僅有簡單幾項工序。織造花帶首先依照個人喜好，配好經紗理順後，將紗頭繫結在木樁、板凳或是雙腿上固定，另一端則繫綁在織造者的腰上固定，以控制經紗的繃緊度。織造時，先依據紋樣需要，用線綜進行穿綜，完成後，在每次提綜的上下框以線勾連在織者的手指及大腳趾上，以便提綜時形成開口，提綜後，再借助打緯刀引緯、打緯，逐漸形成織花。花帶是侗錦產品中常見的一種，寬者寸餘，窄者不足一寸。侗族的花帶紋樣圖案多，編織緊紮，美觀大方，一根花帶的紋樣圖案中無間隔，一組紋樣圖案重複出現，貫穿始終。

2. 印染

侗族侗錦的印花有蠟染、札染和雕花印染等多種方法。蠟染和札染為貴州侗族地區所特有的工藝，而雕花印染為湖南懷化地區侗族比較盛行的印花方法。傳統的印染侗錦多為青底白花，顏色對比較強烈，清晰，一目了然，多用作床上用品或門簾。

（三）侗錦圖案的完成

侗錦圖案的完成是以一組圖案為單元並且連續排開，透過由綜絲控制的竹簽即「花綜框」來改變經線的數量，以呈現出理想的圖案效果。侗錦的一組圖案依據圖案的不同複雜程度，所使用竹簽的數量也不相同，通常為 120 根到 180 根不等。織花過程中需按順序取出竹簽，促使經線進行上下分離再通緯梭織。根據要織出的侗錦的不同密度，經線一般有 800 絲和 880 絲及 960 絲，最多的時候要到 1,040 絲。這項織造工序必須要求織造者做到非常熟練而且專心的排經挑花的技術，並且要做到對圖案的口訣熟稔於心，才能完成經緯線交織出的不同圖案。

侗錦花紋可以透過挑花工藝來完成，桃花與織花的不同處：挑花不需要竹簽與綜絲提經，即不需要預先設置的圖案來安排程式，圖案在織造者的腦海裡展現，梭子在過緯時需要以心記來完成提經的織數，織者通過用手中的木簽來數經，以撥開經線來穿過緯線。這種織法看似比織花的工藝簡單，但需要織造者的熟練度與準確度，最後才能完成挑花的圖案。織花與挑花在操作工藝上的不同之處：織造環節和織花工藝的圖案編排的製作可以分開完成，而挑花工藝通常由同一個人獨立來完成。

彩錦通常是透過改變緯線的顏色來完成，透過多次織造者的觀察，發現部份初學的織造者會以簡易方法來替代繁複的織造工序，也就是織造者先織造出素錦，織完工後再利用挑繡工藝來實現彩錦的顏色搭配。但所完成的效果平整度不夠，無法達到織錦工藝所需的均勻齊平，若挑繡的線段稍長一點就容易在織物的表面浮線出來。其次，現在選用的材料相較傳統工藝中所使用的織造材質粗糙，由於織造者缺乏對傳統文化的意識，造成侗錦在製造過程中出現不重視心手相連的關係，導致最終完成的作品缺少本民族的傳統價值以及藝術特色。

第三章　侗錦審美文化詮釋

第一節　侗錦藝術的審美追求

　　侗錦構圖特點與工藝限制和審美觀念之間，有著緊密相關的因果關係，屬於格律體構圖筆者認為侗錦藝術的構圖可以從圖畫藝術的角度欣賞；已經有研究者整理的心得，認為侗錦中心的主體圖案是中心主體圖案以四方連續的波形、階梯型、二方連續和菱形連續式排列居多，邊緣則以散點式、波線式、折線式的方式來做裝飾。基本上都是以相同形態結構的重複，形態不僅美觀，也為編制帶來了方便。（蔡莊，2004）織機的工藝特性決定著侗錦的圖案花紋，其花紋通常以直線的幾何圖形展現出來。一直以來以幾何紋為主的圖案是屬世代傳承下來。從圖形和構圖方法以及到圖案組合都有著較大進步與發展，其形式多樣化、內容豐富多彩、色彩更絢麗多姿和規整、對稱簡潔，使圖案更為美觀。侗錦中的幾何紋線條顯得纖細流暢且複雜多變，幾何紋和各種圖案相結合。侗錦還有著構圖縝密，且又主次分明等特點。侗錦的中心位置屬於主體圖案，其他圖案以有序規則，點綴在主體圖案的四周。侗族婦女將侗族文化符號與資訊輸入織錦之中，並以織錦為主體，使其展示出民族文化平臺，以記錄的方式來傳承的民族文化。

　　侗錦上的花紋圖案題材種類通常具有多樣性和豐富性的特色，通過與宇宙有關的日月星辰、雲霧雷電、山川流水，以及自然界中的飛禽走獸、飛鳥魚蟲、植物花果等甚至人間神界，以無所不涉的形式展現出實用性與藝術性。（楊昌嗣、聞繼霞，1988）對子孫繁衍的重視以及對愛情忠貞不渝的歌頌始

終是民間織錦的重點，他主要通過借物寓情的方式表達出來。類此的紋飾圖案通常來自於民間的神話傳說及各種自然現象，大部分是由實物形象轉變為抽象符號，有些是以一種形態轉變到各種不同形態的紋飾；甚至演變為針對婦女交流使用的文字，即「女書」來表達。所以其紋飾圖案有著豐富的文化內涵和現代色彩學的意義。尤其是其描繪出充滿哲理與樸素高雅的不同物像，同時蘊藏著深奧神秘的奇妙圖紋內涵。

侗錦的另一層面是利用色彩搭配和相關表現手法來顯示出侗錦的豐富及高雅品質。純天然植物與礦物染料是侗錦色線最主要的染色料，例如靛藍，是採用自家種的靛藍草葉加石灰泡制而成的染料。這些以傳統方式染出來的顏色雖然不比化工染料的色彩種類多，但是用色非常講究、精煉、配色精確，給人一種穩重、深沉、樸實、渾厚的民族風味。

愛美是人類一直以來的天性。侗族在歷經長久的社會實踐之後，積累出有關服飾的豐富審美經驗；侗族服飾以色彩繽紛來展現其織繡質感，又以細密精緻和豔麗的圖案為主，包括琳琅滿目的銀飾也是目不暇給，美不勝收。侗錦反映了侗族對生活環境中美好事物的熱愛，下文將就侗錦獨特的審美特徵的逐項討論。

一、以線造型

工藝與材料對於圖案的設計形成了限制，但是也可以將之轉化為優勢；正是因為在織造中存在著工藝的制約，才造就了獨特的藝術風格。中國繪畫對織錦造型的影響主要表現在裝飾風格上，美化的意圖是透過裝飾性展現審美的感動，其先天屬性是平面性。筆者認為不論是侗族織錦或是大陸少數民族服飾紋樣，他們大多以繪畫的概念為先導，尤其是繪畫的構圖概念始終蘊含在工藝裝飾中。傳統文化對民間藝術影響極大，其在繪畫藝術上的表現是滿足於表現自己對事物的看法，並產生意象性造型理念。

相較於繪畫藝術，織錦圖案算是一項更重視以線條作為造型的一門藝術，也是以線條作為造型的首要技法。此種技法不需要考慮光線的明暗問題，只需借助不同色彩的線條，以及織造人將紗線上下穿梭，即可營造出具有立體、空間感的成品。作為一種繪畫藝術，侗族織造技藝也或多或少地流露出侗族先民「以線造型」的能力。通過分析侗族織錦的織造技藝的基本構圖，可以說，正是在這種圖形的不斷簡化，並且逐漸向組織化和圖案化過渡的過程中，

侗族先民極大地增強了自身「以線造型」的能力。由於是在織造過程中作畫，對於圖案的成像，需要很大的想像力方能織造出具有文化意涵構圖的侗錦。因此，所謂挑花的技法和壓線力道的緊實，是一種相對意義上的概念。若將侗錦當作一種繪畫藝術來看，侗族織造技藝也或多或少地流露出侗族先民「以線造型」的能力。

　　侗錦圖案的造型受到兩方面的影響：一方面依靠經緯組織變化的工藝特點直接促成了織錦呈幾何格律點陣式圖案風格和折直線造型風格；另一方面是中國繪畫的工藝裝飾風格對織錦的影響。工藝方式的制約使形象的構成通常用三角形、菱形、多邊形等幾何形結構來組成各種動物、人物、植物及圖騰等紋樣。（楊曦，1996）同樣地研究侗族文化很深的石佳能也認為早期出現的織錦紋樣幾乎全是幾何形，例如卍紋、回紋、菱形紋、水波紋、雲雷紋以及概括成幾何形態的人物紋、動物紋。其根本的原因，還是受生產條件、生產技術的制約，形成了特定的風格。（石佳能，1997）如俄羅斯民間織錦中的八角花與侗、苗、瑤錦及侗錦圖案風格就有著驚人的相似度。

　　侗錦圖案有幾十種，分為植物紋、動物紋和抽象符號幾何紋三大類，包括繡錦的服飾紋樣則有百多種。因侗族挑花細緻繁密，紋樣風格與侗錦極其相似，因此常與織錦混稱。侗錦紋樣比較抽象，大多都呈幾何形，其中又以菱形紋樣居多。侗錦紋飾中最有特色的為太陽紋、月亮紋、龍紋、鳳紋、鳥紋、蛇紋、魚紋、蜘蛛紋、馬紋、竹根花、榕樹花、葫蘆紋、井紋等。

　　蔡莛在經過比較考古學家的研究發現，「侗錦上的幾何形花紋圖案，其淵源可追溯到新石器時代晚期以及春秋戰國時代，並出現和流行使用於印紋陶上。幾何形印紋陶是百越民族（包括侗族先民）所創造。從出土的幾何形印紋陶的裝飾花紋上，可以看到侗錦與它們之間的繼承和發展關係。」（蔡莛，2004）從該報告說明了侗錦的抽象性圖案亦可能繼承了百越民族早期圖紋的創作。由於侗錦許多圖案主要是反映侗族生存環境的景物形象，族人將景物形象運用到侗錦時，為了適用侗錦織造工藝的制約，必須將自然景觀轉化為適用織造工藝的幾何圖象，所以才會產生不同於實際自然景觀的抽象形象。然而織機的工藝特性，決定了侗錦的圖案花紋大多為直線的幾何圖形，在侗錦圖案的運用上，主要是運用相同方向的累積排列紗線，構成幾何紋樣。這種圖樣輪廓的形象，是經過精心的考慮、講究和實驗，是很適合於侗族特殊的織造工藝手法的，所以才呈現出具有強烈的民族裝飾性質。換言之，在長

期的侗錦織造過程中，使侗族養成了美化自然物體的習慣，這一視覺物創造雖源自於工藝性目的；然而攝取完成自然物至圖案化的長期過程所形成的圖案構成法度也反過來開拓圖案的創造。然而將自然物體轉變成為以線造型的圖案，在藝術的思考中是一個漫長的過程，但是一旦轉換成功之後，這樣的成果反倒可以成為日後延伸而出諸多以線造型圖案的原型。

依此原則，將不斷創造與完善更多的以線造型圖案，使之更加精益求精，促成侗錦藝術不斷昇華，日趨成熟完美。

二、氣韻生動

侗族由於長期生活在大山白雲之中，對自然景物極其喜愛，他們在自己的織錦之中注入了自然界美好的形象，並也把民間傳說中的吉祥形象或意向作為自己民族的圖案和紋樣加以運用，侗錦作為民間工藝品的同時，也是侗族民間工藝美術最主要的代表形式。

與許多少數民族一樣，侗族有自己的語言，卻沒有自己的文字。圖案、繪畫等符號無疑成為自己民族的主要歷史與文化，這些幾何形圖案，較完整地記錄和反映侗族先民對自然的認知和文化創造的過程。

既然侗族強調的是抽象性與符號性圖形，所以很自然地對於物件外型的輪廓就不予重視了。在此一情況下，創作者並不追求形象完全的正確，他們追求的都是形象背後的某種意象和精神，當然在符號性作品中，對物象的形似就更不作要求了，往往是不求形似，但求神似。筆者在田調期間所蒐集的織造圖紋中，存在著大量的符號圖形，其中有的圖形還相對容易理解，如人形紋、八角花等。有的只是一些幾何線條組成的圖形，意義就很難闡明了。簡單的例如菱形格、竹根花或蜘珠紋，複雜的，有龍形紋、魚骨紋、太陽紋等。這些幾何線條，看似縱橫交錯，輕率簡單，其實都有著深度的意義。它們或是侗族早期族人的記事方式，或是配合說明某件事情，或是和某種神秘的圖形相伴，或隱喻某種觀念。對筆者而言，符號性作品之所以會產生眾多的豐富意涵，就是因為它通過大量的攝取、消除具體物象的非本質屬性，高度概括而成。這也符合了傅安輝對侗錦圖案藝術中的第二特點：變形誇張。在他發表的研究文本中特別引用「侗族織繡中的太陽，像是一朵著色粉紅的大菊花，顯然是把陽光變形成火苗而附在太陽周邊上。兒童服飾上的月牙圖案，也將光滑的月跡變為鋸齒紋；圓月圖案，總是名圓而實不圓，要圓不圓的，

只能算是橢圓。因為侗族審美較為獨特，他們認為十四的月亮比十五月亮更美觀好看，正如姑娘比少婦更美一樣。鳳的形象，其頭部像公雞，身上尾巴像羽毛漂亮的鳥雀，而著重誇張的是那一雙展翅欲飛的美麗羽翼。鳳嘴全是張開的，其故事是侗族相傳鳳不時地在啼鳴，催促人們早春耕、早幹活，鳳嘴就沒有閒閉的時侯了。」〔註1〕故而，這種不以逼真為目的的圖形，卻獲得了比具體物象更費人思量，更神祕難測的藝術效果。

概而言之，不論是形神兼顧或是偏於神似的元素，織造技藝的創作與信仰、宗教等生存目的緊密相連。如侗族祖先織造出一面魚骨紋，就是希望在現實生活中能夠繁衍子孫。每織造出一面蜘蛛紋或太陽紋，就是意表著希望通過侗族薩歲神保佑新生兒順利成長。因此，從這一層面分析，侗族先民們希望所創作的作品，既要描繪客觀物象之真，又能表達主觀情意之實，既能傳述「客體之神」，更要傳述「主體之神」。正是這種組織化的傳統圖案和花紋，使得侗錦顯得古老而神秘，保持著鮮明的民族風格，使之在織錦藝術中獨樹一幟，風韻獨具。

三、應物象形

所謂「應物象形」，就是要準確描繪物件的形狀。從風格上分析，「應物象形」當屬寫實主義的風格特徵。就侗族織造技藝中的圖紋來說，儘管侗族各地織錦都有抽象性和符號性作品，但從總體上看，寫實主義風格也具有普遍性，尤其是在早期的侗錦作品中，這一風格類型的作品也具代表性。那些織造者在經緯紗線之間所形成的動物形象，正是對當時自然界中動物的生動寫照，在現實的生活中都能找到它們的原型。

直接模擬動物的形象，可以做到「應物象形」，反映人類活動的各種場面，同樣也能在早期社會的現實生活中找到神話或傳說的原型和根據。通過這些栩栩如生的戰馬侗錦作品，那前腳擊鼓的勇猛戰馬，可以想像到緊張戰事的臨場感；此外又如那踏歌起舞的歡樂人群，臨摹那嚴謹又激情的祭祀儀式，使族人仿佛又回到了參與祭典活動時的氛圍，又傾聽到早期族人心靈深處的熱切吶喊和呼喚。

筆者認為值得特別注意的是，寫實主義風格作品所追求的「應物象形」，是追求事物的感性映象；換言之，並不意味著對物象的完全複製和再現。在

〔註1〕傅安輝《侗族的織繡藝術》，《民俗研究》，1995 年第 2 期。

創作過程中，它允許創作者發揮其創造性和想像力，對物象作出某種程度的
變形和誇張，只要這種變形和誇張不背離物象的基本輪廓，人們看到塑造出
的形象，仍然能夠識別其原型面貌，就依然還是寫實主義的風格。在許多織
造圖紋的動物創作中，侗族族人一方面要抓住原型動物的基本形象，另一方
面也不忘以誇張手段突出強調其主要特徵。如織造鳥鳳紋則用垂直、水平線
在長方形（或正方形）中構成的鳳，兩翅展開，突出頭轉向後回頸梳翎的巧
妙形態；又如織造蜘蛛紋，則多強調八隻腳充滿張力、平穩地打開的肢體形
態，彷彿守株待兔般地正在靜候著獵物上門。

四、經營位置

結構的造型是服裝存在的主要因素，就少數民族的服裝來看，在結構上
其實涵蓋有整體和局部兩部分。外形結構屬於服裝的整體結構，是指服裝的
外輪廓線所形成的形式，同時也屬服裝款式發展的關鍵，體現出對服裝的外
形美和服裝風格，而且有著一定的重要功能與作用。服裝的領、袖、口袋、腰
部等部位是屬局部結構，侗族的局部結構還包括身上各部位的不同裝飾配件
等。不管是整體還是局部結構，侗裝對點、線、面、色彩、圖案的移位與組合
通常很重視，所以侗裝款式才得以展現其帶著民族特色之亮麗外觀的風格，
並藉此展現出侗族的審美特性。

通過綜觀傳統侗族的服飾，其造型結構主要以實用為基礎，提供美和滿
足人們對美的需求來設計。侗族服飾的造型結構主要以形式美法則來設計包
括對稱與均衡、對比與調和等，運用中以點、線、面的靈活組合為主來達到
審美需求。侗裝中的具體物象隨可見，並且以對稱排列的形式來構圖。包括
較大的如服裝的衣袖或褲腳、兩襟等，小的如裝飾圓點和繡片等。

詳看侗錦圖紋的經營位置，即可瞭解侗族對於侗錦之織造構圖最為重視，
它有如藝術作品佈局章法的形式。不僅在繪畫藝術時注重位置經營，在織造
構圖時亦有著一定的佈局章法。只不過，筆者認為，繪畫藝術家多在牆壁、
絹紙等材質上安排圖像，而侗族族人卻是在經緯紗線之間構圖作畫。雖然兩
者的圖紋作畫材質與條件差異很大，卻都是在二度空間中構圖佈局。侗族織
繡錦的構圖一般都由母體圖案和子體圖案組成。母體圖案在織繡品的中心位
置，子體圖案圍繞母體圖案分佈在其周邊；所以大多具有母體突出，子體陪
襯的和諧畫面，更具有主次分明，結構縝密的特點。因此，從空間關係看，侗

族織錦圖紋只有上下、左右，而無前後遠近之分，沒有近大遠小的透視觀念。那密密麻麻的圖像之間也仍有一定的內在聯繫，時而孤立個別的形象。如果必須表現物象之間的空間關係，謹只需要將這些物象看作為上下關係即可理解。

在侗寨中常見侗族婦女背小孩的背帶，它們大多是以一塊長方形侗錦或侗繡為其主要部份，其上織繡的母體圖案，通常是一個象徵「薩歲」的太陽紋，它們大部分均放置在侗錦重要的位置上，這正是反映著在薩歲太陽神保佑下，希望新生兒茁壯成長的祈願。織繡月亮，取意花好月圓，或眾星拱月，也寓表孩子會無憂無慮、無病無災、健康平安地長大。人形紋則放置在背帶或是侗錦的邊飾，顯示族人左右排成一列祭祀「薩歲」儀式的踏歌堂畫面。其他又如八角花紋飾，它們通常分立於代表地面的侗錦上下或兩側，其功能是作為整體畫面的補花紋。這樣的例子，在侗族織錦中還有很多。其它又如古代侗族「款首」在款會上所穿著的侗錦衣，其前面是一幅圖案，背後又是一幅圖案，分別由兩塊侗錦縫製而成。袖子繡以龍紋鳥羽，前面背後的圖案都是母子體結構。前面的胸口部位織以鳳、作為母體圖，周圍織以百鳥、作為子體圖，取意「百鳥朝鳳」，一方面用以突出款首的德高望眾，同時顯示款約法度至高的尊嚴，另一方面也象徵著民眾對款約的服從。背後位於中心部位的母體圖是一個紅色斑紋大蜘蛛，圍繞大蜘蛛織以若干放射線，共織雲彩散布在射線中，作為子體圖。根據傅安輝的解釋：大蜘蛛象徵天魂，是侗族先民的崇拜特色。在過去祭天時代，侗族先民相信老天有魂有眼，無所不知，無所不曉。款道以其自訊，並表示要替天行道。可見款首所穿侗錦衣，構圖立意是非常有意義的。（傅安輝，1995：159）雖然，從總體上看，原侗族織錦的「經營位置」還不具備繪畫藝術章法佈局等諸多特點，但就在這頗具「原始性」的經營位置中，已經萌生了織造技藝圖紋章法佈局的些許因素。

（一）對稱均衡

傳統繪畫十分講究物象形態的對稱與均衡。在侗族織錦構圖中，織造藝人同樣注重圖像的均衡對稱。在通道縣侗錦圍腰中的龍形紋和鳥鳳紋，放置於侗錦綜軸線中彼此面對面；而一些植物圖形如八角花，絕大多數分佈在垂直軸線的左右兩側，這樣的形式都是侗族織造藝人本於均衡對稱原則安排圖像形態的鮮明例證。至於薩歲形象的蜘蛛紋或是人物形象，由於生理結構的天然特點，不需要有意為之，單體形象本身就富於均衡對稱的形式美。但在

由眾多動物紋的圖像組合中，如何做到這一點，尚需經過相對性的經營思量。侗族織錦中存有大量的卍字紋代表的太陽紋基本形式，雖然簡單，但無論上下左右，都成完美的對稱典型。

在侗族服裝配件的花紋中，配戴胸前的銀飾花紋與圍腰的花紋形成對應性的均衡，而圍腰上緣腰帶的花紋巧妙的與臀部形成均衡的美感，以及下裙擺上的銀片和銀花與裙擺均衡的花紋圖等，再再呈現了侗服的均衡設計法則。從通道縣侗錦圍腰中的圖紋，看出它們絕大多數分佈在垂直軸線的左右兩側，在局部結構中的圖飾花紋，透過結構也是運用均衡設計法則，明顯地是以圖紋的豐富變化來增強動態感，同時也不失穩定感和均衡感。紋飾圖案在侗族服飾中乃屬於整體結構的一部份，例如作為對襟裙裝式女裝造型：上裝中無領無扣的花邊對襟衣以及胸前有著襯花的肚兜，衣長遮掩臀部及衣袖瘦長與衣服的兩側開衩較高，襟邊和袖口的下擺及衩沿均繡出的各色花邊，腰間紮的綠綢飄帶；下裝穿著百褶短裙並且長至膝蓋部位，腳纏著花邊綁腿，腳上穿繡花船形的勾鞋，以上這些造型充分體現出整體性的對稱和均衡的設計法則；半長的衣袖、半長的裙子的原則，以至膝蓋下需打綁腿和腰間部位紮綢帶等，以如此處理的方法來展現出各部分均衡比例的合理性，襟邊與袖口及下擺與綁腿部位所繡的花邊，整體給人以勻稱平穩的視覺感受和審美觀。

圖 3-1：通道縣侗錦圍腰（劉少君攝影）

（二）節奏感

　　所謂節奏感，就是指圖案有規律地重複。在侗錦圖紋中，對畫面節奏感的追求，顯得尤為突出。首先，這種節奏感通過畫面組合的對稱呈現，故可稱之為均等節奏感。日升月落，草木枯榮、日夜交替等自然界的變化是天然的節奏韻律；人類身為生命的活體，其生理結構亦呈現出有序的節奏運動狀態；因此，自然物象的節奏規律與人的生理節奏之間是一種比擬性極高的同構關係。當對稱均衡的圖像展現於觀者面前時，勢必在其心理上引起相應的共振，繼而喚起令人愉悅的審美感受。

圖 3-2：獨坡鄉老鼠娶親侗錦（劉少君攝影）

　　其次，在通道縣獨坡鄉繡錦的多圖形作品中，需要對一些圖形的基本形狀進行強調、劃分，則形成了非均等節奏感。這種節奏感，克服均等節奏的單調呆板，具有更為豐富多樣的形式美感。搜集自獨坡鄉的老鼠娶親紋飾中就有數名迎親者形象，其中有高大的正面圖像，也有成行排列站立、以側面顯示的小一號人物，儘管他們幾乎是以同樣的姿勢和形象反復出現，但這些大大小小，或正或側，高低錯落的人物形象本身已經創造出一定的起伏節奏感。圖案中的新娘轎、銅鼓、燈籠、旗子等器具的穿插點綴，又給畫面溶入了生動活潑的元素。整幅畫面，就是這樣通過點、線、面的穿插組合，令人在非均等節奏中感受到另外一種形式美。

　　侗族的紋飾都沾滿著生活朝露，內涵極為豐富。然而，要使它們產生勻

稱之美，還需要按照侗族社會審美規律去佈局。侗族服裝的製作者在拿到素面侗布預備刺繡之前，總是先用粗筆把主要圖紋的分佈大致描繪出來，再用細筆勾勒，以確定侗布刺繡花樣的主要佈局；之後，用尖筆在主要圖紋之間，以次要圖紋加以填空點綴，使侗繡整體和諧，最後才用各色細紗棉線繡成花紋。每樣花紋互相襯托，使繁多的紋飾排列得簡潔、活潑，富有表現力。此外圖案的佈局還隨著服裝的寬鬆或窄緊而有所變化，並非單一規律。如窄長服裝，一般作橫線紋飾，給以短而飽滿、穩定之感；寬鬆服裝則先做些細小分層，紋飾集中於中段，而上下紋飾相對減少，使中段更加鮮明突出，增加整體的對稱與和諧之美。圖案的佈局還與服飾大小有密疏的聯繫，通常，中小型服飾採用精畫細繡，滿體花紋，顯得飽滿乖巧，如童裝即是；大號服裝則於紋飾之間稍留空隙，顯得簡潔豪放。總之，整個服飾圖紋繁簡相互運用，優美的造型與細膩的紋飾和諧統一，予人一種無盡的生活美感。

五、隨類賦彩

早期侗錦只有素錦，也就是以白色為底，加上藍靛色料，經過染色與織造加工之後所形成的特殊侗布。形成侗錦與其他民族的織錦（如雲錦、蜀錦、壯錦、黎錦等）的主要區別，一是其他民族的織錦是多種色彩相烘托，顯得絢麗繽紛；二是花紋圖案為單面顯現。傳統的侗錦主要是用靛藍與白色交織而成，是侗族所喜愛的崇高之色。兩種色線編織而成素錦，所織出的花紋圖案具有雙面顯現的獨特效果。侗錦的顏色雖然比較單調，但它卻能充分利用了編織時棉紗組織的交織特點，形成靛藍、白、灰三種色調，再加之兩面起花的特殊藝術效果，予人以花紋精美、清新明快、素雅大方的美感。靛藍色是侗錦的底色和服飾的基本色調，使用之廣為其他顏色所不及，藍靛染料是自種自採自加工而成，易於取得，白色則是棉、麻線稍加漂曬而成。侗族認為，靛藍色代表純真樸厚，勤勞真摯，白色代表清爽坦白，誠實無暇。它們有著侗族為人處事光明磊落，忠厚憨直的品格。在靛藍的底色上織、繡、挑、印染白色花紋，或在白底上織繡靛藍色花紋，不僅顏色對比強烈，一目了然，且有「黑白分明」之寓意。

侗錦在經過發展之後，將許多色彩添加在侗布之中，稱之為彩錦。色彩是審美感覺中最普遍、最大眾化的形式之一，是構成服飾美的另一個重要因素，它可以增加服飾藝術的感染力，使服飾更加富於美感。從眾多侗族服飾

中我們看到，侗族愛用黑、藍、青、紫、黃、白、粉紅等淡雅、明快而又溫馨的色彩，比較少見到大紅大綠，因而服飾色彩鮮豔明朗，毫不陰暗晦澀，但又不顯得繁縟雜疊而令人眼花繚亂。同時，它秀麗和諧，色塊之間和整套服飾搭配協調合理，給人以一種清麗悅目的審美感受。侗族男子服飾為黑色、青色或藍色，無紋樣圖案裝飾，樣式簡單大方；婦女服飾一般是在青藍底色上，在衣領、襟邊、胸兜、袖口、下擺等處配於色彩斑斕的花紋裝飾，主要有綠、黃、白、紅等顏色，顯得清新秀麗，素雅和諧。帕子之類的織繡品，多以白布或黑布作底，用黑線或白線、藍線挑花刺繡而成，黑、白、藍，對比鮮明，格調樸雅。背帶、圍腰、童帽等，一般以黑色棉布或侗布作底，用色彩鮮豔的紅色或綠色的紗線織繡而成，風格雅致，色調明快。侗錦的色彩，通常以藍色和黑色作底，配繡於粉紅色為主的太陽、龍、花、魚、鳥等，使對比色統一於深色之中，冷暖色調和諧組合，呈現出一種明快素雅、秀麗和諧的審美風格。這種服飾風格，充分地體現出了青山秀水、迴龍橋、鼓樓、紅花、綠樹等潛移默化地對侗族審美觀念的陶冶。

中國繪畫很早就形成了自己的用色習慣。謝赫「六法」中的「隨類賦彩」，概括的就是中國繪畫的用色原則，亦即根據物件的類別，在形象上賦予其準確恰當的色彩表現。畫面是否用色彩來表現，首先和創作背景有關聯。用紅色塗繪，色彩明快亮麗，還可與周圍綠色植被產生強烈的視覺對比效果，進而使觀者感情亢奮，不能自己。

侗族色彩風格的形成與侗族的生活習俗有著緊密關聯性。侗族從最初的原始社會到現代文明所經歷的發展過程。在侗族生活習俗中傳統色彩讓現代人無法理解，它讓人覺得色彩豔麗並有著吸引力。侗族刺繡中用色特點主要是對比強烈與和諧統一性。經常在繡片中能看到七到八種動植物色彩的組合運用，深刻讓人感覺到侗族對祖先的紀念，同時體現出侗族的期盼能和大自然一樣充滿生機與活力。

侗族刺繡紋樣色彩的經營，完全脫離了事物原始圖像的固有特徵，自然界中的紅花綠葉，在侗族刺繡紋樣中已失去了它的本來面目，轉變成為純粹的色彩情感資訊符號，一切皆為了表現審美情感，侗族婦女們正是依據此一原則隨心所欲地駕馭色彩，以滿足人們的情感欲望。

從心理分析，對於作品中色彩的選擇運用，通常和一個時代或一個民族的情感心理緊密聯繫在一起。侗錦色彩是以平面化的裝飾色塊構成，它隨不

同的材質和經緯色紗產生不同的色彩效果。綜觀中國少數民族織錦紋樣的色彩，大量應用高純度的飽和色調以互補的關係組織色彩，從而傳達出生氣、熱情及野性的意象，也蘊含著一定的原始韻味。其用色大膽、純粹、更富有強烈的挑戰性。侗族傳統服飾同樣具有如此的特性，例如色彩運用特點是以高反差、高純度、強對比，把色彩的色相對比、純度對比和明度對比達到飽和與絢麗燦爛的效果。濃烈鮮亮的色彩令人激奮、賞心悅目；強烈的色相對比意味著年輕、好勝、充滿活力與朝氣；整體色調富有動盪、積極向上的意象，並具膨脹、伸張、外向、前進的感覺。這些精美紋飾強烈的色彩表現與山地艱難的生活環境及過去勞動婦女的勞累辛酸的人生歷程形成鮮明反差，侗族婦女以這樣的工藝作品表達出內心湧動著的對生活的激情和蓬勃的生機。

在侗族服飾常用的彩色中，有著特定的含義。以靛藍色來說，有可能是侗族在經歷狩獵的時期，為了掩藏自己，以接近獵物，所以穿上了靛藍色系的服飾；推斷直到近代才將靛藍色系視為吉祥、幸福的顏色。筆者在田調中發現，侗族最喜歡使用靛藍色，主要也是更能夠呈現侗族在款約中所提倡莊嚴穩重的形象。其次是白色，侗族認為白色是代表心地聖潔、純淨的意思，由此又引伸出善良的含義，此外亦有表示做人必須要正直、誠實；直至現代，侗族在舉辦喪事期間仍然全身穿戴白衣喪服，認為會讓死者在陰間有純潔乾淨的效果，藉此得以保佑在世親人康樂和幸福。由此可見，侗族對於色彩的運用具備了濃厚的感性基礎，亦即中國繪畫運用色彩的原則「隨類賦彩」，也可以適用在侗族服飾的色彩運用當中。通過對侗族服飾的形式分析，足以表明在對形式美的追求中，也可類同中國繪畫創作諸多基本準則的雛形。這些基本準則，相較於中國繪畫創作的「六法」原則既有外在的相似，又有內在的不同。對於這些基本準則的運用，侗錦織造藝人呈現出更多的「不自覺性」。出於生存和發展的本能需求，由於原始思維的互滲性，他們無法正確區分滲入到客體物件中的主體因素（情感與意志），自然就無意識地將它們混融一體，而並無法像現代內地藝術家在表現客體物件時，總是有意識或自覺地賦予它一定的主體因素。另外，在運用這些基本準則的同時，織造藝人還賦予了侗族織錦更多的原始性、質樸性和簡約性。惟其簡約才能顯出侗錦藝術獨特的個性美；惟其質樸，才能賦予侗錦藝術鮮活的生命力；惟其原始，才能展現侗族織造技藝更多創作的原則。

第二節 侗錦蘊含的美學文化

由於侗族特殊的生活方式和傳統文化，侗錦見證了侗族歷史的發展，不僅有其具體而獨特的物質形態、並有深厚的歷史意義和社會價值，反映了侗族生活中最樸質的感情和審美觀。侗族服飾的千姿百態和豐富多彩是侗族智慧的結晶，是侗族審美心理物化的結果，它的形成與侗族地區的文化和社會經濟的發展有著密切的聯繫。每個少數民族的服飾都既是一種符號又是一個自成一個體系的符號系統。它的生成、積澱、延續和轉換等都與宗教、神話、語言、科學、歷史、藝術等人類生活的各種形式的發展相關。每一種少數民族服飾的生成都是一部這個民族精神文明和文化發展的史詩。（戴平，2000：277）侗族服飾本身就是一種彙集了侗族傳統生活的情感符號，其中蘊含著侗族對於生活美學的追求，表現出侗族審美相關的意識、觀念、情感和理想等。觀察侗族的村寨生活，可以清楚地看見婦女織造活動及其侗錦織造品，與侗族全體族人之間有著特殊的社會互動功能。

一、侗錦在生活美學中的社會功能

侗族織錦文化具備自身的多種物質文化型態與社會精神文化的意涵，以及多種社會功能。

（一）讚賞姑娘勤奮創造的美德

侗族織錦除了用於保暖禦寒外，還廣泛運用在日常生活當中，如手帕、頭帕、圍腰、背帶、鞋墊、花鞋，甚至是男人用的烟荷包等。這些織品無不是由侗族婦女利用日常生活空閒的時間所辛勞織造製作而成的。

在冬末春初時刻，正是農閒時節，婦女有較為充裕的時間，可以織造侗錦。在這個階段，無論是白天還是黑夜，或在水塘邊，亦或在閣樓中，都可以看見她們紡紗織布的身影。要完成一套節日所穿著的盛裝，一般需要一至二年的時間，如果還需要添加其他的裝飾，所需要的時間還會更長，可以說侗錦織造是一個耗時、耗力、耗神的工作，這在某種程度上表現了侗族婦女勤奮的特質。

侗族的小女孩在很小的時候受到母親的影響開始學習挑花、紡織、刺繡等製作工藝，這也是每個侗族女孩都必須要學會的技藝。想要熟練掌握侗錦製作的工藝，不僅需要心靈手巧，更需要創造力、耐力與毅力。所以，熟練掌握侗錦製作方法是每個女孩一生的目標。同時，侗錦絢麗多彩的圖案和多種

色彩的搭配顯示了侗族婦女的創造力和智慧，也是在盛大活動或節日中大放光彩和吸引異性注意力的密絕。姑娘們頭戴銀飾、頸戴項圈、手著銀鐲，把自己包裹在層層花色的衣裙中，隨著蘆笙音樂翩翩起舞；正是這種具有明顯競技意義的活動，使得侗族服飾藝術的製作突破了單純只為實用而創造的意義，它成為侗族女孩表現自己創造力和追求幸福和愛情的一種具有深刻文化內涵的社會活動。因此，侗錦製作不僅是她們辛勤勞作的表現，更是她們創造力的智慧結晶。

（二）青年男女的傳情信物

侗族姑娘到了八九歲即開始學習紡紗織布，接著學習織錦、挑花刺繡。到了十五六歲，每位姑娘幾乎都有織好的幾匹侗錦，這些織造好的侗錦、侗帕、侗帶以及侗繡等紡織品，一旦進行社交活動，並在其中看上了哪位小伙子，經由侗族青年對歌中的「借件」、「借把憑」等歌曲，姑娘便會藉此機會歡喜地答唱：「哥要借件哥莫忙，棉花還在土頭黃，細布還在布機上，帕子還在染缸房。」（龍玉成，1988：42）實際上，姑娘是早有準備，經過幾回合的盤問與對歌之後，便將自己最心愛，最能表達自己對愛情追求的織、繡品，或是侗帕、腰帶、鞋墊或是花鞋送給青年，以示定情並忠貞不渝。

而在侗錦織造前所使用的紡紗工具，則是具有傳情的媒介功能，即是以竹管傳情。在侗族春節期間，姑娘們上山去砍紡車紗錠上用的竹管。此時姑娘會約自己的情郎或要好的青年一起去。據說，男女一起去砍的竹管所做成紡車上的錠軸管子，紡出的聲音最動聽，紡出的紗線不會斷。其實，奧妙之處在於紡車聲幽雅與否，直接關係到青年對姑娘的評價。在侗鄉侗寨夜深人靜時，除了紡車聲外，還能聽到「小耳」﹝註2﹞聲。每位姑娘紡紗的紡車都會加上「小耳」，聲音特別響亮動聽。如果紡車的聲音幽雅動聽，說明她聰明伶俐，來找姑娘坐夜的青年也會比較多些；相反，如果紡車聲音粗俗難聽，主動上門對歌的青年就會寥寥無幾。青年們聽到這種紡車聲，便會尋聲去找「坐夜」的姑娘，與她們談情對歌，也就是侗族表達情意的一種「行歌坐夜」活動。如果已有情郎的姑娘，當情郎聽到這種紡車聲就知道情妹正在等待自己前往會情。同時，紡車的聲音還表達了一種會情郎的暗語。每當情郎在窗外

﹝註2﹞「小耳」是侗族姑娘在紡紗機的捲紗軸上附加一根竹管。這是區別姑娘紡車與老人、婦女紡車的標誌。

吹起探問的木葉聲時，姑娘們便用紡車紡出的各種不同的曲調來回應，或是告訴男子「老人還未睡覺」，或告訴情郎「上樓來相會」，或是暗示男子「改日再來」等等。因為老人還未睡覺，男子進屋時必須先與老人交談，以表示一種禮貌、懂事、尊重老人的意思。否則，男子與姑娘的交往比較難得到長輩的支持。

除了紡紗用的紡車之外，姑娘也會在織造侗錦時，運用織布機的壓板拍實緯線的札實聲音來表達：「我們在這裡正等著你們到來對歌。」

而侗族的紡車以及織布機等不僅只是主要侗錦的生產工具，還是侗族姑娘必要的陪嫁物。在侗族姑娘出嫁兩三年後，舉行一定的儀式，並將紡車及織布機一併抬去。過去侗族有不落夫家的習俗，姑娘出嫁兩三年內，農忙時節住入夫家，農閒時節住回娘家。隨著時日見久之後，新婦在夫家，由客變主後，這門親事牢靠了，兩家主婦才商定一個適當日子迎送紡車與織布機，當晚即試車與織機。家裡的妯娌、小姑和嫂子們都來觀看，評論與欣賞新婦的紡織技藝。

（三）禮品交換的社會功能

侗族是一個愛好和平、以禮當先而又好客的民族。這一特點不僅表現在侗族接待客人方面，也表現在他們以紡織品贈送客人或親友互贈之上。直到現在，侗鄉村寨均還保持著以布（過去是自織自染的「家織布」，現在主要是從商店里買回來的市布）和「侗錦」互贈的習俗。此一習俗在侗族地區較為特殊，將於下一段進行獨立的詳細討論。侗族禮品交換的功能，不僅體現在贈送新生兒的情感，也體現於親友立房豎屋和紅喜喪事，親友都以侗錦為禮。如親友立房豎屋，以侗錦為禮賀新居落成；給它人祝壽，以侗錦制作壽衣、壽帽、壽襪等送給丈人；老人過世時，以侗錦製成綬衣和老鞋等等。

（四）祭品與信仰的宗教功能

在侗族社會，祭祀活動相當普遍，例如祭「薩歲」、祭土地、祭橋、祭井、祭樹、祭「岩媽」〔註3〕等等。凡祭祝必有侗族自紡自織的侗錦，或在祭祀過程中，參加祭祀者身著侗族盛裝。如通道縣坪坦村祭「薩」活動時，祭「薩歲」當天，三聲鐵炮響起後，祭「薩歲」活動即開始。此時，凡參加祭祀的「款隊」必各有兩人飾為款首，頭纏紅頭巾，身穿綠衣白褲，表示當年款眾

〔註3〕「岩媽」是新生兒犯石忌，父母找一塊大石頭祭祀，以保佑新生兒順利成人。

所穿服飾，隊員們身背繡花「勝袋」，參與的蘆笙隊伍也是以盛裝百鳥衣出席活動。此時，侗錦即在個人或是全寨祭祀時，又充常敬神敬祖敬「薩歲」的祭祀品發揮其織品功能。

（五）藝術裝飾功能

人類在很早前就懂得通過飾物可以點綴服裝，在衣服還沒成形時，人類的祖先就懂得用獸骨、羽毛、貝殼等來打扮自己，以及滿足對原始宗教的崇拜。各民族對光澤怡人的飾物通常都有很高的興趣。通過從文獻記載中可看出侗族也比較重視此類飾物。明代黎平府屬侗人，婦女之衣和長褲短裙及裙作細褶裙通常以刺繡雜紋展現出，用銀錢貫次為飾，頭髻加木梳於後。他們以線結於耳根，而且所對戴金銀耳環通常都有三五對以此來表達對其的喜好。

侗族服飾以上衣和下裝作為服飾的主要部分，其次還有相關附屬飾物來吸引人，而且在侗族服飾上很惹人注目。包括在巾帕、頸飾、胸飾、腰飾和在腿上的綁腿以及穿在腳上的鞋襪等，這些附屬物和現代民族與社會的同類物品都不大相同。這些侗族的特點現已構成侗族服飾的重要部分。侗族歷史以來有著包頭巾的風俗。通常男子的侗布頭巾兩端用紅綠絲線繡成一排據齒形圖案，其長度要長丈餘，裹頭的形狀以團圓形和角形為主。團圓形是以頭部進行一層層的纏繞，呈圓盤狀款式通常為中老年人使用而且需露出刺繡的部分，展示出百越古族遺風，並以風格深沉與樸實展現。角形包頭式是將頭帕捏成皺條形纏在頭上，靠頭裡邊的一端向上斜立著類似於扇形的獨角，通常以青年男子使用為主，有著浪漫的氣韻。每到過節期間侗族男子都要身穿蘆笙衣，頭上披著大紅花邊頭巾，腦尾碼著形同婦女短髮黃、綠長穗等，女性頭巾款式有大小不同型號，顏色有黑白色和青色的帶花格或兩端織錦，以三角蜂窩式和對角式及披巾式及盤頭式等多種不同的包紮方式，並且給人樸素高雅和美觀大方的感覺。

侗族男女都有著打綁腿的習慣。綁腿布包括藍花織錦和繡花黑布與青布和藍布色彩之分等，綁腿打好後，繡花邊以一圈接一圈地套在侗族的腿上，腿部左右兩側飄著兩條小飄顯得格外美觀。侗族的繡花鞋主要以尖頂船形狀布鞋，在鞋面前半部正中間以銅錢魚眼狀圖案完成，側面部分通常繡著魚龍戲水及雙龍戲珠等圖案，花鞋的整體部分猶如航海的魚狀寶船，顯得格外清新雅致和高貴。有關豐富多彩的服飾飾品，為侗族服飾增添了絢麗色彩，同時突顯女性色彩。

二、侗錦在交換中的薩文化意識

　　侗族的日常生活彙集了侗族的傳統文化，呈現著侗族對美的創造和對美的追求。侗族宏偉壯麗的鼓樓，造型獨特的迴龍橋引為世界建築學者的關注，而優美動聽的多聲部侗族大歌更是享譽國外。這些與侗族民歌、款詞、侗族多耶、以及侗族服飾、侗族工藝品等，說明了侗族是一個善於審美的民族。如曾繁仁先生所說：「生態美學是一種人與自然和社會達到一種平衡、和諧一致的處於生態審美狀態的嶄新的生態存在的美學觀。」（曾繁仁，2002）他們對生態美的追求不僅表現在人與自然、人與人的關係上，更表現在藝術的審美創造和欣賞之上。侗族按照自然審美的規律，建造在日常生活上的器物、服飾、居住環境、人際交往禮儀等。豐富多彩的背帶，是侗族智慧的結晶之一、也是侗族審美心理的物化表現。織繡在背帶的圖紋本身就是一種情感符號，呈現著對自然環境的敬意，也體現對「薩」崇拜的審美意識。

　　背帶古稱「繈褓」，又稱「小孩背帶」、「嬰孩背帶」或「背扇」，臺灣人習稱「背兒帶」。也就是背負、繫綁和包裹幼兒時，所使用的寬布和被子。在中國西南少數民族地區，人民以農耕為主要經濟來源，生活環境相當艱苦，平時父母在無人協助照顧嬰兒時，多數會背著嬰兒下田務農；有時到了趕集時間或是走訪親戚時，也會背著嬰兒翻山越嶺。可以說，背帶在西南地區是相當常見的一種配飾。背帶也可以說是新生嬰兒從初生來到這世界上，從暫時脫離母體到完全脫離之間，扮演著重要的過渡角色。侗族背帶主要由蓋布、座騎以及長帶等三部分所組成。使用時將座騎護著嬰兒背部往跨下向前繞往婦女腰前繫住；兩側長帶從嬰兒腋下穿過，搭在婦女肩上往胸前交叉；再從腋下繞回嬰兒臀部，托起嬰兒臀、腿之後繞往婦女腰前打結；而蓋布則是在天冷和陽光直曬時，給嬰兒蓋頭，達到遮陽或保暖的功能。

（一）侗族生育民俗文化的背帶傳承：三朝禮〔註4〕

　　人的一生之中最重要的節日應該算是婚禮大事了，但是在侗族地區，還有比婚禮盛大的節日，那就是要慶祝第一胎孩子的出生。在侗族的社會中，結婚代表了雙方家族的結合；而該家庭有了第一胎的孩子，表示了家族有了新的生命，延續了氏族的香火。所以侗族特別重視第一胎孩子出生的日子，並透過數個儀式串連在其中。孩子出生的當天，邀請左鄰右舍前來吃甜酒，

〔註4〕於 2010 年 7 月訪談自通道縣獨坡鄉侗寨。

同時指定人去到外祖母家報喜。生男帶公雞，生女帶母雞。外祖母同樣也會回送一隻雞，這只雞要餵養到嬰兒滿周歲時才殺。〔註5〕

　　一般漢族民間社會中常見的傳統習俗「滿月」是一種慶祝生子的儀式，在這個儀式中，漢人透過長命鎖、發糕、發饃、玩具虎、麒麟送子等，表達對新生兒的祝福。而在許多的民俗活動中，民間藝術有著表情達意的媒介，而且因地域文化的差異，呈現出不同的形式，可以說風俗的影響在民間藝術的創作中佔據著重要地位。習俗的力量是強大的，因為它已經化為一種文化基因，所以習俗的存在和對習俗的遵從也是天經地義的事。侗族也是一樣，在頭胎孩子出生的第三天，不管生男生女，都要大肆慶祝，以大宴賓客為特色，因此被稱為「三朝禮」、「三朝酒」，或「過三朝」；也有部分地區的侗族是在嬰兒出生後的 3、5、7、9 等奇數天〔註6〕中選擇一日舉行。整天的象徵儀式中，都圍繞在母親的角色，並有「sax」（薩）〔註7〕給嬰兒取名及贈送「jyac」（背帶）的習俗。

　　「三朝禮」當天上午開始，賓客陸續前來道喜。賓客以女方的親戚為主，除外祖父要在日落西山之後參與晚上儀式外，其餘的都要在晌午之前到齊。所有賓客，不論遠近，每家都會至少派一位代表前來送禮祝賀。所有賓客準備的禮物，主要有豬肉、糯米、雞蛋、侗布、侗錦、酸草魚、銀項圈、銀鎖、銀手鐲、兩床新被、一對木箱或梳妝檯等；其中外祖母的禮物最為豐厚，除了上述那些基本禮物外，並且還要承擔「三朝禮」慶宴中所用的一半糧食和肉類。更重要不可少的禮物，當屬外祖母要預備為新生兒製作衣裳的侗錦、背帶以及藥草（楓葉、四眼草、斑鳩窩等熬水洗澡，以防皰瘡，祈求無病無災）。因此，外祖母送禮的隊伍，進入村寨門後還一路放著鞭炮，浩浩蕩蕩地挑著幾十個擔子在村寨中遊行，像是在宣布本家已有新一代延續的香火般，

〔註5〕雞乃是侗人最貴重的食物禮物，也是女性意象的表徵。神話傳說中一位叫做棉婆的女人在寨腳孵蛋，就如同女人進入男人的家屋中，為了家族的延續而生育子嗣一樣，侗人以雞的意象來表徵女人，或更具體地，女性的「再生產力」。而豬肉所表徵的文化範疇是男人、家屋、以及父系房族。詳見林淑蓉，2007，〈侗人的食物與性別意象〉，《考古人類學刊》第 67 期，頁 11～42。

〔註6〕在侗族歷史發展中，受到道教信仰的影響，重視風水。在侗族社會中，偶數為不吉利的象徵，意謂著結束；而奇數則象徵著延續、發展之意。有關奇數與偶數所代表的文化意義，常出現在侗寨不同文化習慣當中。於 2008 年 3 月 29 日採訪自通道縣芋頭侗寨。

〔註7〕「薩」在侗語中是祖母或外祖母之意。

一直到家門口。

　　依照侗族傳統的習慣，在嬰兒尚未出生前，是不可以事先預備童衣的，即使到了嬰兒出生後，還是只能暫時用柔軟的舊侗布包裹著，用稻草捆上三道；此外在許多侗族地區的出生嬰兒到三朝禮前都有包手的習俗，是避免長大後愛偷竊。〔註8〕一直到「三朝禮」後，才能給嬰兒穿上臨時製作完成的新童裝。所以到「三朝禮」當天，外婆家的親戚相當地忙碌，一方面要為新生嬰兒量身趕製的衣裳和裙片以及背帶等做最後打理；同時還要輪流傳抱嬰兒，細心端詳，並說些吉利和贊許的話語。

　　中午「三朝酒」宴正式開始。主人從女家親戚所送來的賀禮中，準備了雞蛋甜酒釀、油茶款待賓客，接著就是享用女家親戚及外祖母準備的豐盛且隆重的午飯。因為侗族的家族人口相當龐大，再加上侗族也非常地好客，面對女方親戚前進祝賀的友人，以及新人的朋友，都以笑臉迎賓，有時享用「三朝酒」的賓客人數多到數百位也不會拒絕。眾多的賓客一起用餐，主人將飯桌合併排成一長桌，在侗族地區稱之為「合隴宴」。好心的鄰居見到「三朝酒」的慶賀也會熱心主動地贊助自家的廚房和不足的餐具，甚至還可以看見吃完一批賓客，再裝滿整桌的飯菜，繼續換下一批賓客享用「三朝酒」的盛況。

　　侗族是個愛唱歌的民族，流行在侗族地區有句話說，「飯養身，歌養心。」在享用「三朝酒」後，會以對唱的方式進行「取名歌」的程序。一般由男方青年用吟唱的方式主動邀請女方親戚（姨媽及舅媽）給嬰兒唱「取名歌」，姨媽們以吟唱方式輪翻代答。通常在吟唱取名歌中，其曲調是固定旋律，而歌詞則是即興地將上午傳抱嬰兒時所端詳的想法，細心地將名字以及取名的由來吟唱出來。經過多輪唱和商討後，最後由「薩」（外祖母）確定並宣佈嬰兒的名字。這一儀式加強了「薩」對侗族的重要意識，對於新生兒延續氏族命脈的主權，還是歸化於「薩」。

　　嬰兒有了名字之後，在孩子面前，就不再直呼父母的名字，除公共事務等活動如果需要刻劃功績名時，使用父或母的真名外；習慣稱他叫卜×（某之父）、奶×（某之母）。祖父母也同時升格，稱為公××（某之祖父）、薩××（某之祖母）。此刻新生兒也換上了「薩」（外祖母）所準備的新童衣與背帶。

　　由於宴請過後，親朋好友皆須長途跋涉回家，所以晚飯的規模則相對較

〔註8〕2010 年 3 月 31 日於獨坡鄉駱團侗寨，訪談黃 YD。

小，用過晚飯後，人們要為嬰兒彈唱琵琶歌，表示祝福。酒席散後，女客回家時，都要帶上用竹片串起來的一塊或三塊重約 4 兩的肥肉，寓喻主人家為慶賀小孩出生而辦的「三朝酒」宴席肉菜太多，一時吃不完。串肉帶回家後，可用來打油茶，請左鄰右舍的女子們前來分享，以轉告喜訊與快樂，此舉俗稱「串肉禮」。

在第二天還有專門的一次聚餐，是剛剛生完孩子的年輕媽媽最要好的女性朋友們一起吃晚飯，這頓飯具有特別的意義。我拜訪的這家年輕媽媽只有18 歲，在第二天的晚餐時村裡已經有孩子的媽媽們向她傳授了很多實用的育嬰經驗。大家七嘴八舌爭先恐後地用很權威的姿態講得頭頭是道。儘管我聽不懂她們的語言，但是肯定無疑的，是空氣中彌漫著溫馨與和諧的姐妹情誼。

就如同所有社會的民俗一樣，侗族的民俗也都是在生存與精神世界中，流傳下來古老的經驗。在侗族重要的生育儀式（三朝禮）中，部分流程還能看到女性在傳承文化中扮演重要的角色。「人類的生育問題，在原始社會很長時間內是不可理解的，在這種情況下，便有各種感生神話的產生，把懷孕生育看成是女性始祖與某些事物或圖騰的接觸的結果。」（張紫晨，1985）外祖母送花背帶的儀式，也許可以算是說明侗族對於生育力源自於母方，延續家族血緣的古老習俗的證明之一。外祖母是女性身份，而侗族「薩」崇拜的對象——「薩」也是女性身份，以一個女性為民族的始祖，尊之為至高無上的保護神，可見這儀式活動可能在早期侗族社會，曾有女性領導者作為族群首領確立地位、鞏固地位的權力運作。其次，在生育時要向女方親戚報喜、並於「三朝禮」當天，女方親屬要到初生嬰兒家中，趕製新衣、對歌取名，這些都表明在生育儀式中，女方家族在延續香火一事中，有著重要的位置。最後由外祖母親手給出生嬰兒換上新衣，並確認新生嬰兒的名字。在這儀式中，一再地鞏固著女方與「薩」的角色。也透露了侗族傳統文化中，對於血親關係是比較重視外祖母的地位。

然而隨著時光推移，以父系為主的習俗，經由主流文化的傳入，而逐漸在侗族村寨中被接受。村寨的許多活動，男性的發言權也漸漸被重視，諸如在鼓樓議會的主持與發言，以及侗族村規民約的致款詞，男性的發言力度相較女性來的有力；以往的隨妻居的習俗，也轉變為從夫居的狀況，連婚後居住在夫家中共同生活的妻子，其發言也沒有像過去來的有力。再者更覺奇怪的現象，一個家庭給予新生兒的姓氏也多數繼承了父親的家姓，而打破了以

女子的姓氏來命名家族子女的傳統母權制原則；縱使在父權社會的今日，兒女的姓氏是從父親家族，但是在稱謂上，父親的名還是依長子或長女確定。如上文所提妻子生下第一個孩子時，在三朝禮的酒席上，要由娘家來唱取名歌。孩子有了名字之後，父親的名字即刻就稱作為卜×（某之父）。因此，侗族的子女很少知道他父輩的名字。

此外，就連昔日家長及承載生命延續名義的「老祖母」們，被來勢兇猛的男權社會改稱為「外婆」。「薩」從老祖母轉稱為外祖母，但是透過花背帶連繫了女兒的後代，留下了繼承氏族的香火，所以背帶也就有一種輩輩、代代相傳的意涵。解析侗族盛大的「三朝禮」後，我們可以將侗族的生命觀用「生的隆重」來形容。在這隆重的生育禮儀中，背帶卻象徵著侗族「薩」崇拜的核心扭帶。

如 Geertz 贊同韋伯所提出的文化實質是符號學（semiotic）的概念，「人是懸掛在由它自己所編織的意義之網中的動物」，認為：「所謂文化就是這樣一些由自己編織的意義之網，因此，對文化的分析不是一種尋求規律的實驗科學，而是一種探求意義的解釋科學」（韓莉譯，Geertz 原著，2002），他所追求的「解析」（explication），即是在分析解釋表面上神秘莫測的社會表達。象徵則是人類編織意義的一種重要方式。它是通過具體的事物或行為暗示一種特殊的意義。象徵意義的賦予具有主觀任意性，從象徵符號到象徵意義缺乏嚴密的邏輯推理。象徵一旦在特定群體的反覆演練中固化，便成為一種不言自明的「歷史記憶」，只要擁有共同象徵闡釋模式和相同的生活經驗的同一群體的成員就能正確領會。

（二）背帶承載著豐富的民族文化內涵

侗族民間工藝美術的產生和發展與其歷史、地理環境、生產方式、傳統風俗習慣都有密切的聯繫。在過去，他們在依山建寨、聚族而居、交通閉塞，自給自足的經濟條件下，自己種棉、紡紗織布、染色。七、八歲的女孩就必須與年長者學習紡紗織布、挑花、刺繡等技藝；在姑娘出嫁之前，更要織好若干被面、背帶以及其他紡織藝品；許多姑娘到了十七、八歲時，已經成為熟練的織錦能手了。

大自然給予侗族帶來的威脅，確實很難抗拒；侗族先民藉由以往經驗，借助想像中的「薩」作為自己的精神支柱，以戰勝各種自然災害，得到許多慰藉與鼓舞。「薩」信仰就自發信奉的支持下成為大家的精神支柱，聚集了民

眾趨吉避凶、長壽多子的價值觀。侗族把「薩」看作是時空所不在、能力無所不及的祖母神，實際上「薩」就是管理自然、駕馭自然的巨神。在湘黔桂的大深山裡，居住條件差，生產力下，人力無法抵抗自然，只好迷信各種鬼神和自然神。侗族在對自然界依賴適應的過程中，為大自然賦予了泛靈的色彩，認為天地間的事物皆與人們吉凶禍福相互關聯，促使人與自然、人與社群達到天人合一的一種和諧。

「薩」依靠她神異的生育能力，自然成為至高無上的天神。天，是她生的；地，是她生的；眾神，都是她生的。她造萬千植物、動物與人，不用塵土之類身外之物，而用汗毛、虱蛋、肉痣之類的身上之物。她撒汗毛化成植物；撒虱蛋化成動物；扯肉痣化成大蛋交給猿婆孵出了人。在侗語中薩是婆、祖母、母之母、始祖母之意，天是千之意，巴是姑媽之意；薩天巴即生育千個姑媽的始婆神之意。侗族的薩崇拜是女性祖神崇拜，但還含有動圖騰崇拜與太陽崇拜的因素。史詩中唱道：「薩天巴蹬了蹬腿腳，薩天巴晃了晃手膀，她張口吐出玉蛛絲，一掰一掰拋甩向四方。玉蛛絲呀絞成銀絲線，一盤一盤套在天柱上。……薩天巴很快織成攔天網，把天篷高高托起在天上。」（楊保願，1986）

侗族的「薩」崇拜其內容主要有四。第一，侗族認為「薩」是人類的創始祖。在《侗款》中的〈九十九公〉前半部的神話中，談到人類遭到洪水滅禍之後，幸存者姜郎姜妹被迫成婚，之後生下肉團，後來「薩」用斧頭將肉砍成若干而變成了人，也就是各民族的祖先。第二，侗族認為「薩」是生育之神。在侗款中有句「村村都有背帶」，背帶是「薩」用布裹護嬰兒，保佑侗寨人丁興旺，侗族認為嬰兒來到這世界上，主要是受到「花林四薩」〔註9〕的保佑。第三，侗族認為「薩」能驅邪除害，保護村寨。「薩」可以測算出，侗寨妖怪是否來到寨邊，侗族先民借助「薩」的神威，提早通知侗人防範準備。第四，侗族認為「薩」是人們生死禍福的保護者。

在侗族的背帶中，截取了山河日月、花草鳥獸以及生產生活用品為第一手材料，通過直接摹擬，再加以提取，概括並表現出來，形成了眾多的紋飾。侗族背帶的構圖，一般都由母體圖案和子體圖案兩個部分組成。母體圖案在

〔註9〕侗族傳說「花林四薩」主管生育，保佑幼嬰成長。其一「床頭婆」隱居床頭，注胎、安胎；其二「門背婆」守住大門，防鬼入戶；其三「天花婆」避免嬰兒染天花，保佑免災脫險；其四「橋頭祖母」保佑嬰兒靈魂從陰間走向陽間。

背帶的中心位置，子體圖案圍繞在母體圖案的週邊。侗族背帶圖紋的語境，經常受到織繡者心裡表達意境的制約。大部分能夠明確地反映出生活環境的客觀需要，整體構圖所要表達的意境都相當地通俗易懂，各式的背帶織繡紋飾很快地被其他族人所認同，成功地延續傳播使用。尤其是外祖母贈送給第一胎的背帶，其織出的背帶圖紋更是講究。

　　縱觀侗族織錦紋飾，尤其呈現在背帶之上的圖案，除了繁衍意識這個主題，表現生命崇拜，即生存保護意識外，所剩無不是表現薩崇拜，或生殖（繁衍）、生命（保護）二者共兼之主題。背帶充滿了象徵符號，或者說，背帶是一個巨大的象徵系統。在背帶的語境中，物體、型制、圖紋等都屬於象徵符號，都具有所賦予的特殊意義。下文集中論述外祖母贈送的背帶，其相關圖紋所揭示的薩崇拜的象徵意義。

（三）背帶揭示的薩文化意涵

　　侗族背帶的創作者都是勞動婦女，她們對生活寄予滿腔熱情，對未來充滿希望。她們在製作背帶的圖案時，往往不滿足於簡單的模仿，更是為了滿足自己的精神需要，表達自己的理想願望；因而她們通過豐富的想像和巧妙的構思，按照美的形式的規律，對圖案進行高度的提煉或誇張，從而使太陽、蜘蛛等的圖案紋樣更富於幻想和更具藝術魅力。

　　背帶在薩崇拜侗族社會習俗的發展過程中，扮演了重要角色，主要有兩個方面：其一，在背帶的贈送儀式中，薩扮演著緊密侗族氏族凝聚力的血緣紐帶。侗族為了初生嬰兒來到世上，透過最隆重、最莊嚴的三朝禮，連繫了女方氏族的血緣關係。這非關迷信，而是一次嚴肅的民族教育活動；這是教育在場的人：我們都是同一祖先的子孫，我們有著共同的生活與傳承。這個儀式，加強了同一氏族的凝聚力。其二，在背帶的圖紋中，薩扮演著文化的繼承與發揚的精神。侗族把薩奉為至高無上的民族保護神，開天闢地的薩祖母幻化成太陽，在薩的保佑下，民族興旺、生產發展、農業豐收、五穀豐登、村寨吉祥平安……等等。再幻化成蜘蛛，作為兒童辟邪、保魂的保護作用，並視為智慧、奮發的吉祥物來崇拜。總之，在薩的保護下，侗族會得到不斷的發展、進步、興旺發達。這些，不僅僅是侗族的願望，在侗族繁衍下一代的期望上，也佔有重大的地位。也就是說侗族薩崇拜的信仰中，透過背帶可以保護嬰兒，也能達到保護侗寨人丁興旺的目的。薩文化在侗族中長期流傳，歷久不衰，是與薩在侗族歷史發展過程中有著不可分割的關聯；也就是說，

薩在侗族歷史發展進程中的重大作用，產生了原始的生育信仰，是她能夠在侗族社會中長期流傳，歷久不衰的重要原因。

從上述的討論中我們可以知道侗錦不僅僅具有日用品的功能，也有禮品交換的功能，祭品的功能，亦可當作是青年男女的愛情信物，以及傳情的媒介。當中也隱設了侗族族人對薩文化尊從的信仰功能，將於第三節中詳細分析侗族織錦通過圖紋，傳達對自然、祖先、對生命最顯著的文化意涵。

第三節　侗錦符號的文化解析

至於符號的意義，根據符號學創始人瑞士語言學家索緒爾指出「符號是一個直接作用於感覺的『能指』和一個可以被理解和推知的『所指』構成的統一體，符號的存在是建立在『能指』和『所指』的對應關係上的。」（湯恩比，2002：28）也就是說，符號就是將某種物件與某種事物聯結起來，使得這一物件可以代表這一事物，當這種代表作用被集體所認同，進而成為這個集體的公共約定時，這一對象就成為代表這一事物的符號。符號結構與符號含義之間的關係，即是符號的能指與所指的關係。通過構建這種關係，可以超越物質和精神之間的雙峰對峙。

紋樣是人們刻畫在器物上的一種文化符號，不論是織造或是刺繡的圖案皆屬紋樣。侗族婦女以生活實踐來實現侗錦上的花紋圖案，他們是通過對大自然及各種物像的不斷觀察和親身體驗，結合了與人們生產生活關係密切的自然現象及相關動植物的崇拜和深切的審美情感，進而經過提煉、昇華而將之圖案化。這些圖案反映在侗錦上，意表著侗族美好的願望與追求及信仰和審美情感。身為外人的我們也可以通過這些花紋圖案來印證侗族的生活以及豐富的想像力。我們甚至可以推斷侗族透過這些紋飾圖案來提升族人對大自然與生活的熱受、對人為審美的感受，並藉由文化的自豪感產生民族的內聚力量。紋樣的出現與當時的認知觀念密切相關，將延年益壽、益子孫的希望寄託於超自然的物象之上。內地漢族地區在織錦中表達吉祥寓意的文字也屢見不鮮。例如漢代織錦中出現的文字就有萬世如意、長樂光明、萬年豐益壽、登高明望四海、延年益壽宜子孫等彩色文字題材的織錦。因為大多數民間織錦藝人都生活在農村，他們與大自然保持著直接和全面的接觸。由此，生活中的花、樹、草以及蔬菜、瓜果都是常見的題材。侗族織錦的圖案也有這樣

的特色，它們大致可以分為六大類，即動物、植物、日常用具、抽象幾何紋、天象題材與物器形狀等，以及近年出現的吉祥文字。隨著文化的發展，紋樣的設計愈加豐富；考古資料顯示商代已見提花菱形紋樣，及至漢代，提花紋已經十分成熟。現知的自漢代以來的織錦紋樣多為奇禽瑞獸，如虎、龍、飛鳥、鳳等。（王豔暉、陳煒，2001）通常人們透過織繡圖案來表達人們當時的文化心理和精神追求。在侗族的織繡圖案上，也可以發現類似的情況，例如在背帶上可以發現「三好學生」或是五角紅星的紋樣。

在提及原始宗教的形態時，學界普遍認為，原始宗教主要有「自然崇拜」、「鬼魂崇拜」、「生殖崇拜」、「圖騰崇拜」、「祖先崇拜」等五種形態，它們與原始社會發展的主要階段相適應，「自然崇拜」、「圖騰崇拜」和「祖先崇拜」則是原始宗教中最為主要的形態。

侗族屬於中國大陸西南方，並且是有著悠久歷史的少數民族，主要集中分佈在廣西北部和貴州東部及湖南西部等三省的交界地區。在經歷長久的社會發展中，侗族通過自己的勤勞與智慧，創造出了特色鮮明與有所成就的文化藝術。侗族織錦文化內涵十分豐富，它的功能是多方面的。在沒有文字記載的情況下，服飾可以說是形象的史書，其主要是以圖案的特色性和豐富的文化內涵以及和諧亮麗的色彩和特有的編織工藝及民族風格等。它是形制、圖案、色調、積澱了侗族原始宗教——祖先崇拜、自然崇拜、圖騰崇拜等內容，記述著侗族古老的神話、傳說和史實，還有巫文化的投影。侗錦寓意深刻，不但內蘊著社會特點，生產方式，還反映了宗教信仰、民族特徵、折射出侗族豐富的審美情趣和審美心理特徵。

服飾具有精神文明的含義。人們生活上各式各樣的文化心態，其中包括宗教觀念，都會積澱中於物質的服飾當中，侗錦服飾是侗族文化的一部份，宗教信仰又屬於文化的範疇。在沒有文字記載的時代裡，他們在自身的民族服飾中留下了自己信仰的印記。

侗族因地理環境、社會經濟、交通條件等種種因素，使其服飾仍然保留著侗族先民原始宗教的遺跡。一些原生圖騰雖然離開現今也有數千年之久，但是透過五彩斑斕的圖案、色彩及各式各樣的侗錦織品，仍然可以看到侗族先民對於日、月、龍、鳥、蜘蛛、魚等各種圖騰物的虔誠崇拜、對於繼承祖先流傳下來的文化，呈現出侗族認祖尋根的意識。侗族先民積累將祖先崇拜的記憶轉移在侗錦服飾上，作為氏族的標志、象徵或保護神。換言之，祖制的

侗錦服飾有如一種無形的力量，表達了對祖先祈求護佑的心理，同時又加強了民族向心力，無論侗族走到哪裡，侗錦服飾都可以將族人團結在一起。因為祖制不能隨意更改的觀念，使侗錦服飾在幾百年的漫長歷史中，除有特異的文化變遷之外，很難有較大的改裝換飾，這也是侗錦服飾得以保存至今的原因之一。

在長久歷史發展的過程中，侗族的宗教信仰與其他民族一樣，曾經歷了「自然崇拜」、「圖騰崇拜」、「祖先崇拜」等三個歷史發展階段。在通道侗族社會所有信仰中最為廣泛、虔誠的是前曾略提的「薩神」。宗教作為一種意識形態，薩崇拜或薩神崇拜是特定社會歷史、特定時代的產物。在侗族村寨之間形成了一種以「薩」為核心的侗族信仰過程，集「自然崇拜」、「圖騰崇拜」、「祖先崇拜」為一體，並延伸發展出帶有「生殖崇拜」涵意的民族傳統信仰。以下將逐述在侗族傳承下以「薩」為核心意識的社會文化中，侗錦圖紋中所揭示的崇拜意識。

一、自然崇拜（nature worship）

侗族因地理環境、社會經濟、交通條件等種種因素，使其服飾仍然保留著侗族先民原始宗教的遺跡。一些原生圖騰雖然離開現今也有數千年之久，但是透過五彩斑斕的圖案、色彩及各式各樣的侗錦織品，仍然可以看到侗族先民對於日、月、龍、鳥、蜘蛛、魚等各種圖騰物的虔誠崇拜、對於繼承祖先流傳下來的文化，呈現出侗族認祖尋根的意識。侗族先民積累將祖先崇拜的記憶轉移在侗錦服飾上，作為氏族的標誌、象徵或保護神。換言之，祖制的侗錦服飾有如一種無形的力量，表達了對祖先祈求護佑的心理，同時又加強了民族向心力，無論侗族走到哪裡，侗錦服飾都可以將族人團結在一起。因為祖制不能隨意更改的觀念，使侗錦服飾在幾百年的漫長歷史中，除有特異的文化變遷之外，很難有較大的改裝換飾，這也是侗錦服飾得以保存至今的原因之一。

在長久歷史發展的過程中，侗族的宗教信仰與其他民族一樣，曾經歷了「自然崇拜」、「圖騰崇拜」、「祖先崇拜」等三個歷史發展階段。在通道侗族社會所有信仰中最為廣泛、虔誠的是前曾略提的「薩神」。宗教作為一種意識形態，薩崇拜或薩神崇拜是特定社會歷史、特定時代的產物。在侗族村寨之間形成了一種以「薩」為核心的侗族信仰過程，集「自然崇拜」、「圖騰崇拜」、

「祖先崇拜」為一體，並延伸發展出帶有「生殖崇拜」涵意的民族傳統信仰。以下將逐述在侗族傳承下以「薩」為核心意識的社會文化中，侗錦圖紋中所揭示的崇拜意識。

　　所謂自然崇拜就是把自然力和自然物當成某種神秘的神性力量和神聖事物，對之進行宗教性的崇拜和祭祀活動。對自然神的崇拜包括了天體、自然力和自然物三方面。人類社會早期，由於定居生活尚未穩固，為生存所迫，人們不得不隨著自然環境的變化而遷徙。雖然環境改變了，但有些自然現象，如日月星辰卻始終伴隨著他們，這種現象時時刻刻影響著人們生活的作息、生產與發展。人類的生存離不開對外物的依賴，在人類生存條件極為有限的環境中，最主要的依賴對象無疑是大自然，因此這種依賴最終導致了自然崇拜。所有民族皆經過這種對自然力的崇拜，直接表現為對自然物本身的崇拜，侗族也不例外。在過去人的眼裡，強大的自然物和自然現象，都具有至高無上的靈性，這種靈性往往能主宰人類的命運，改變人們的生活。因此在不能征服和認識它們的時候，只有把它們當作有生命力的神靈加以頂禮膜拜。於是在產生了自然崇拜的同時，產生了「薩」崇拜，而此崇拜又以自然崇拜形式表現在侗族社會的宗教信仰領域裡。

　　自然崇拜是生活在山野之間的侗族民族較早的崇拜形式。自然崇拜的思想基礎仍然是靈魂觀念，也就是侗族祖先將靈魂觀念應用於或投射到非生命的自然物及自然現象之後，便產生了自然神觀念和自然崇拜行為。由於自然世界是內容豐富，包羅萬象，因此，自然崇拜的種類也很多，根據崇拜物件的不同，一般可分為日月星辰崇拜、風雨雷電崇拜、山川湖海崇拜、動物植物崇拜、火與石崇拜、社稷崇拜等形態。自然崇拜的形態雖然多種多樣，但其具體形式卻與先民們的生存環境、生活條件、生產狀況、生產方式乃至精神文化是有相關性的，不同的生存環境，不同的生產力狀況，不同的精神結構將呈現多樣的自然崇拜形式。例如，居住在沿海地區的居民，多崇拜海神；居住在河流兩岸的多崇拜河神；居住在林木山間的又多崇拜山神和樹神。這種原始的自然崇拜意識與「薩」崇拜意識相結合，成為一體，構成了侗族社會特有的「薩」信仰模式。

　　侗族遠祖歌《嘎茫莽道時嘉》提到關於創世神「薩天巴」〔註10〕育化天

〔註10〕薩天巴為侗語音譯，意為「生育千個姑媽的神婆」。又稱「薩巴慶子」意為神殿上最大的祖神婆。實際上乃是原始人幻想的人神、自然神和動物神的混合體。

地、萬物萬類，一切萬物也附有「薩天巴」育化的神力。

> 遠古那時光，天地蒼芒芒，無孔也無縫，混沌而洪荒。……當初怎
> 樣生下天和地？沒有人能述說周詳，只懂有個祖婆薩天巴，傳說她
> 是天地的親娘。薩天巴生地取名叫「嫡滴」〔註11〕，薩天巴生天取
> 名叫「烏悶」〔註12〕，地是搖籃為母體，又生諸神在上蒼。……她
> 要開天辟地了，賢明的薩天巴啊，招呼諸神到身旁：我要給天改個
> 形狀，我要地換個模樣。天帳方方不好，我要把它改做圓頂天篷，
> 地塊方方不好，我要把它改得像雪一樣。天上要有風馳雲走，地上
> 要有江流海蕩；天上要有日月星辰，地上要有平原山崗。（楊保願整
> 理，1986：4～11）

侗族先民認為天是神聖的，不能得罪，否則祂將降禍於族人。遇有重大
自然災害，要祭祀天，祈禱消災除害，例如「求雨」即是。在侗族意識形態
中，把天和地相連在一起，結成統攬一切，主宰人間禍福的至高無上之神。

在長期的侗錦製作中，使侗族養成了對自然物美化的習慣，這一視覺物
創造雖先源於工藝性的目的，然而拾取完成自然物至圖案化的長期過程所形
成的圖案構成法度也反過來開拓圖案的創造。侗族在觀察大自然中，真實地
反映自然物的外像，把稻米的顆粒狀、葉脈的紋理，山坡土堆的形狀、雷電
的形狀、弓箭的曲直形式、水波紋的重疊波狀等形加以變化，有時具像性的
保持自然形象的相對形似的基礎上，稍有省略或是添加圖案，以便運用到侗
錦圖案上，在侗錦上常見的圖紋如人形紋、十字紋、菱形紋、品字紋、萬字
紋、田字紋，和一些自然生態常見動植物紋、山水紋、樹紋、雷電等圖紋。

（一）山崇拜——山紋

早期的人類在選擇居住地點時，首先的需求是可以遮風避雨的所在，其
次才要求舒適的環境。在長期經驗累積後，根據對自然的細緻觀察及實際生
活體驗，中國古代產生了關於居所、村寨及城市等居住環境的基址選擇及規
劃設計的學說，稱作「風水術」或「堪輿術」。（尚廓，1995：32）在歷史上，
侗族受到道教南下傳播的強烈影響，學到風水學說。《雪心賦》提到「體賦於
人者、有百骸九竅。形著於地者、有萬水千山、胎息孕育、神變無窮、生旺體

〔註11〕嫡滴，侗語音譯，含有天神老母嫡生下來的意思。
〔註12〕烏悶，侗語音譯，上界的意思。

囚、機運行而不息，地靈人傑、氣化形生。」（章貢，1989：貢卷一）侗族的「liongc xienc sdih megx」（地脈龍神）之說應運而生，加重了地崇拜的色彩，於是陰宅選地、陽宅擇地成為族人安葬乃至於建房中的首要考量。認為陰宅、陽宅之尋求之地、更希望從自然山水中尋找鍾靈毓秀的吉地，庶民欲蓋房屋，無不擇地尋龍。風水講究的是「山環水抱」、「藏風聚氣」的環境，重視境當中是否能有氣存在，並認為氣是可以帶給人們良好的影響，能藏風據氣的良好地點就稱為「穴」在擇村寨或是住宅地點時，就是依照環境尋找穴的所在，讓人迎官而就祿、趨吉以避辛凶。或將祖先的墳墓尋找藏風聚氣之地，以庇蔭在世子孫的氣韻，以增加身體的健康，及子系榮華富貴的氣運，與家庭的平案。穴位的好壞當中有山、水、方位等三個重要的元素，它們決定著這個基址藏風聚氣的能力，其中對於風水影響最大的是山的走向，也是最受地理先生所注意的風水元素。山的形勢會影響一個地區形勢是否封閉，封閉的地形可以將氣保留起來，以達到風水中藏氣的理想，且水的流動也會依照山的走向，所以風水之中，一看山形，二看水向，三看方位。因此，侗族設定在有些特定的禁區不許燒磚燒瓦，也不能埋葬死人，違反者，族人認為敗壞龍脈，有傷龍神，引起村寨不安、人畜發病；豬牛亂圈、公雞亂叫，要請巫師敬祭方能恢復正常。〔註13〕

　　侗族認為山有吉神與凶神。入山伐木時，通常先燒一小炷香，並念誦祝詞，敬祭吉神，驅走凶神之後，方才動工。還有早上進山做事不許講粗話，不可亂扔石頭，以免得罪山神而遭致降禍、殃及族人。

（二）水崇拜──水紋與井紋

　　自古以來，侗族生存依源於水，因崇水愛井，侗族婦女將水紋與井紋都織入了侗錦之中。依張柏如先生的調查，百越人崇水，他們的祖先曾經生活在水鄉，人與水有著密切的關係，即使離開了水鄉，人們轉而重視井的作用，這也是古代井紋來源的典故。（圖3-3）在貴州貫洞著名的「牛頭井」，其兩層井臺與侗水井紋的背帶圖案極為相似，說明侗族與井有關，侗族以常湧不絕的井泉，象徵子孫繁衍昌盛。（張柏如，1994：61）侗族認為水有水神，依山傍水的住宅即可得到神靈的護佑；所以與井相關的禁忌也特別多，例如不准在井邊洗便桶、不許在井邊撒尿、不許隨意攪渾井水，……認為若是違反禁

〔註13〕2008年3月31日於通道縣雙江鎮，訪談楊TW。

忌將觸犯污水神，導致村民眼疾。侗族老人過世，入棺前子孫前往河邊取「點身水」時，先焚香化紙後由長子跪地取水，以求告水神庇護亡靈安返仙池；新娶媳婦「送擔」（回歸娘家辦喜酒）之前，新娘先到井裡挑一擔「蓋缸水」倒入缸內，然後才「送擔」出門，寓意由水神保佑，早生貴了。

（三）樹崇拜——杉木紋

侗族認為樹前寨後古樹附有神靈，是吉祥物，不許拆枝，更不許亂砍；同樣視村頭寨腳風景樹為風水樹，能護佑團寨平安無事，繁榮富強，人才輩出，加倍予以保護，嚴禁亂伐，反之會引起團寨雞犬不寧，人心渙散，淫亂不規，必須殺豬請巫祭祀，求之清禳。

侗族崇杉，侗錦中常見有杉紋。侗族認為村前寨後古樹附有神靈，是吉祥物，不許折枝，更不許亂砍；同樣視村頭寨腳風景樹為風水樹。（圖 3-4）傳說「薩歲」在洪水時期曾派燕子過海取杉樹種子，燕子取回杉樹種子後，交給姜良姜妹栽種。從此族人有了住房。侗家為了酬謝燕子，還請它們在屋簷下居住，和族人一起進出往來，所以現在燕子築巢在家屋的樑上而不遭驅趕。（楊權、鄭國喬，1988：212～216）現在，通道縣的侗族還有種植「十八杉」的風俗，每逢出生一個孩子，無論是男是女，家人要在山坡上為新生嬰兒種植杉樹苗。這種為嬰兒種植杉木的風俗，既來源於杉崇拜的古俗，又為嬰兒在十八年後，他們長大成人，山上的杉木也成材了，這時男兒娶親或女兒出嫁，就砍下同自己伴生十八年的杉樹作為婚嫁的費用，因此得名「十八杉」。這種風俗一代一代流傳至今，使侗鄉杉木成林，四季常青。侗族的這種風俗，既綠化了荒山禿嶺，也解決了男婚女嫁開支的難題，無論貧富，每個男女成長後，都有一份豐厚的婚嫁經費。

（四）太陽崇拜——太陽紋

侗族崇拜太陽，傳說太陽是祖母神系中的「薩巴悶」，意思是「天日之母」。因為太陽可促進萬物生長而且把光和熱賜予大地、人類和萬物，所以侗族母親通過祈求太陽神來保佑自己的兒女逢凶化吉與健康成長。所以在嬰兒背帶上繡以太陽紋，並以代表四個星神的小圖紋在四個角落陪襯是常見的祈福圖紋。有的四角用雲紋，以襯托太陽，有的背帶繡了九個太陽。傳說遠古時代，洪水泛濫，淹沒了整個大地，毀滅了一切生物，薩歲置了九個太陽，曬乾洪水，以拯救萬物。侗族對太陽的崇拜，在遠古時代就已形成，抽象的太陽紋

通常在大量出土的銅鼓紋飾中可看到，而且每張鼓面中心都展現出太陽紋。太陽紋在侗錦裡既有具象造型也有抽象造型。（圖 3-5）具象的太陽紋保留太陽四射的光芒或太陽的圓形形象特徵，創作者再搭配各種紋樣加以變化。抽象的太陽紋有變異成花形的，也有純粹以符號表達的。

二、圖騰崇拜（totem worship）

　　圖騰崇拜與自然崇拜的不同之處在於，後者是在社會處於更原始的情況下，所有的人對一些自然現象的一種盲目的崇拜；前者則是母系氏族社會時期，以氏族血緣共同體為單位，對於某一種特定的動植物或其他無生物為對象，將之與自己連結，進而進行有目的有目的的崇拜。圖騰崇拜則是圖騰觀念的行為表現，是適應氏族制度的需要，作為原始宗教的一種形式，圖騰崇拜存在於世界各地原始人的宗教信仰中。

　　圖騰一詞源自北美洲印第安的方言 totem 的音譯，意為為「他的親族」或「它的圖騰標記」。圖騰崇拜來源於圖騰觀念。所謂圖騰觀念就是指圖騰氏族把與自己生死存亡密切關聯的某些動植物和無機物視為自己的祖先或親族和保護神加以崇奉的觀念。圖騰的實體是指某種動物、植物、無生物或自然現象。依照岑家梧先生的觀點，我們通常所說的圖騰，就是人們相信某種動植物為「集團之祖先，或與之有血緣關係。」（岑家梧，1937：1）

　　侗族是古代鄰近的若干氏族交融繁衍而發展起來的，因此其圖騰崇拜是多種多樣的。侗族古歌說到的「龜婆」孵松恩、松桑，松恩、松桑又生了虎、熊、蛇、龍、雷、貓、狐、豬、鴨、雞、姜郎和姜妹等 12 兄弟。（黔東南苗族侗族自治州文藝研究室貴州民間文藝研究會編，1981：3～9）這並非講述某種動物或某個人的故事，而是敘述了侗族先民各氏族發展的故事，龜、松恩、松桑和 12 子孫都可能是侗族先民圖騰體系的組成部分。由於受到兩種生產的制約，有些氏族人員增多，日趨昌盛，有些氏族遭到災難，日趨衰微，有些氏族則完全絕滅，雖然母系制相應的圖騰崇拜在進入父系制後已被祖先崇拜所代替，但人門對女祖先的祖先的崇拜依然存在，使用得圖騰崇拜也以某種方式遺留下來。

　　圖騰崇拜認定動物、植物甚至無生物都與人類有神秘的血緣關係，或者將其奉為祖先和神。表面看來，圖騰崇拜似乎是客體物件力量的增強與社會主體意識身的現實努力和理性追求，只不過迫於客體物件強大的外在傾壓，

不得不借助這一外在神秘力量實現主體自身的意志、願望與追求，即人類自身的瓜眨綿綿。而許多動物不僅體格健壯，力量和勇氣乃至覓食的技能都遠遠高於人類，面對各種突發的自然災害，它們的生存能力也比人類要強得多。如果能夠與動物建立血緣關係，或者尊奉某種動物為氏族的祖先，這種動物不僅不會傷害人類，甚至還會保護人類，滿足人類生存和發展的基本需求。同時，原始人類還認為，與何種動物締結親屬關係，該動物就會把自己非凡能力傳到人身上，使得人類具有如同該種動物一樣的能力和體魄。如和魚結親，就會像魚一樣具有旺盛的繁殖力，氏族也會像魚家族那樣興旺發達。若和蜘蛛結親，就會像牠們一樣網羅天際。正是帶著這種天真的幻想，先民們就一相情願地將動物奉為圖騰，採用這種消極方式求得人口的增殖和氏族的興旺。在早期侗族社會的生活逐漸穩定之後，先民們祈求子孫滿堂的願望更為強烈。他們創作出大量圖騰題材的作品，目的就是通過溝通、協調、聯結主體與圖騰的內在親和統一關係，求得圖騰神能保佑族人的生存與繁衍。

因此，圖騰應具備如下特徵：(1) 每個氏族都有一個圖騰，這個圖騰的名稱就是氏族的名稱，後來發展為姓。圖騰形象就是氏族的標誌和族徽。(2) 每個氏族都來源於此氏族的圖騰，兩者有一定的血緣關係，圖騰可轉化為本氏族成員，氏族成員也可轉化為本氏族的圖騰。(3) 每個氏族都有自己的圖騰感生神話，流行「人獸母體」，即人與圖騰崇拜物的交合形象。(4) 每個氏族對自己的圖騰都有一定的祭祀活動和禁忌。(5) 圖騰是氏族的血親、祖先，也是氏族的保護神。(6) 當一個氏族分裂為若干兒女女兒氏族時，原來的圖騰也分為若干圖騰。(宋兆麟，1989：23～28)

上述對圖騰基本特徵的識別表明，作為母系氏族時期社會組織、意識形態和宗教信仰的象徵，圖騰必然要在當時的經濟活動、物質生活和文化藝術方面有所反映，特別是對於藝術，圖騰崇拜觀念有著巨大的魔力，「圖騰信仰直接引起了一系列從屬於這種信仰的藝術形式的發生或對已經發生了的某些藝術形式進行規範化。」(朱狄，1988) 侗錦作為侗族先民對萬物有靈觀念的產物之一，在圖騰觀念的滲透與強化下，創作更是如火如荼，生機勃勃。侗族所織造的侗錦，從人出生時接到的第一件衣褲、背帶、童帽，平時就請寢蓋的被面，婦女的頭帕，宗教儀式用的百鳥衣，到最後去世時後人為他蓋上的壽毯，處處充滿著圖騰崇拜的內容。

（一）鳥圖騰崇拜

侗錦中各種各樣的鳥紋源於古代百越的鳥文化。（圖 3-6）據河姆渡出土的鳥形雕塑文物考證，距今七千年前的古越人有崇拜鳥的習俗。侗族在故百越後裔自古以來就有「愛鳥如命、敬鳥如神」等傳統。依據鳥鳴的不同來斷定福禍將臨的信號的迷信觀念。若看見食蛆蟲的小雀鳴則為禍至，而看見畫眉鳴則為福至。此觀念至今仍支配著人們的心理。侗族的貧富不分老幼且都有養鳥的愛好，隨處可見到人們提著鳥籠上山下田。侗鄉自古至今都有專門設立的鬥鳥和鳥類交易場所。侗族在鳥類中以仙鶴和雁鵝及鷹為崇拜物件。傳說侗族始祖曾受過仙鶴的撫育，而雁鵝與鶄鷹則是南遷時有著指引方向的神鳥。這些記載都說明了侗族的祖先對鳥類的崇拜，至今侗族都有著鳥文化的遺風，包括在棺罩上紮雁和鶴，在侗錦上織、繡鳥紋，綴飾白羽在服飾上，依據張柏如先生的研究：「自古以來百越人就以鳥羽為飾，侗族的蘆笙衣均為白色羽毛為飾，頭插白色羽毛，身穿百鳥衣裙。」（張柏如，1994：23～26）在生活中以養鳥和鬥鳥等為樂趣等。因此傳承中的侗族也將其崇拜視為神命，在生活中養鳥、鬥鳥；侗族始終堅信鳥能帶來幸福與平安，更將之織於錦緞，穿在身上，對其祈禱，求其庇護。

（二）龍鳳圖騰崇拜

依據張柏如的研究：「天下一片汪洋時，姜良、姜妹在長兄的幫助中得救，並在天使媒官鳳凰的撮合下結成夫妻，繁衍人類。為感念他們的恩德數千年來，侗族保留著崇拜龍、鳳的風俗在建築及各種裝圖紋中，、鳳形象隨處可見龍更被崇為吉祥神。侗錦中的龍紋保留先秦時親切、善良的形象。」（圖 3-7）（張柏如，1994：27）侗族是越人的後裔，千年來由於歷次戰爭與遷徙，保留了崇拜龍、鳳的習俗但有相對獨特的含義，與漢族在《十三經注疏》中的「飛龍在天，猶聖人之在王位」和《左傳》昭公十七年中的太昊時「以龍命官」等均不相同。少昊時人們對「有鳳瑞，以鳥命官」解釋是：龍是胞兄但鳳是天使媒官。漢族的龍自成為封建帝王後，就開始演變成張牙舞爪和使人望而生畏的猙獰形象，現在北京故宮的各種龍的形象就屬典型。而龍在侗族是吉祥神靈的象徵，不代表帝王抽象的龍紋的神聖權威。侗錦中的龍紋，雖然千姿百態，卻萬變不離其宗，至今仍保留了先秦時代龍的善良、慈祥以及可親可愛的形象。侗族的龍崇拜淵源於百越的魚蛇崇拜。在《吳越民間信仰民俗》書中提到，由於百越人漁獵經濟，所以賦予了魚神性；而其溼熱氣候以

及依水而居的環境下，有利於蛇蛟（水蛇）的生長，人煩則把對其侵害的畏心轉變成敬畏崇拜，魚跟蛇由於都是水中生物，所以在百越人的信仰中被合而為一，爾後與隨著帝國入侵而傳入的龍崇拜相結合，成為越人龍信仰的基礎。（姜彬，1992：473～474）古代越人信仰蛇圖騰，蛇為古代越國的象徵，百越民族的後裔，在生活中也沿襲了古越人對蛇圖騰崇拜的習俗。至今，許多地區還殘存著崇蛇古俗，或把蛇稱為地神、蛇神爺爺，敬若尊神，奉若尊祖；或在慶典儀式中供奉著盤若蛇形的供品；在服飾紋樣中則保留有盤蛇紋及遊蛇紋。在侗鄉，龍作為吉祥神，不僅在造型藝術上，甚至在精神領域裡也有它的影響，如各地地名、人名都喜冠以龍字；建寨、豎鼓樓、架花橋、擇墳地，也興講風水龍脈，至今侗鄉仍有觀察風水龍脈的。所謂「指山水以為龍兮，象形勢之騰伏」，看風水第一步即為觀察「龍脈」的形勢。龍脈表示山脈或河川的走向、起伏、轉折、變化，從而推斷地理位置的優劣。根據通道縣芋頭村楊 ZH 先生的說法，芋頭寨之風水源自沖貴山山腳下的岩鷹坡，並沿著老屋山和屋樑山一路發展至寨頭，雙雙包住整座村寨，使福氣能長留駐。此說正符合風水中「尋龍認脈」的觀念，老屋山和屋樑山兩座山脈即為芋頭寨之龍脈，和岩鷹坡地表起伏連綿，地中生氣相互貫通。那麼在侗錦中織繡龍紋樣，當然就是取吉祥如意、保佑平安之意了。

（三）太陽圖騰崇拜

侗族崇拜太陽，傳說太陽是祖母神系中的「薩巴悶」，意思是「天日之母」。（張柏如，1994：27）因為太陽可促進萬物生長而且把光和熱賜予給大地和人類萬物，所以侗族母親通過祈求太陽神來保佑自己的兒女逢凶化吉與健康成長，在此為保護兒童來把太陽紋織、繡在兒童的背帶等服飾上，有的在太陽紋的四周繡四個小圓紋以襯托太陽顯示在背帶紋飾上，表示四個星辰即星神。有的四角用雲紋，以襯托太陽，有的揹帶繡了九個太陽，傳說遠古時代，洪水泛濫，淹沒了整個大地，毀滅了一切生物，薩歲置了九個太陽，曬乾洪水，以拯救萬物。侗族對太陽的崇拜，在遠古時代就已形成，抽象的太陽紋通常在大量出土的銅鼓紋飾中可看到，而且每張鼓面中心都展現出太陽紋。（圖 3-8）

太陽紋在侗錦裡既有具象造型也有抽象造型。具象的太陽紋保留太陽四射的光芒或太陽的圓形形象特徵，創作者再搭配各種紋樣加以變化。抽象的太陽紋有變異成花形的，也有純粹以符號表達的。侗族背帶上的太陽紋，以

黑布為底，侗族婦女用五彩絲線在背帶中心繡一個大圓，周圍圍繞著 8 個小圓，圓的邊緣繡著光芒紋。

　　前文提到，在侗族古歌中，薩天巴是創世女神，是她設計 9 個太陽，曬乾了洪水，解救了後來繁衍侗族後代的姜良、姜妹。侗族對這位女神懷有深厚的感情，至今每年農曆 8 月 16 日都有祭日暈之神的習俗。（楊權、鄭國喬整理譯注，1988）令人驚奇的是，母親背小孩用的背帶，其中心也繡有類似創世神話的圖案。在筆者進行過的幾個侗寨當中，見到無數的嬰兒背帶，最常看見的圖案就是太陽紋；尤其若是外祖母在三朝禮時為新生兒所準備的背帶，其圖案幾乎都有太陽紋或其他象徵「薩」意象的圖紋。因為太陽把光和熱賜予大地和人類萬物，使萬物生長，所以侗族母親祈求太陽神，保佑自己的兒女逢凶化吉、吉祥幸福、健康成長，因此把太陽紋織、繡在兒童的背帶等服飾上，成為兒童的保護神。

三、祖宗崇拜（ancestor worship）

　　祖宗崇拜，是繼自然崇拜、圖騰崇拜之後產生的又一重要的薩滿教原始崇拜形式。它是圖騰崇拜的一種發展形式，是社會生產力進一步發展的產物。如果說自然崇拜純粹是由人與自然的利害關係之外，開始有了追溯自己本原的歷史意識。也就是說，圖騰崇拜開始包含了祖先崇拜的元初意，只不過其崇拜的對象不是一人的魂靈，而是動植物而已。社會發展到母系氏族社會晚期，人類支配自然的能力有了很大的提高，從而增強了人的自主意識和優越感。隨著動物馴養的發明，使人和自然界特別是同動物的關係發生了極大的變化。人們由自然的奴隸開始變為主人，由單純依靠獲取自然物為生活來源，逐漸轉變為可以按照自己的意志和需要培養並繁殖某些生活來源。當然，這時的人類仍然離不開對自然的依賴，但他們畢竟可以部分地表達自然意志。過去那些難以獵獲的凶禽猛獸，此時已開始被人們馴化。因此，人們對自然界，尤其對動物的看法，開始發生重要變化。他們不再對動物持有神秘感，更不會把動物看做是自己的祖先而加以頂禮膜拜。

　　社會生產力的進步是母系氏族社會轉變為父系氏族社會的物質基礎。約至母系氏族社會晚期階段，社會生產力進入了加速發展階段。在圖騰崇拜階段，儘管原始人類的自意識有了很大的發展，並且具備了一定的抽象思維能力，但卻沒有自覺地將人與自然和動植物明顯地區別開來，仍將某種動物或

植物看作自己的本家，進而又把它作為自己的祖先來尊崇。對於自己的同類人，卻沒有將他們彼此間的親密關係看作一種客觀的人類關係加以重視，非但沒有意識到人類本身是高於動植物的，反而將其貶低到低於自身與動植物的關係。隨生產力的提高，原始人類在與大自然的鬥爭中个斷獲得勝利，他們才第一次認識到自身與動植物的區別，第一次認識到自身力量的強大，原始人類崇拜的物件由某種動物或植物轉變為人。將人與獸、人與自然自覺區別開來，並意識到人類無可比擬地高於動物，這同樣也是人類認識史上一個巨大的飛躍。總之，當原始人類認識到自身的存在、力量和價值時，祖先崇拜觀念也就取代了圖騰崇拜觀念。

祖先崇拜的源頭，最遠可追溯至母系氏族社會晚期。那時，隨著抽象思維的產生，先民開始尋找自己的來源，由於「只知其母，不知其父」，女性也就順理成章地成為氏族的始祖。這一由全體氏族成員集體構築的觀念保留在每個人的內在心靈中，只有當原始人類的視線真正由外在的圖騰物轉向人類自身、將對動植物的尊崇觀念指向人類本身之時，祖先崇拜的觀念才得以萌芽。可見，祖先崇拜是由圖騰崇拜發展、過渡而來，人類祖先崇拜的形成過程，是作為圖騰崇拜晚期的圖騰人格化的過程。從這個意義上說，圖騰崇拜是祖先崇拜的先聲，祖先崇拜是圖騰崇拜的延伸。

進入父權制時代後，人們進一步意識到人自身特別是男子在生殖過程中的決定作用，認識到生命來源於兩性的交合作用，因此，人類的祖先只能是人本身，而不是自然物（主要是動物）。由於祖先崇拜觀念滋生於圖騰崇拜的母體當中，故而，最早的祖先就是女性祖先，當父系氏族社會確立後，女祖崇拜才被男祖崇拜所代替。從這個意義上說，圖騰崇拜是祖先崇拜的先聲，祖先崇拜是圖騰崇拜的延伸。

侗族祖先崇拜在其各種崇拜信仰中占有突出的重要地位。由田調印證得知，目前侗族的祖先崇拜大致涵蓋了家祖、宗祖、族祖、始祖崇拜。然而祖先崇拜又應該還有另一個層次，就是遠祖及始祖崇拜。所謂遠祖崇拜，也就是指對最遠古祖先的崇拜。雖然圖騰崇拜的晚期也包含了祖先崇拜的內容，但不是人類自身的祖先，而是與圖騰動植物共同的「祖先」崇拜，他們之間有著嚴格的區分。侗族傳說在非常遠古的時代裡，世界上只有動物，而尚未有人類。人類的來源則追溯到「薩餅」棉婆（也有說「薩餅」即棉婆、龜婆或是

團魚龜婆）孵蛋的神話。古歌中《龜婆孵蛋》是這樣描述人類最初的起源的：

　　四個龜婆在坡腳，它們各孵蛋一個。三個寡蛋丟去了，孵出一個男孩叫松恩，聰明又靈活。四個龜婆在坡腳，它們又孵蛋四個。三個寡蛋丟去了，剩下好蛋孵出殼。孵一個姑娘叫松桑，美麗如花朵。從那時起，人才世上落，松恩松桑傳後代，世上的人兒漸漸多。（黔東南苗族侗族自治州文藝研究室貴州民間文藝研究會編，1981：3）

　　因此，龜婆為人所敬仰，被賦予圖騰因素，也就是圖騰動植物的共同「祖先」。於是龜婆當視為侗族的直接原始祖先或曰女始祖，以致迄今被稱為「薩」的女性之神和所謂「卵」的靈，依然存在侗族所崇拜信仰當中，表現在族人信奉的眾神之內，以「薩」為主導地位，滲透到整個人生之中。

（一）蜘蛛紋

　　蜘蛛是侗族最別具一格的吉祥物，幾何圖案化的蜘蛛紋在侗錦中比較普遍，在各侗鄉均有所見，其表現的形式也是各種各樣，既有抽象符號，也有接近真實形象的圖紋，說明在侗族社會的廣闊流傳著蜘蛛圖紋。（圖 3-9）侗族的始祖是蜘蛛的傳說，在侗鄉普遍流傳，因此人們至今還崇拜蜘蛛。蜘蛛紋的歷史長久，相傳越王句踐受蜘蛛結網不息的啟發，經「十年生聚、十年教訓」忍辱復國；故身為後裔的侗族子民將蜘蛛視為智慧、奮發的吉祥物來崇拜。（張柏如，1994）蜘蛛在侗族的心目中是侗族女性的祖母神，不結網的金斑大蜘蛛是生育出人類的始祖母——「薩巴隨俄」〔註 14〕的化身。廣西三江侗族地區程陽大寨楊姓的小孩出生時，取用楓樹之類的樹葉誘集紅、白、黃的幼小蜘蛛裝入布袋裡（呈三角形狀），繫於小孩胸前，有些地區則在初生嬰兒肚臍周邊用茶油拌鍋墨灰畫一個隨俄的圖案，說是薩巴隨俄賜魂予他，保佑他易養成人。背帶常使用蜘蛛符號，像是金斑大蜘蛛紋，它是類似花朵般能夠孕生萬物的象徵，已成為侗族社會流傳已久的符號，也是侗族薩崇拜的圖騰，這也是本文一再加以強調的原因。在小孩身上掛一個蜘蛛包或在背帶上繡上蜘蛛紋，作為兒童辟邪、保魂的保護作用。〔註 15〕母親們將蜘蛛形象繡入嬰兒背帶上，是對後代平平安安成長，祈望祖母神守護著孩子避除災難、健康順利地成長的心態體現。

〔註14〕「隨俄」在侗語為蜘蛛之意。
〔註15〕2010 年 3 月 31 日於通道縣獨坡鄉，採訪黃 YD。

（二）薩崇拜中的人形舞蹈紋

人形紋由象地反映了古今侗族喜好歌舞生活情趣，是民俗生活的生動描繪。人形紋是以挑花手法挑成的二方連續人體變形紋，此紋樣為手牽手正在跳舞的女性（穿裙）群體形像。所反映的是侗族古代祭祀或是節慶時傳統「踩歌堂」的場面。「踩歌堂」是侗族傳統歌舞形式，侗族稱它為「哆耶」，曾被學者稱為「圖騰歌舞」。在群山峻嶺中通道縣在許多侗寨族人會在鼓樓旁的空地中圍成圈，男男女女踏地而歌。宋代陸遊在《老學庵筆記》中就記述了辰州、靖州侗族地區「農閒時，至一二百人為曹，相握而歌，數人吹笙在前導之」。可見，蘆笙舞在千年前就流行於侗族地區了。「哆耶」在千百年的發展過程中，傳承著侗族的價值觀和審美觀，形成了某些特有的形式與文化認同。這種歌舞活動尤其是女子手持手巾雙手互牽，連結圍成圈的歌舞形式，時常被侗族用織造與刺繡技藝，製作成跨包、頭巾、背帶上紋樣。再現了侗族能歌善舞的民族性格特徵，別具匠心。人形舞蹈紋樣是一種最古老的侗族紋樣之一。（圖 3-10）

「哆耶」最初主要用來祭神祀祖。每逢大年初一集會於「薩壇」前，全寨男女老少穿上盛裝，在本寨德高望重的老人帶領下，按照嚴格的儀式進入「薩壇」祭奠，祈求「祖母」保佑全寨人畜平安，五穀豐登，風調雨順。「哆耶」時每個人都必須虔誠、肅穆，在歌師的帶領下，眾人唱和，踏歌起舞，人們要把對祖先的崇敬，對神靈的膜拜，通過歌舞表達出來。因此，「哆耶」成為侗族的一種固定的文化符號。

侗族古時生活在貧瘠的山地，無法獨立面對各種挑戰。這種祭祀活動，最多可有上千人參加，成為侗族宗族社會的有力紐帶。「哆耶」在宗教傳播中起到了重要的作用，所以其才得以流傳並發展至今。侗族的「哆耶」與宗教祭祀有關的有《進堂歌》、《轉堂歌》、《散堂歌》及《敬祖歌》、《憶祖歌》、《遷徙歌》等。雙層圈舞和手把手、肩搭肩的動作，表現了侗族的集體意識。隨著時間的流逝，「哆耶」慢慢淡化了祭祀的功能，成為侗族節慶的一種娛樂形式。侗族在邊歌邊舞中，以一種非常自然的方式起到傳遞民族歷史、民族文化、民族傳統的作用。「多耶」舞蹈的一般形式是手牽手，或只手搭肩，圍成圓圈，用整齊又有節奏的步伐，邊繞邊唱，邊甩手為拍，基本動作有進步擺、退步擺、哆也步、圓圈向順時針方向前進或向逆時針方向後退。舞者上身挺直，

目視前方，身子隨腳踩地時左右擺動。

　　「哆耶」產生並在當地紮根，而且成為了侗族文化和心理的一部分，它與侗族特有的文化生態環境密切相關，文化生態是「哆耶」得以發展的環境與土壤，而「哆耶」本身則成為了民族文化生態的構成因數與表現形式。在這種特定的環境中，場面的氛圍和表演者的舞蹈形象立刻深深地印入人們的腦海，這些心象會鼓動人們去模擬與再創造。「哆耶」是侗族邊唱邊跳的歌舞形式，雖然無樂器伴奏，但人們用歌唱曲調來統一步伐，以及變換隊形。千百年來，侗族歌舞成為侗族生活中不可缺少的精神食糧，是侗族精神文化的再現，其舞蹈符合人們的審美趣味、價值觀念、宗教觀念和思維方式，它的總體精神體現了侗族民俗文化特徵。

四、生殖崇拜（reproductive worship）

　　動物圖紋的呈現在作為自然崇拜階段的先民生命意識，其創作本身已包含了社會主體意識的因數。生殖現象不僅關係到個人的生存，更是關係到社會群體能否存在和延續的大事。因此，侗錦實際上就是先民集體情感活動的表像。而且，這一表像在該氏族成員中代代相傳，並在每個族人的內心中，存在著深刻的記憶，進而喚起族人對相關客體神秘的知覺和崇拜、敬畏心理。當這種集體共有的心理感受需要宣洩和擴張時，自然而然地織造者產生了侗錦的創作圖紋。就如徐建融教授在《美術人類學》引述一段西方美術學者：「原始社會的藝術活動，像它們的宗教生活和信仰一樣，總的說來，是一種社會的或集體的功能，而不是個人的功能，它是全體成年成員共同勞動的成果，是整個社會共同舉行的魔術儀式的成果，是整個部落共同舉行的軍事訓練和戰鬥活動的成果……原始藝術，毫無例外，是屬於整個民族的。」〔註16〕侗錦作品圖像證明了生殖崇拜與巫術文化之間相生相依的關係，生殖崇拜中滲透著巫術文化的因數，巫術文化的滲入則鞏固和強化了先民們的生殖崇拜觀念。生殖崇拜直接關係到人類自身的存在和發展問題，巫術關注的同樣也是控制人類的命運問題，兩者互滲互化的雙向回互關係進一步賦予了侗錦強烈的神秘色彩，從而使之成為一組組難以破譯又令人魂牽夢繞的密碼。

〔註16〕李斯托威爾（Willian Francis Hare Listowel）著，蔣孔陽譯，1980，《西方近代美學史述評》（A Critical History of Modern Aesthetics），頁204，上海：上海譯文出版社；轉引自徐建融 2000《美術人類學》，黑龍江：黑龍江美術出版社，頁24。

（一）魚紋

侗族的抽象的魚紋從古代流傳至今，而且是以生活中的食魚、養魚、捕魚為主，來形成獨特的魚文化，所有相關裝飾領域裡都有和魚的形象有關係且魚紋隨處可見，如侗族婦女的繡花飄帶和織錦被面的魚紋及挑花頭帕還有蘆笙服上的綴飾魚紋等。（圖 3-11）魚類是侗族及其先民崇拜的重要動物，其歷史源遠流長。在侗族的觀念裡，魚類生活在水中，其生命力和繁殖力都非常強大。生產力低下的遠古時代，而且生產及生活條件艱苦同時給氏族的生存和發展，造成人類壽命較短以及繁衍力和嬰兒的成活率低下。人們渴望與祈求生命力的旺盛和人丁的繁衍。但由於對花草鳥魚的認知能力低下，先民們對人類壽命的長短及生殖力強弱的主要原因是不瞭解，他們通過對自然界頑強的生命力及旺盛生殖力的動植物的崇拜來獲取其靈氣或保佑，並以此達到壽命增長來增強繁衍力。基於水中魚類的頑強生命力和旺盛的生殖力，成為侗族和先民所崇拜的對象。在此侗錦圖案中的魚紋較常見，如中間為大魚的祝壽錦，四周是百花百草，意為「兒孫滿堂，百歲有餘」。其中花草象徵著後代人丁興旺，大魚比喻生活的自由自在即百歲有餘（魚）。在侗族的婚嫁禮品中，男方送禮，除了雞、鴨、鵝、豬肉、糍粑外，魚是必不可少的；而且一定要在魚的腰部圍一片紅紙，掛在扁擔頭上大大方方地送去，女方家才有面子。

（二）竹根花

所謂「竹根花」並無竹竿枝葉的形體特徵，可能因為竹子不易在規範化的幾何形圖案中表現出來，侗女才採用盤根錯節的竹根來表現它。（圖 3-12）由於竹子繁殖和生長迅速，雨後春筍，遍地茁壯成長，便以竹子用來象徵人丁興旺發達，並昇華為後來侗族特有的宗教儀式「還願」。向神明祈求本族、本家人丁興旺發達。這種儀式中所使用的神壇、法器、供品大都是竹製品。

還願儀式是當地古代盛產竹子，因為崇竹而敬奉竹山之神而得名。還願儀式早以失傳，但在通道縣竹塘侗寨還知道其由來。竹塘侗寨傳說在舉行還願儀式時，除了祭神話中人類的祖先（姜良、姜妹），還要請另外七十位神，共計七十二神。接神儀式之前要削七百二十根竹籤，每根竹籤貼上彩紙，分別插在三張方桌上。另外用苦竹做成九拳長的三根竹棒，由三位巫師各執一根，將竹棒的一端騎在胯下，象徵男性生殖器，然後邊唱邊舞，走到各家各戶大門內作性行為舞蹈，見了女人，就用竹棒挑她們的裙子，作為神靈通過

巫師送子。具說這還願舞是沿襲漢代「十二神舞」的形式，通道竹塘侗寨在舉行儀式的廟堂中還掛有十二幅神像，其中包括了侗族的姜良、姜妹以及薩歲，除了保留驅鬼之外，又以竹子象徵男性生殖崇拜，祈求生育人丁。（張柏如，1994：44～49）在田調訪談期間，筆者將各式侗錦花紋一一向侗寨族人詢問請教，並期待都能直接取得各種花紋的名稱。其中除了蜘蛛紋、龍鳳等容易辯識的幾何圖紋之外，更讓人驚訝的是，對於常見在侗錦背兒帶上看似難以了解的幾何圖紋，族人都可以輕易地識別出來。例如圖 11 所顯示的紋樣是為「竹根花」。可見在今天的侗族，對於竹子繁殖和生長迅速、遍地茁壯、開枝散葉等特徵的連結意象；轉而成為以竹子象徵男性生殖崇拜，祈求生育人丁的竹崇拜意識。近現代以來，雖然以上的這些傳統的古老連結意象已經逐漸淡化消失，然而作為服飾紋樣中的竹根花將會長久地流傳下去。

　　由於原始宗教信仰在侗族地區長期存在，所以對人們的思想、生活影響甚深。作為民族現象之一的風俗習慣，它們的產生、發展和演變，無疑也是受到民間信仰的制約和影響，例如「薩」信仰即是其中最具代表性的。此外，在婚姻、生育、喪俗等方面也都是受祖先崇拜的影響，在侗錦織造圖紋中還保留明顯的痕跡，也呈現了圖騰崇拜、自然崇拜、祖先崇拜的標志。總之，侗族織錦因其信仰的影響，侗族織錦也形成了以獨特的「薩」信仰圖案為核心的文化意涵。

表 3-1：侗錦圖紋符號

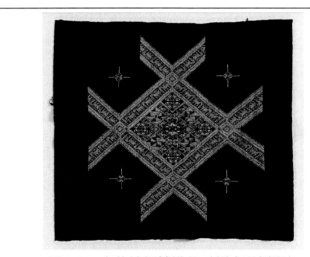

圖 3-3：水井紋侗錦織品（劉少君攝影）

圖 3-4：侗錦杉木紋圖樣（劉少君攝影）

圖 3-5：侗錦太陽紋及星系紋圖樣（劉少君攝影）

圖 3-6：侗錦喜鵲鳥紋圖樣（劉少君攝影）

圖 3-7：侗錦龍紋及鳳紋圖樣（劉少君攝影）

圖 3-8：侗錦太陽紋圖樣（劉少君攝影）

圖 3-9：侗錦蜘蛛紋圖樣（劉少君攝影）

圖 3-10：侗錦哆耶踩歌堂紋圖樣（劉少君攝影）

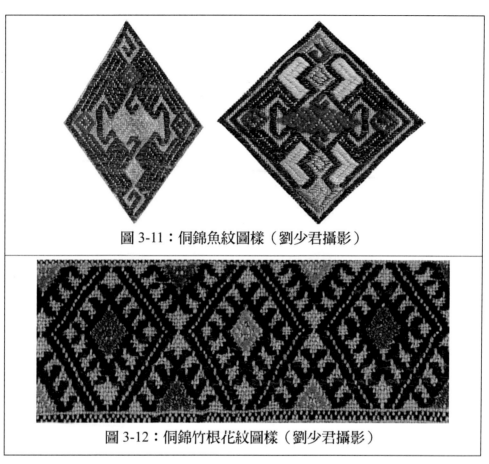

圖 3-11：侗錦魚紋圖樣（劉少君攝影）

圖 3-12：侗錦竹根花紋圖樣（劉少君攝影）

（劉少君整理、製表）

第四章　侗錦傳承與文化嬗變

　　侗錦作為一種獨特的民族文化符號,隨著侗族地區經濟社會的發展,以及和外界交往的加深,受到衝擊和影響也越來越大。侗族是一個古老的民族,在社會發展的長河中,創造了燦爛的侗錦文化。侗錦是數千年來保存得比較完整的文化遺產之一,它不僅為研究侗族歷史提供了可靠的依據,並且為繼承和發揚侗族優秀傳統文化奠定了堅實基礎。

　　因為侗錦總是處於不斷的演變當中,所以才能作為民族文化的代表。這種演變的普遍性,被認為是整個社會文化系統中的一種恒定的因素,它構成了文化發展的一條最根本的法則。在侗錦文化演變的過程中,傳承與變異是最不可忽視的兩種文化現象。從某種意義上說,正是舊的文化因素的傳承和變異,才構成了侗錦文化的發展。而在侗錦文化的變異過程中,「接受」是最重要的一個因素。人們對舊的侗錦文化的接受,自然會形成傳承,接受的越多,傳承現象越是明顯,侗錦文化的發展便會越緩慢。而對新的侗錦文化的接受,便構成了變異,這種接受越多,侗錦文化的變異性也就越明顯,當這種接受的速度與規模達到一定程度時便會形成一種侗錦文化的斷裂,進而產生一種飛躍與質的變化。

　　傳統與變遷是推動社會進步的兩種力量,變遷是社會發展的一種必然的現象。只有在二者平衡穩定的狀態下,按一定規律發生和進行才能保證變遷的正面性。穩定是保證變遷正向有序發生和進行的一前提,而穩定又主要依賴傳統來維護。實際上,如果沒有變遷,傳統僅止是刻板的經驗積累。在侗族地區,文化變遷也不斷在發生著,傳統也不斷在調整著,進行新的積澱與組合,以適應變遷的形勢;文化變遷持續不斷,不可避免,不可阻擋。

第一節　侗錦在當代的變遷

侗錦文化一直以來有著自己文化生態的適應性、功能性、有機性，是一個較為鞏固的有機體系。一個民族的織錦總是與其總體文化的演進緊密相聯的，因而侗錦不僅僅是直觀的物質文化，而且包含著極其深刻的精神文化內容。侗錦所顯示出來的多重文化精神遠遠超出其它載體的功能和意義。侗錦文化伴隨著侗族歷史發展而變遷，在保存自己的文化並將之影響他民族的同時，亦吸收了他民族的精華，形成了侗族充滿生機活力的絢麗多姿的文化。

然而在今天，侗族社會進入了「市場經濟」的體制之內，發生了相應的社會轉型已是事實；這些傳統的傳承機制，在現實生活中不可否認地受到了巨大的衝擊。在社會轉型階段，隨著社會制度的劇烈變遷和商品經濟的快速發展，傳統的侗族社會與侗錦文化經歷著巨大的變遷，必然使自己的文化傳承機制發生轉變，以新的形式來生產和傳播。

一位在貴州民族研究多年的學者，對於少數民族社會轉型現象的觀察有所深刻的撰述：「一個相對自足的民族社會，文化傳承是不存在危機問題的。而當它不能再完全自足地獨立生活，其社會生活資料要更多地依賴於與外界的交換時，文化規則就會發生相應的變化，從而原有的文化就會重新構築傳承機制。在改革開放後，整個社會的轉型對少數民族社會原有的封閉性打破是前所未有的，與外界的交往而形成的影響已進入了生活的各個層面。開放產生變化的實質，就是使他們的生產生活進入更加廣泛的社會分工體系之內，成為整個社會互動的因數，從而使自己的民族文化不能再局限於原有的生產方式來傳承，文化的傳承機制發生了劇變。」（劉宗碧，2008：161）

侗族地區的許多族人都有相同深刻的感受：「侗錦文化在這幾十年來的演變，最為顯著的表現是侗族文化已不再是封閉性的社會環境，這影響到對自身文化的自主性。」〔註1〕強勢的外來文化將影響著侗族傳統文化的傳承，加速其變遷，這種變遷呈現出一種趨同性的趨勢，將影響到侗族文化的獨特性。特別在當今全球化的影響之下，這種社會與經濟變遷，有著將侗族的傳統侗錦文化與現實生活割裂開來的趨勢，也影響到侗族文化的整體性。

〔註1〕2012 年 7 月 24 日於獨坡鄉湘桂黔「三省坡」六月六歌會中織錦藝人黃 YE。

從劉宗碧在研究黔東南苗族侗族自治洲的社會變遷分析來看，下列幾個方面是重要的表現：1.從以族內傳承為主的方式逐漸擴大到以與族外交往為仲介的傳承模式過渡；2.文化傳承逐步走向以現代生產轉型的依賴和重構來實現；3.在經濟一體化的背景下民族文化的生存處於弱化狀態，其傳承對政府力量的依賴加強。（劉宗碧，2008：161～163）

的確，在迎接現代文明所賦予的豐富物質成果時，不少珍貴的少數民族傳統文化和手工技藝正漸漸枯萎凋零。侗錦是中國藝術中保存最完整的、工藝的、精湛的織錦藝術之一。侗錦的圖案、顏色、工藝技巧以及與其相關的特殊知識與技能再再綻放出當地文化的獨特魅力。但是當前的形勢對侗錦的長遠發展而言，並不是很理想，因為現代化的浪潮徹底改變了傳統的社會結構與生活模式，快速獲利的現實考量直接衝擊了脆弱民間藝術的細工慢活，使得後者逐漸脫離社會的需求。然而隨著大環境對改革開放思想的成熟，侗錦得到了復甦的機會；可惜的是族人未能即時洞察並掌握此一機會，多數的族人仍舊以前往沿海打工，賺取立即的酬勞為當務之急，致使這一傳統文化並沒有得到應有的發展，反而使之在現實生活中呈現出一定的局限性。以下就侗錦文化的幾個面向，進行陳述與討論。

一、生產工藝的改進

回顧本論文第二、三章論及湖南侗錦製造的技藝工序與審美文化，呈現出以下四個特點：一是強烈的本土性；二是複雜與耗時的過程；三是平凡卻神秘的技藝；四是工序中隱含著豐富的精神文化。在侗錦圖案方面同樣也具有以下四個特徵：一是編織品紋樣構圖嚴謹，突出主題，具有完整性；二是圖案的採樣十分廣泛，內容也很豐富，多數都是人們喜愛的內容；三是根據紋理圖案編織線，但波浪形的圖案很少；四是色彩淡雅與和諧，體現出侗族的審美意識。

隨著現代科技的快速前進，紡紗技術亦隨之得到空前的發展，制約了侗族織錦的生存空間。今天，大多數侗族織錦藝人還在使用傳統織機，那是一種古老的純木質斜織機。在中國大陸實施改革開放之後，為了適應市場的需要，一些傳統織錦廠和家庭小作坊開始做出相應的改變——將原來的小機床加寬加高，改為現在 2.2 公尺長、2 公尺寬、1.8 公尺高的大型織機，此一改變將原來的窄布幅生產有機會依照訂單的需要增加布幅的寬度。此外，為了

促進侗錦的生產，最明顯的創新是一種特殊的滾線機的設計。滾線機的發明，節省了傳統牽線所耗費的大量時間。例如，一個大型機器至少可以牽線 800 根，如果採用傳統的方法為一個小織機牽線就至少需要三天時間，而且必須佔用大約 30 坪的空間，同時因為一般都在室外牽線，所以對天氣也有 定的要求，必須是晴天。然而採用滾線機牽線則只要 5 個小時與三、四坪的房間，而且不受天氣的影響。經過創新改革，大型織機的另一個長處是，紗線從原來需要一根一根地鑽進筘，直接改成只需要在最後一個結束之後接下一根紗就可以了。這種織機效率更高，節約 5 倍以上的時間，解決了「挑花容易，牽花難」的問題，雖然仍舊在傳統的基礎上，但是卻降低了成本。在織機的零件方面，現在織錦藝人在配件材料選擇時，更注重實用性。（姜大謙，1991）如：撐子，十字繡掛鉤，筘等，以前通常使用銅、鐵或者是牛骨製作，現在大都採用竹子材質。侗族的老人回憶:「在過去的富裕家庭裡，一般用銅做的『挑子』來顯示富裕，而一般人家則使用牛骨製作的『挑子』」。〔註2〕這兩種材質的『挑子』都比較耐用，但是不足的地方就是比較重。使用一天，手腕就會疼痛。現在差不多都採用竹子作為材質，一是竹子隨處可見，二是竹子質量很輕，缺點是不耐用，還容易斷，但是山區村寨竹林隨處可見，取材方便，製作簡單。

二、種類的改變

（一）現代侗錦產品的種類增多

對於現代織錦產品種類的增加，日本民藝學者柳宗悅就開宗明義地認為只有工藝之存在，我們才能生活。如果工藝的文化衰退了，我們的文化也將失去它存在的基礎，所以我們必須重視生活文化。（柳宗悅，2013）手工的侗錦紡織品來自於生活，起源於實用。隨著時間的推移，生活方式的改變，侗錦的數量與種類也得以增加，這是侗錦織造者在不斷的製作實踐中的經驗累積與反覆思考的結果。（胡豔麗、曾夢宇，2011）

因此，一個產品種類的多寡，從側面反映了這個品種所蘊含的文化內容與程度，傳統侗錦用品和現代侗錦用品種類的比較如下表。

〔註2〕2012 年 8 月 1 日於播陽鎮，訪談吳 LH。

表 4-1：傳統侗錦與現代侗錦種類的比較

類型	婚嫁產品	嬰兒產品	服飾產品	祭祀產品	其他產品
傳統侗錦	鋪蓋、帳簾胸巾、腳被	蓋裙、腳被衣、帽、褲背帶、口水兜	衣服、帽子頭巾、腰帶綁腿或腿套圍腰、胸兜	祭祀掛單祭師披的法毯、壽毯	
現代侗錦	鞋墊、鋪蓋大枕套、小枕套、床旗等	衣、帽、背帶、褲	衣服、圍巾帽子、圍裙旗袍、套裝馬甲（對襟背心）	祭祀掛單、祭師披的法毯	壁掛、地毯、背墊、抱枕套、桌旗、電視罩、背包、手機套、靠枕、滑鼠墊、沙潑套等其他裝飾品以及設計特殊服飾所需要的侗錦面料

（劉少君整理、製表）

　　過去的侗錦都是編織在「布絹幅闊不逾尺」的小織機上。現在，結合旅遊市場的發展，各種產品在形狀、尺寸方面選擇性增加，甚至已經有許多長方形的掛壁，並有半成品的尺寸可以達到 100 多平方公尺。該半成品的重複圖案可以用來作為一個小型成品類型的裁剪與加工，如手機套只有長 10 公分、寬 5 公分，因為手工織做的質感與重覆圖案的方便性，造成創新產品的供不應求。更重要的改變是利用侗錦在織造時圖案的重覆性，提供新款服裝設計產業，在民族風材料的取得上增加了便利性，同時相應地也造成侗錦在產品方面的增加。

（二）傳統侗錦圖案的應用減少

　　一般研究侗錦文化的學者認為侗錦圖案的種類方面多達 1 百多種，也有人認為現在的侗錦圖案已經超過 2 百多種，它是由 1 百多種的傳統圖案加上現代的創新圖案所組成。〔註 3〕甚至文字也可以在式樣及設計上加以美化之後，同樣也已經出現在侗錦之中，成為侗錦的另類創新圖案。的確，通過筆者這些年的田調收集與統計，可以列出名稱的傳統圖案大約有 1 百多種。筆者認為加上創新的現代圖案，侗族織錦的圖案應該也有 2 百餘種。傳統的圖案有 1 百多種已是被公認的，而現代的圖案逐漸地增加也應該列入統計中。

〔註 3〕2010 年 3 月 31 日於獨坡鄉新豐駱團侗寨，侗族學者吳景軍、楊旭昉、林良斌之共同看法。

隨著時代的變遷，侗族的價值觀和自然觀也出現了變化，一些常用的侗錦圖案也因為本族人的觀念的改變而慢慢退出侗錦的畫面，同時還出現了一些新的圖案內容。現在專用於老人死後墊棺的壽錦和祭祀時作為掛單和祭師披掛的法毯等的需求在逐漸減少，因此這類用途中的專屬圖案，如戰牛紋、蜘蛛紋等也就漸漸淡出了人們的視線。同時由於受到現代文明的影響，侗錦中還出現了許多不包含本民族傳統文化的圖案內容，如具象的花樓建築圖案，漢族的傳統節日吉祥圖案，以及漢字紋樣等等；還出現了一些創新的圖案，如E形紋、四角花等傳統圖案的變形形式。（王豔暉、陳煒，2010，53）從訪談中可以了解侗錦織藝傳承人的生活是極端辛苦和貧困的，與他們表現在文化上燦爛的「挑花」過程形成強烈的對比，他們在侗錦製作方面的付出與回收完全不成比例，所以他們的生活成為我們這個時代一個沉重的話題。〔註4〕從中我們可以分析出傳統挑花圖案減少的原因：一是在新世紀的現代化社會中，婚姻和生育的傳統習俗和其他的傳統文化一樣地在逐漸消逝，許多傳統圖案不復出現舊時代的需求；其次是曾經精湛於挑花的老人已到了高齡，視力不再、眩暈、耳聾、體力不濟等問題，造成老人不願意花費時間與精力去進行較為複雜的傳統圖案挑花，所以寧可就簡單的圖案挑花，畢竟二者酬勞相差不遠。

這也可以說明遵循傳統「挑花」的藝人，她們通常不願意去創造自己風格的原因。由於傳統圖案費時費工，製作成本高，沒有市場競爭力，已經少有編織了，除非訂做，一般是不會主動生產傳統圖案的。因此，年輕一代織錦藝人多不會織傳統圖案了，傳統圖案只留少數老織錦藝人的記憶裡和博物館收藏的傳統織錦上。

總體而言，當代侗族織錦與傳統的織錦比較，種類和數量都有提升許多。但是，是傳統侗錦圖案明顯的應用在現代社會商品中的數量出現了遞減的現象。如太陽紋、蜘蛛紋等記錄著侗族神話、傳說、民俗、歷史、社會各方面的圖紋，縱使侗錦的傳統圖案就像是抽象的語言，但是卻因為現代市場迎合顧客喜好的篩選機制，以致常用的傳統圖案卻低於總數的一半；換言之，這些侗錦商品常用圖案的應用只是為了迎合現代市場的時尚，對於不受顧客青睞的圖案就自然地被封存。

〔註4〕2012 年 7 月 24 日於獨坡鄉湘桂黔「三省坡」六月六歌會，訪談吳 LH。

三、圖案題材的變遷

　　侗族文化的重要標誌之一就是侗錦，它具有歷史的記憶和展現侗族文化審美的雙重價值。侗錦在早期被稱為「綸織」，它是侗族自己種植棉麻、自己織造的產品，同時也是自己挑線、自己織繡的民間手工藝產品；其結構複雜多樣，設計品種類繁多，製作精巧，充分體現了侗族高超水準的紡織和刺繡。它尤其呈現了侗族對客觀事物和生活的種種體驗，特別反映了侗族婦女在藝術上高度的抽象與誇張的思維。從侗錦圖紋中我們可以知道，它不僅揭示了侗族對圖騰崇拜、祖先崇拜等信仰的文化傳統，同時也匯集了侗族豐富多樣的審美意涵，表現了侗族對大自然的敬畏以及對現實美好生活的追求。侗錦複雜而多樣的圖案，不僅具有很強的裝飾性，同時也展現出雖然簡單但是卻極其精緻、亮眼的侗族民間藝術風格，反映了當時人們的審美價值、文化習俗和侗族代代相傳的工藝製作和藝術品質。

　　侗族在歷史上並未創造出自己的文字，但這個歷史悠久的民族，早就已經出現了類同漢代「男耕女織」的社會分工，這個嚴謹的分工為侗錦的出現打下了良好基礎。

　　在亞洲，關於棉花最早出現的紀錄是在百越民族，《吳越春秋》中提到「越羅穀紗」（王彥，2004：34），可以說明越人作為侗族的祖先，是最先將棉花應用到紡紗層面的民族，更可以知道在紡紗方面，侗族具有相當悠久的歷史。長期以來，侗族女性創造出許多不朽的織繡精品，就像《侗族禮俗歌》中所描述的：「青布、藍布拼成方塊花，紅絨黃絨連成『百歲塊』，純質的白銀塑出群仙圖；繡出的人群能把歌堂踩，繡出的百鳥能歌唱，繡出的黃狗把尾擺，繡出的蜘蛛會牽絲，繡出的杜鵑把花開。」（楊國仁、吳定國，1985：51）由於侗族織繡藝術不斷地被傳承、創造和傳播，使得侗族的這項藝術不斷地發展和完善，它豐富而多樣神秘的圖紋經常讓人流連忘返，倍受世人關注。運用刺繡裝飾的侗錦圖紋也超過上百種，主要分為植物紋、動物紋、景物紋和抽象符號等類型。其中比較常見的圖紋：蛇紋、鳳鳥紋、魚紋、蜘蛛紋、太陽紋、月亮和星星祥雲圖案等。形成這些主題圖案，和侗族的民族信仰和思想有著密切的關係，其中最重要的發想來源是從侗族的自然崇拜和薩文化崇拜的概念中延伸創發。在侗族祖先對自然界適應過程中，給萬物都增加了靈性的色彩，認為天地的禍福與所有人間的事情是相互關聯的；靈魂不死的觀念，使他們相信祖先，包括遠祖、始祖、家族的祖先、宗祖等，他們始終關注和影

響著後代的繁衍和命運。

織錦是中國大陸歷史最悠久的熟絲提花織物，隨著時代的發展其組織與技法都在不斷地變化和創新。西周到南北朝，經線織錦的顏色已經非常豐富。從經錦變為緯錦是內地織錦在唐朝時期的特色，基本組成、內容、風格和彩色圖案都有一個新改版的面貌，他們的花紋和網底是分開的，這樣會使圖案更加突出。（華梅，2001）

除了組織與技法之外，織錦的紋飾圖案也隨著朝代的替換而出現變化，所以織錦紋飾的演變同樣可以為產品斷代提供一定的依據。經統計雷紋、回紋和菱形紋都是早期商周的圖案；由楚國墓葬出土的絲質花紋來看，形態各異的龍、鳳紋顯然是楚國的最愛；漢代的絲綢圖案又改變成為菱形圖案；魏晉南北朝是結合動物紋的圖案；及至唐代又以連珠對禽紋為主；以花為主要裝飾的是宋代；更精彩密集，有各種各種各樣的動物、花卉的是明代宮廷；清代刺繡圖案多有水紋、雲紋、鳥紋、龍紋等，款式精美，種類繁多。（華梅，2001）由侗族織錦在經線、緯線方面色彩的應用，與前述文獻中對於中國內地早期織錦描述的比較，筆者有理由相信，早期侗族織錦曾經受到內地織錦的啟發。

20世紀50年代末，侗族文化專家與侗錦的傳承人合作，對侗錦進行了探究與創新。隨著當時的社會發展，侗族織繡品圖案的取材內容已有創新，「革命聖地」、「祖國河山」、「名勝古蹟」、「領袖故居」和「四化建設」內容等都出現在當時侗族的織繡品裡。（姜大謙，1991：67）侗錦自2008年列入國家非物質文化遺產保護名錄後，近年來得到政府的大力推介，參加了2010年世博會湖南展廳、第十五屆中國國際家用紡織品及輔料博覽會、第四屆韓國首爾國際紡織品博覽會等活動，以及2013年6月15日，通道侗錦作為湘、桂、黔三省區侗族地區數十個國家級非遺產品之中，唯一參展的項目，在國際「非遺節」之中亮相。侗錦作為侗錦文化的標誌符號，在「非遺節」參展的第一天就成為吸精亮點，學者專家對侗錦文化的關注和研究開始感興趣，也因此加速了侗族織錦創新的步調。近年侗族婦女重新拾起織錦技藝，外部的織錦專家進入侗鄉也逐漸增加，經過他們兩者的結合，侗族織錦的主題開始變得更為豐富多彩。因為侗錦在藝術層次上的創新，導引了侗錦錦緞的復興階段，將一些豐富多彩的當代工藝品陸續推向市場，走出中國。例如作品：「雙魚侗錦掛飾」、「侗錦桌旗」、「侗鄉迴龍橋」、「侗錦手機套」等在

旅遊市場極受歡迎。訪談中，侗錦藝人表示：較之於傳統圖案織錦而言，現代圖案的織錦更廣受消費者的欣賞，其銷售很好的理由一是圖案更加精美，深受現代年輕女子的青睞；二是具有時代特徵，透過時下旅遊名鎮的風潮，更增加了現代圖案織錦的能見度。〔註5〕更在2014年第四屆「芙蓉杯」國際工業設計創新大賽中以「『侗襟新貌』民族手工藝的傳承和創新」為主題，該活動中提出「侗襟新貌」的概念是希望為這一特色的地方產品尋找新的出路：新應用，新圖案，新色彩，新面料效果等等。將傳統手工藝融合進現代用品中，使之符合現代的生活和審美習慣。設計要求：從侗錦工藝或圖案出發進行設計，作品需要能夠宣傳侗錦文化，或者能夠鼓勵並發展侗族婦女的手工勞作。〔註6〕活動中計有26件作品投稿，13件與侗錦創新有關。也說明了，在侗族民族文化創新當中，侗錦圖紋是最具民族代表性，同時，也是文化創新題材中最方便轉換的因素之一。

四、原材料的改變

侗族的服裝面料也如同其他民族一樣，是經過一系列的演進過程，亦即樹葉樹皮→草本蔓莖→葛布→麻布→絲綢→棉布→化工布料。在現實生活中，雖然已經大量使用新型面料，但是傳統老布也一直持續地被製造與沿用。經過漫長的時間，如棉花出現後，直到中共建政，貴州的錦屏、九寨、劍河、小廣、黎平、從江、湖南通道、廣西三江等縣的偏遠山村，仍都是穿著自家縫製的麻衣；錦屏九寨的石引、小岸等侗寨，也都還保存著完整的種麻、麻線製作、編織、染印的工藝。（傅安輝，2003：44）在侗族鄉村地區，因為對外界的交通不太便利，引進市面線材還是有部份的困難，所以還是可以看見採用自給自足的種植侗錦原料。

傳統侗族織錦是用土絲、土棉線精心編織而成的。以前，族人從植桑、養蠶到繅絲、撐線，從種植棉花到紡線絞線，再到採用自己種植、調製的染料把線染成各種顏色，都是自行製作的。每一過程都由侗族婦女的汗水和心血凝聚而成，都融入了侗族族人熾熱的情感和審美情趣，是真正的手工藝品。

隨著1978年中國大陸實施改革開放，外來的膨地紗、晴綸線等進入侗族

地區，侗族婦女開始在市場購買外來線種，亦即所稱的市線，用來挑花。市線，最大的優點是色彩豐富又不褪色，較之於製作工序複雜的傳統紗線，不但省事，在審美方面的效果更佳。（曹寒娟，2010）最近十年來，織錦藝人幾乎都用腈綸紗和緯紗棉混在一起做成緯線「挑花」，侗錦藝人表示「顏色鮮豔的編織藝術品最受人們歡迎」〔註7〕，由於改變了原材料，導致了侗族織錦的功能開始延伸，由過去純粹的實用性進而轉為裝飾性。

從歷史上看由漢代到清代，侗族都是用自家種植的棉花、自製的棉紗線織造土布，用來做衣服；到了清末，由於侗族居住山區的木材貿易的帶動，造成侗寨週邊的繁榮。漢族發達地區與偏遠侗族地區的交流日益頻繁，逐步打破當地的經濟結構，商品經濟也影響到山居的侗族，這讓很多棉花商品從湖廣湧入侗族村寨，不但相當數量的侗族棉製土線被機製市線所取代，更遑論侗族土布不敵外來的機製棉布。根據傅安輝的研究民國初年，經營規模加大了，侗族地區出現了較多的棉花貿易商和供應商。外來的黃州布、蘄河布、葛仙布、漢口苧布、蘇杭綢緞等，都是他們所主要經營的棉布項目。到了 20 世紀 20 年代湘黔桂毗連地帶的侗族地區遭遇到軍閥混戰的困苦，隨著市場經濟的混亂，棉商減少，只有少數大型企業有資本雇請護送人員保護他們的營運線路與商品，也才保持各個地方的棉花供應。在 20 世紀 30 年代，當時國家的局面相對較為穩定，棉花市場重新開始繁榮起來。北京、上海地區棉織廠所生產的人字斜紋布、士林布、府綢等大量被引進侗族地區，在總銷售額中占了 60%，而過去充實市場的各種外來布或本地土布佔據約在 30%。在同一時間西洋布匹也逐漸被引進，在侗族地區市場銷售的分別是：英國產的羊毛華達尼、細毛尼、毛嗶嘰和滾金邊的羽綾來自印度，以及其他地區的絲綢在侗族地區約占銷售總量的 10%。（傅安輝，2003：45）一連串的政府政策的改變，對於這個時期的侗族地區的族人來講，面對大量市場外銷的需要，以及引入外來的材料，開始嘗試到使用市線、市布等材料的方便性，對照傳統繁複的織造工序，將有更大的轉移影響。

根據村寨中耆老的記憶，中共建政之後的 50 年代後期，侗族地區同樣因為「大躍進」的影響和人民公社的設立，都是集體生產勞動的方式，因此以家庭為單位的經營方式全數終止，自行生產棉花製作土布則大幅度減少，甚至絕跡。在 20 世紀 60 年代和 70 年代，市場上供應之各種國產和進口面料再

〔註7〕2014 年 4 月 16 日於雙江鎮「大戊梁歌會」會場，訪談楊 YD。

次恢復生機，土布生產也再次受到打擊，因此，侗族穿著土布面料衣裳的人口就不斷下降。到了改革開放的時期，侗族地區發生了許多巨大的變化，侗族已經接受了化纖面料，例如滌綸、尼龍等，不少侗族的年輕男女已經開始追求代表時尚與先進的市場面料。傳統保守意識正在發生改變，轉向改革開放的新思維，此一現象像是一股無法停止的潮流，造成當時以土布編織的產業與加工成為一種罕見的現象。（傅安輝，2003：45）說明了，洋紗進入後，少量使用機械紡的棉紗，但主要還是土絲、土線。20世紀80年代開始，毛線和機械紡的絲線棉線逐漸取代了土絲土棉，之後開始廣泛使用纖維合成的膨體紗。

　　現在侗族地區的衣料、染料等大多為外地舶來品。燈芯絨、平絨布不僅取代了自織的格紋布、花線布、平紋布，而且成了他們日常生活中不可缺少的常用布料。陰丹藍等寬幅工業布取代傳統藍靛染的窄幅自織青色布，成為侗族女子們夏天常用的衣料。傳統自繅絲、抽絲和染色的繡花用絲線也多為上海、杭州等地廠家生產的現代尼龍線和化纖線取代。本地自產布料、絲線等使用率大為降低，甚至逐漸消失。由於成品棉紗、布坯、面料、絲線、毛線、晴綸線、化學染料及縫紉機等的大量湧入，所以傳統的棉花種植、種桑養蠶、紡紗、繅絲、織布、染料種植與製劑、染布的活動減少了，過去他們賴以生存的種棉、養蠶、紡、織、染、繡等工藝逐漸衰微，以致消失。就是在侗族中最聚居的地區，種棉、養蠶、藍靛種植等已不多見，侗族婦女們或購回成品紗織成傳統的格紋布、花線布，或購回絲線成錦，或乾脆購回布坯自染，染料也多為從市場購回之化學染料。（曹寒娟，2010：14）

　　由此看出，自從工業染料進入市場後，族人已經逐漸地放棄使用自製的植物染料進行染色，而改用直接從市場上購買的現成染料進行染色，有的連染色程式都省略，直接購買染過色且含棉量較低的滌棉線。以前由於自染工藝不夠嚴謹而造成的織錦易掉色的問題，在使用染好色的現成棉線後得到了解決。傳統織錦的原材料發生了改變，這種變化對侗族傳統織錦產生了非常重要的影響。但是因為傳統的土絲、土線織出的侗錦厚實平穩，除了顏色問題之外，它的紗線品質良好，而且常久耐磨耐用，視覺美觀大方；而毛線、膨體紗織出的織錦則疏鬆輕飄，色彩過於豔麗，給人不結實厚重的感覺，失去了傳統織錦的內在品質；因此目前原材料的傳統現代之爭仍在織造人的心中矛盾者。

五、審美價值的變與不變

在人類發展的初期，因為掌控自然的能力微薄，人們仍然無法抗拒天災帶來的傷害。在這種情況下，一個人在自然界獨立生存是很困難的。因此，在人類的社會生活中，就自然地形成一個個群體，出現了原始氏族和部落的社會組織。這種社會組織具有它的特殊使命，就是要求其成員維護氏族與居住領域或是部落的安全和利益。所以氏族與部落必須做到內部的向心與團結、共同抵禦外敵的入侵，避免自已被另一個氏族或部落所滅絕或取代。到了近代，侗族地區仍然還有一部分村寨具有這樣的生活方式，侗族的「款」組織就是最明顯的例子。「款」有大款、小款之分。一般的小村寨為小款，很多個村寨集合形成了大款。每個區包括骨肉親情有關係的許多村寨，訂立許多共同的條款。款約約束內部管理，維持公眾秩序，確保每個成員從事生產勞動，並保護其共同利益的作用，對外則有防禦和抵抗的作用。（石開忠，2009）這種「款」組織擁有悠久的歷史，對大「款」而言，它形同村寨之間的軍事聯盟，對小「款」而言，又扮演著有如村規民約般的法律角色，甚至代表著統道德的約束力量；所以對於各村寨的內部管理及生產勞動之維持，「款」組織至今還有一定的約束力。侗族款之於其他少數民族，更容易形成群體意識，而且形成之後的群體意識也更不容易被挑戰，因此「款」組織的存在，促成村寨中在特殊的生產和社會實踐中，形成一股強大的我群意識。

侗族這種群體意識同樣也反應在審美意識之上。每一代的侗族婦女根據自己的經歷，將具像的共同生活事物和抽象的想像力結合，而後將形成在腦海中的畫面巧妙地編織在各種的織品用物之上，形成細密、完整的整體圖案，讓這個過程呈現出一種全新的刺繡之美，亦即簡約與和諧之美。侗族這種出色的民間織繡藝術乃是出於一代代婦女的辛勞成果，其實它也就是在群體的審美意識指導下所進行與完成的民族遺產。

世界上大多數民族都經歷過由原始社會到現代社會的發展進程。但侗族的發展史有著特殊性，侗族地區是直接地從原始社會跨越到封建社會的。（侗族簡史修訂編寫組，2008）壓迫和剝削現象在侗族地區就更為嚴重，造成侗族的不斷抗拒。到了明清時期，吳勉等人領導侗族地區的農民與官府對抗，為的是追求工作的安適與生活的改善。換言之，即使外在世界走向一個暴力的時代，但是安居樂業、自由愉悅、崇尚自然的風習反而不斷地在侗族的心中世代流傳。因此，侗族的圖案織繡工藝品和民間藝術大都是天然的花、鳥、

蟲、魚等吉祥物，這些內容也都是寧靜、和諧、自然或是對神的崇拜，或是嚮往幸福的生活，也可以說是意象創造者對未來願望的表達。例如「金雞銜石榴」是一個隱喻，意思是金雞把金石榴給了世界，使人類延年益壽、五穀豐登。圖上的許多花、鳥、蟲、草也都表現出了充滿活力、和平景象與寧靜和諧的自然之美。由於意象的創造者多數是基層的農民婦女，所以由侗族傳統織繡的內容看來，它從不強調「權」和「勢」，也絕不暗示某一特定階級的利益。

隨著經濟的發展，侗錦不僅僅只是作為日常生活的必需品，其功能也越見增加、日趨繁複。例如禮品功能，與朋友和親戚之間的禮品交換；其次是愛情信物功能，即年輕女子給情人的信物；第三是傳統習俗的祭品功能，每逢寨子祭祖、祭薩的古老習俗，侗錦都是必備之祭祀物件；第四是藝術的功能性作品，這些織錦刺繡本身就是高超的藝術品；最後一項是由前四項所烘托出來的一個重大功能，就是侗錦總承了侗族的自我認同與民族意識的強化功能。侗族織錦與刺繡工藝和侗族的生活有著密切的關聯，更何況侗錦在目前更被賦予了現代文化的、審美的與商品的價值；換言之，侗族民間織錦與刺繡工藝，不論作為一門藝術，或是作為一種真正的商品，其綜合價值不容小覷。

有些中年婦女織造那些精美的家居用品，例如在背兒帶或服飾上的精美繡片，不僅為了裝飾或美化生活，更重要的是製作者將自己生活中的所見所聞，以侗族生活美學的角度，透過精心的織造與刺繡，將技藝傳承予年輕的一代。對於年輕的姑娘而言，不論是織錦或刺繡，更重要的目的是為了展示自己的才華，讓所有的人看到自己卓越的工藝，同時獲得心儀對象的青睞。在侗族的風俗中，評價一個女孩是否合格，主要是看她的帕子是否織得夠水準、帕子上所繡的花是否出眾；織繡技藝超群的女孩，總是聲譽滿寨，這也成為了美姑娘光環的象徵。在此基礎之上，加上侗族婦女的機智，不斷創造侗族織繡的工藝之美，也方使得侗族織繡工藝得以驕傲地傳承，在歷史長河之中，不斷改善和發展。

隨著經濟的快速發展，中國大陸逐漸進入現代化社會，社會轉型期市場經濟帶來的龐大消費，已經動搖文化認同和文化信念，現在的開發後的村落大部分演變成公路商品街。

隨著現代文化娛樂設施的興建和大眾傳播媒介的逐步普及，人們日常娛樂活動中知識性成分越來越明顯。在侗族許多地區建立了文化室、圖書館和

電影隊，富裕後的農民還興起了觀光熱。侗族地區發展以旅遊為代表的文化產業，將深具民族內涵的侗錦文化加以包裝、加工和製作，重現民族的歷史和輝煌。侗族將傳統侗錦精品研製成為禮品、藏品、商品；對侗族傳統佩飾、配飾品的深度活化而走向市場、走淮非侗族家庭生活中；舉辦非物質物文化遺產節與經貿、觀光活動相結合，將以侗族織錦為代表的各種侗族傳統藝術融入到展演中；宣導侗錦文化的政府公務員在重大公務和節慶活動中、休閒觀光時穿戴侗族服飾；觀光景點中增加侗錦博物館的建築，以及對侗錦的推薦、銷售和服務等等。（曹寒娟，2010）

上述這些表明侗族織錦已從供應族人的日常生活勞動，轉向應用於民族文化和民族風彩的展示。由於侗錦產品已經因為商品化的關係而受到改變；換言之，市場化逐步決定了商品的內容，侗錦審美的變於不變顯然受到市場機制的左右。

六、由侗錦變遷引發的深思

侗錦採用的藝術手法是抽象的與誇張的，它強調著形式上的裝飾性美感，並保留一個美觀、簡潔、精緻的民間藝術風格，體現著一個民族的文化內涵和歷史記憶。此外，侗錦的圖案不但結構精湛多樣，而且色彩豐富飽滿。侗族婦女自紡自織的侗錦已經是眾所周知的民族精粹，獲得了崇高的讚賞與重視。它有如一本史書，記錄了侗族的發展歷史，同時也體現了侗族婦女的審美理解、詮釋和追求。

在傳統的侗族社會中，十二歲的成年禮意味著一個人進入了生理的成熟期，從此被允許與異性交往，更重要的是她將學習作為社會中一員應享的權利和承擔的義務。對於侗族這樣的山區農耕民族而言，在「男耕女織」方面的必要知識與技能是選擇對象的主要標準，也是在這個社會生存下去的重要條件，所以女性的織品技藝也就隱含了相當嚴格的審美準則。過去侗族姑娘在成年禮之後開始學習打花，但是今天侗族姑娘在「成年禮」上被要求的就是「好好讀書，考上大學」，對於過去傳統的「成年禮」要件則一無所知。造成這個現象的原因一來是社會改變，所以家庭教育對於傳統技藝的重視早已淡化；二來是學校教育對於有著豐富文化底蘊的織錦文化知識亦未列入任何課綱，純然一片空白。然而，過去村寨中對於傳統文化的教育極度重視，在日常生活中，歷史文化、倫理道德等各方面，長輩悉皆通過自己的實踐口耳

相傳，下一代也就耳濡目染地受到影響與啟發，是潛移默化的教育。現在把這種教育稱之為「隱性教育」，其實也是素質教育的一個重要部分。除了「隱性教育」之外，傳統社會更重視的就是傳統技能的培養，所以從小教導女子心靈手巧的織錦技藝，就是侗族傳統啟蒙教育所承擔的責任。

但近年來這個迷人的民間藝術正在逐漸失去其應有的地位。由田調中發現，作為蘊藏侗錦的文化符號機密，似乎只存在於少數六、七十歲以上老人的記憶中。換句話說，侗族的年輕人幾乎不明瞭「侗錦文化」的內容是豐富與複雜的集合體。其中尤令耆老擔憂的是，深奧的侗錦織造技藝正面臨著嚴重的失傳危機。因此，侗族的有識之士意識到對於這項擁有民族性審美特徵和古老精湛的工藝技術，必須開始進行深入的探索與研究，俾便創造出這項深具民族特色的侗錦織造技藝得以傳承的契機，例如進行創意加值的可能性。

近年來，在侗族地區可以發現侗錦文化和現代文化的結合現象，例如侗錦中出現了吉祥祝福的句子，以及一些實用的時尚元素。這是侗族女性的思維隨著時代而發展，走出侗寨，與外界接觸。目前，當地政府已經開始注重少數民族的文化產業，將民族文化遺產，尤其是侗錦，和文化產業發展進行密切的結合。

第二節　侗錦傳承的式微與反思

隨著現代文明的發展，帶來了豐富的物質成果，但是隨著也帶來了問題，其中最容易被人們所忽略的是越來越多的少數民族傳統文化和手工技藝正漸漸地衰退和消失，所以必須重視對非物質文化的保護和傳承，他們隨著國家的發展而並進。侗錦是中國少數民族織錦藝術中保存最完整且工藝最精湛的技藝之一，在圖案、用色和織造技藝方面都獨具地方魅力，所以保護意義相當地重要。當今社會的競爭日益激烈，新一代的侗族青年為了適應現代化生活的要求，很早就外出接收現代化的教育，所以接受傳統教育的時間相對減少；同時，都市社會的觀念也在漸漸地衝擊著年輕人的世界觀。由於侗族的年輕一代已經逐漸接受簡便實惠的現代日用品，所以他們的生活方式早已發生了變化，影響之一就是造成侗錦作為日常用品的消費群體日漸萎縮。年輕人認為傳統的侗錦工藝品紋樣陳舊落後，品種單一，材質低劣，這使侗錦工藝品已處於滅絕邊緣。另一方面，侗錦的織造過程複雜且費工費時，所以成

本偏高，如此則降低了它的市場競爭力；其低收益也造成許多民間藝人生存艱難，這種現象導致新一代的年輕人對侗錦產業望而卻步，也使得織錦技藝後繼乏人。當前，歷史上「未笄之女郎學織」的情況已經很少見到了。

2003 年，費孝通在北大社會學人類學研究所開辦的第二屆社會文化人類學高級研討班上再次強調曾提出的「文化自覺」，以這四個字來對應當前文化現象的思考，他認為：「文化自覺是生活在一定文化中的人對其文化有『自知之明』，明白它的來歷、形成過程，所具有的特色和它的發展趨向，不帶任何『文化回歸』的意思，不是要『復舊』，同時也不主張『全盤西化』或『全盤他化』。自知之明是為了加強對文化轉型的自主張力，取得決定適應新環境、新時代對文化選的自主地位。（費孝通，1997：22）換言之，是文化的自我覺醒、自我反省、自我創建。我們要弄清它的來歷、形成過程以及它所具有的特點和發展空間。」「文化自覺」這四個字正是表達了當前思想界對經濟全球化的反應，同時也是當代對生活在世界各地多種文化相交融的人類對自身本土文化的要求。當前，對自身的文化，應該有這樣的反思：自身民族的文化是哪裡來？他的實質是什麼？他的未來道路是什麼？

「文化自覺」是一個艱巨的過程！首先要認識自己的文化，根據其對新環境的適應力決定取捨。其次是理解所接觸的文化，取其精華，吸收融合。各種文化都實現了自覺之後，這個文化多元的世界才有條件在相互接觸中自主地相互融合中出現一個具有共同認可前提的基本秩序，形成一套各種文化和平共處、各抒所長、聯手發展的共同守則。1991 年，費孝通在國際人類學和民族學聯合會上作了「創建一個和而不同的全球社會」的主旨發言，提出人類應走「各美其美、美人之美、美美與共、天下大同」的文化之路。（費孝通，1997：22）

從費孝通的觀念看，「文化自覺」至少應該包括四個方面的含義：對自身文化的地位和重要性有著清醒的認識；對自身文化發展狀況和趨勢有著深刻的瞭解；切實處理同各種異質文化的關係；清醒認識並自覺承擔歷史賦予的文化使命。

總之，文化自覺既是一種思想觀念，又是一種批判的、創造的實踐過程。具體說，是對自身文化的「自知之明」的意識和實踐，對傳統文化的「批判繼承」的意識和實踐，對外來文化的「博採眾長」的意識和實踐，對未來文化的「建設創新」的意識和實踐。其核心是民族文化的歷史定位和未來發展問題。

　　隨著侗鄉的生活水準不斷的提升，在經濟衝擊和外來文化的入侵中，人們的思想觀念在不斷地變化，新一代的侗族青年對侗錦工藝和文化的認知逐漸下降，這是一個無法逆轉的事實。部份年輕人認為侗錦很「土」，跟不上時代，既然有現成的紡織品，為什麼還需再自己進行織錦。而且年輕人的生活環境與其父輩的有很大的不同。所以，在社會變遷中，新一代的年輕人對侗錦文化價值認識的不足，這是不可避免的現象。對於侗錦的現狀，人們會有不同的看法，但如何拯救侗錦，許多族人亦無法提出看法。因為族人每天都忙著討生活。面對傳統紡織品，族人也在想辦法把它保存下來，但是族人也是嚮往外面的都市生活，想過上現代化的日子。面對這種局面，想讓傳統不走樣地保留下來是不切實際的。

　　在社會發展和市場洪流的衝擊下，侗錦能否繼續生存下去就引起了一定程度的關注。當然，隨著社會的發展，傳統侗錦織造的內容和技藝發生了變化，致使技藝部分固然有所創新，但是一些類似精神性的傳統文化內容卻沒有傳承下來。

一、侗錦文化當下的問題

　　非物質文化遺產傳承人是民間藝術傳承的重要載體。深厚的文化底蘊和精美的藝術是掌握在傳承人手中，依靠他們的傳承，非物質文化遺產才能得到延續，傳承人是使非物質文化遺產的傳承持續與否的決定性因素。因此，在延續非物質文化遺產傳承的這個過程中，傳承人是非常重要的。但是，人的預期壽命是有限的，如果傳承人一旦消失，非物質文化遺產亦將面臨失傳的危機。中國民間文藝家協會馮驥才主席曾在兩會期間說：「民間文化的傳承人每分鐘都在逝去，民間文化每一分鐘都在消亡。」（馮驥才、白庚勝，2007：2）這段話說明了，在中國對於非物質文化遺產已經開始重視。

　　以湖南省侗錦的省級傳承人吳念姬為例，她表示：「過去，織造侗錦都是母親手把手教女兒，想熟練掌握從紡紗、排線到織錦的整個過程，花個幾年時間都不算多，以前我也曾試圖開個培訓班的方式去教，效果與理想差距很大。」〔註8〕在過去侗族女孩都必須要親自織造一塊作為出嫁的侗錦手帕或侗錦頭巾。成家的女孩，也必須保存足夠的侗錦成品準備在她孩子出生之後，用來做兒童服裝、被子、帽子、皮帶和許多必須的服裝。因此，「每個侗家女

〔註8〕訪談自2010年3月31日於通道縣雙江鎮，訪談吳念姬。

孩長到十四歲都要跟成人學習紡紗織布織錦和繡花，等到十七歲左右就已經是一位織錦高手了，到她結婚已經積累了大量的侗錦……。」〔註9〕吳念姬作為湖南省非物質文化遺產侗錦的傳承人，織了有超過 30 年的織錦，及至目前為止，她認為唯一符合要求的學徒只有她的外甥女和她的女兒。現在她們倆人「被迫」接受學習侗錦織造，她很害怕這一技術失傳了。

吳念姬說：「我沒有不想教，但現在這個時代，願意學的年輕人越來越少。問他們願意跟隨我編織侗錦，他們卻問我每個月薪水多少。」〔註10〕她女兒在學習侗錦之初認為「學習了六個月，還只是掌握了最基本的知識，太難學，整個過程都是手工製作的，光編織紗讓人暈眩，要選三，壓三，最多達到甚至超過 130 根，一個不能錯，否則就是浪費了…與其花這麼多時間和精力去學習編織侗錦，還不如去做導遊賺得多。」〔註11〕這裡可以看到，侗錦織造藝人以往在市場上透過侗錦作為謀生的手段的生活方式，已經無法滿足一家的基本生活，所以他們為了生活，只好另謀出路。現在開展傳承工作，不僅沒有足夠的資金來源，而且沒有大量的傳承主體，這使非物質文化遺產的傳承更加困難。

根據筆者長期在侗寨田調的發現，儘管侗錦文化有著悠久的歷史，但並未將其特色充份表現出來。主要有以下四個原因：第一，當本地人在享受西方文明的成果和現代生活的同時，被潛移默化地接受了西方文化，舊傳統的侗族文化受到嚴重影響；第二，沒有強調侗錦文化作為非物質文化遺產的獨特的藝術性，也沒有發現侗錦可能帶來的可觀經濟價值。訓練傳承人的時間是十分漫長的，而且利潤是緩慢的，年輕一代又更傾向於收益較快的行業；第三，侗錦固然有些的知名度，但是相關單位並沒有把侗族文化作為一個文化區域來保護；第四，現在接近 90％的人通過網站獲取資訊，但是非物質文化遺產在網站的資訊並不完全正確，基本上是處於不完備的狀態。

影響侗錦文化傳承的重要因素也包含著傳承人的生活狀態和文化水準，侗錦這項非物質文化遺產主要存在於偏遠的農村之中，並在農村中繼續發展著，然而現在大部分的侗錦織造藝人仍然生活於貧困的狀態。沒有支撐生活的財源，他們的物質條件不能滿足，這使他們就沒有精力去傳承非物質文化

〔註9〕訪談自 2010 年 3 月 31 日於通道縣雙江鎮，訪談吳念姬。
〔註10〕訪談自 2010 年 3 月 31 日於通道縣雙江鎮，訪談吳念姬。
〔註11〕訪談自 2010 年 3 月 31 日於通道縣雙江鎮，訪談吳念姬。

遺產，使其越來越淡化。

隨著生產和生活方式的改變，很多民族的民間文化因為農耕方式的不同，已經退出歷史的舞臺。「現在的青年人對傳統文化興趣缺失，這些非物質文化遺產就逐漸的存進檔案館、博物館、圖書館，最終可能有從活態變成歷史的危險。」這是聯合國教科文組織非物質文化遺產部主任多維爾所提到的。隨著全球化的發展，異文化之間的交流越來越頻繁，對國內文化選擇理念的影響越來越大，而且，選擇的偏好性也不同，但大多比較偏向於新鮮事物，同時隨著城市化的加劇，新一代的青年人逐漸表現出盲目崇拜西方文明而嫌棄本國文化的極端現象。的確，田調期間，在通道縣獨坡鄉遇到讀書放學回家的女學童們表示，畢業後想要離開故鄉到外地闖蕩，不願意繼續留在侗寨過那傳統的生活，更不想那麼累地去織布。也有部分在外部讀書回鄉過節的學生表示，接受現代化教育的同時，所學習到的知識已經和其父祖輩不再相同，她們自覺視野開闊、信息靈通、追求前衛，很少去為自己民族的未來考慮，甚至有意淡化自己的民族特色，甚至表示侗族的織造文化沒有什麼特色可言。由此我們可以推斷年少的一代對於侗錦的認同感極低，顯然侗錦沒有受到年輕人的重視，更遑論及其對侗錦的保護意識。

任何民族的文化都紀錄著該民族的歷史與社會變遷和傳承，都展現該民族的精神面貌及理想追求。如果民族人士不能尊重與珍惜本民族的文化，顯然文化將失去其載體，所謂皮之不存，毛將附焉？通過對現存民族文化的考察與研究，可以更豐富地追溯該民族的歷史，以及在演進過程中與其它民族的交流情況與變遷，從而瞭解人類社會發展所具有的規律性。例如民族文化的傳承往往是通過風俗及禁忌來表現的，由通道侗族保存完好的侗錦織造技藝提供了母女傳承、薩文化崇拜、以及三朝禮等隱藏於父系社會之下的獨特母系社會發展的一個佐證。民族風俗中有許多堪稱人類歷史研究的活化石，對於歷史學、社會學研究具有非凡的意義。

勿庸置疑，民族文化的傳承具有重要的意義。但如何傳承卻是一個大問題．民族文化傳承的關鍵載體是人，它需要民族後代自覺地繼續本民族的傳統。這裡有一種意識需要被強調，即是認識本民族文化的價值所在。然而由筆者在通道縣所作的田調看出，這種意識在侗寨族人之間已出現迅速地淡漠並消失的氛圍。

在侗族地方，許多青年已逐漸不再回鄉過傳統節日，寨中老人在晚上沉

默著和周圍的一群孩子看電視，不再像過去那樣給後人講自己祖先的光輝業績了，電視有聲有色，比口耳相傳的故事精彩多了。我們試想，當這一代老人逝去後，他們腦海中的歷史記憶和獨特技藝也將隨之而去。再者，傳統的手工技藝由於繁覆的過程，以至生產力較低，不能創造史多的產值，也同樣遭到摒棄。

在通道縣幾個作為民族旅遊開發的村寨裡，表面上我們看到的是繁榮的景像、道路、交通、住宿設施較現代化，民族飲食業、文藝表演、民族工藝品展示都十分熱鬧豐富，但仔細研究則發現民族服飾更加舞台化，演示中的侗錦織造技藝的內容更加形式化。田調中與其正在進行展演中的年輕婦女交流得知，他們想增加自己的經濟收入，所以平時不再參與全程的侗錦織造。甚且在展演的年輕人中，也有部分不是侗族青年而是打工的漢族青年。即使是本民族青年在表演織造過程之餘，也是不知道侗錦的符號或是背後的文化含意，知其然不知其所以然是普遍的現象；他們也只是熟悉舞台展演所需要的那一小部份，對於侗錦織造的流程與技藝則是一片茫然。換言之，他們絕不是發自內心的自覺承襲，侗錦展演只是一份有經濟收入的工作而已。因此這種看似熱鬧的民族文化演展，更注重其經濟效益，從而勿視了民族文化的內涵與根本價值，亦及觀光化的文化展演在傳承上失去了意義。

二、侗錦織造技藝保存的問題

在侗族的發展過程中，織錦文化具有悠久的歷史，也因為在過去的幾十個世紀裡，因為與侗族常民生活的緊密結合，反映出獨特的審美價值與「女織」文化。侗族的女孩在成年禮之後就要開始為自己準備嫁妝，包括婚服和未來小孩子的服裝。牙屯堡鎮村民、國家級侗錦技藝製作傳承人粟田梅回憶：「我第一次上車織錦時是 12 歲，很緊張啊，應該選擇五，不小心挑起了八，我媽一巴掌打了下來，因為我媽心裡急啊！不會織錦，不光是一個寨子看不起，一條河都看不起！」粟田梅說的河流，是指小河片流域，其中流經通道縣牙屯堡、縣溪、播陽、獨坡等，在粟田梅年輕的時代，千百年來的侗錦織造習俗當時仍在延續著。

侗錦織造要經過軋棉、紡紗、染紗、絞紗、絞經、排經、織棉等十多道工序，通過 10 多個程式，過程十分複雜，需要熟練，更要熟記於心。即便日日夜夜都上機，大約一天時間才能織出半尺，十天半個月才能織成一條圍巾。

　　要學習繁鎖的侗錦織造技藝，需要經歷多少的失敗與挫折，需要學習者的耐性和毅力；在現代知識暴炸，強調速成、淺碟式流行文化下，學習者沒有太多時間可以嘗試一再的挫敗。然而，在通道侗族自治縣目前還沒有太多的相關經驗應用錄影與其他先進科技來保護和傳承非物質文化遺產。通道需要快速找尋更適合當代侗鄉族人學習侗錦的策略，激發更多族人運用更多的時間瞭解侗錦的文化內涵，從而建立侗族的文化認同與自覺意識。

　　事實上，隨著科學技術的進步，在協助保護文化遺產的設備和技術上有了快速的發展，其形式也更多樣化，工具也更周全；從開始只有文字記錄，到聲音記錄，最後發展到數位方式保存。少數民族生活的視頻記錄，歷來有志之士都在不斷地探索和研究新的設備和技術來對傳統文化整理和完善。從文本到錄音，再到視頻錄製的記錄載體，雖然載體發生了變化，但文化底蘊的保護一直持續到今天。利用數位化的高科技保留侗錦的織造技藝，一方面有助於永久保存，同時也利於傳承人傳授技藝時，讓學習者反覆觀察侗錦織造的每一道工序。

　　近年來，《中國記憶》、《留住手藝》、《同飲一江水》、《中國影戲》、《中國武術》、《考古中國》等優秀電視紀錄片已經在中國中央電視臺被推出；在當地，每個省級電視和電影媒體機構，開始利用網路媒體，比如：紀錄片、新聞片等，記錄保護非物質文化遺產，大力推廣和弘揚非物質文化遺產。如浙江廣電集團拍攝的《砅石燈彩》，西安拍攝的紀錄片《大明宮》等。現在越來越多的地方通過運用影像的方式來對非物質文化遺產的進行宣傳和弘揚。侗錦織造也順勢搭上了這一波保護風潮。

　　記錄和保存文化遺產的方式主要是三種：文字、聲音和圖像，因為侗錦是傳統手工藝，最直接、最有效的方法是進行圖像記錄；一方面是侗錦織造技藝面臨的困境是陷入瀕臨滅絕的危機，我們必須首先利用攝影技術對侗錦的傳統工藝進行搶救性保護。另一方面是侗錦織造藝術在傳承過程中主要是透過「口傳身授」，依靠單一傳遞知識與技巧的模式一遍又一遍地鞏固。透過圖像將整個過程記錄下來，可以減少師傅的負擔，傳授徒弟更多技藝，還可以讓弟子有更多的機會一再練習所習得的技能。因此，透過記錄保存的方式使得該圖像可以反覆性使用，同時也增強資訊傳遞的有效性，有利於工藝傳承。三方面是利用影像技術將侗錦紡織過程進行記錄，將圖像資料留下，還可以幫助研究人員更直接地瞭解織造工序。因此，利用影像技術算是侗族地

區目前保護侗錦文化相對較佳的方式之一。

透過影像技術保護侗錦與宣傳片、紀錄片的使用有一定程度的區別。宣傳片的目的，是注重影片的視覺觀感與趣味性，往往採用更華麗的影像和動畫來強調，引起觀眾的興趣，但並不全然注重拍攝事物本身的深層內容；紀錄片則往往為了強調拍攝物的內部「衝突」，經常帶有拍攝者的主觀意向，無法客觀地反映拍攝事實。較之於宣傳片和紀錄片，侗錦織造技藝的拍攝目的是對侗錦文化進行保護和搶救，為後人的研究和學習提供資訊；它是同時具有記錄、保存、傳承，研究的拍攝，拍攝著必須客觀地反映拍攝物，不能帶有主觀意向，應該全面地、如實地記錄侗錦的織造技藝過程。

目前侗族地區透過多次專家會議探討如何更完善地利用影像技術記錄保存侗錦的織造技術，筆者曾經親身在侗寨學習侗錦織造技藝，對於每一工序進行深入的調查和研究；並結合筆者以往對於文物數位化的執行經驗，提供建議，期望對侗錦織造技藝傳承有所貢獻。

1. 多機位、全角度拍攝

關於各機組相關位置的擺設，首先要瞭解拍攝的環境，才能夠取得較完善的拍攝角度。侗錦的織造工藝技能包括：軋棉，紡紗，染紗，絞紗，絞經，排經，織錦，彩繪等，每道工序的技術與要領都有不同。為了充分展示侗錦的織造技藝，需要採用多機位置架設。對角度拍攝的方式、架設的具體方案如下：

（1）在織布廠房中選擇一個可拍攝全景的位置，主要負責拍攝織錦廠房的環境，全天開機捕捉畫面；（2）在織錦藝人的一側架設一個固定機位，主要負責拍攝織錦藝人手部動作的近景或特寫；（3）織錦藝人的另一側架設一個固定機位，主要拍攝織錦時織錦工人織錦時手與身體的協調情況；（4）最後還需要設立一組活動機位，自由拍攝臨時出現的工序。

2. 重點拍攝教與學的互動

在拍攝侗錦的紡織過程中，需要傳承人邊傳授邊講解，在複雜的工藝步驟上可以節奏放慢，反復多次進行講解。要如實紀錄織錦時傳承人與徒弟教學的互動，記錄下師傅的傳授方式和徒弟的實踐，並紀錄下徒弟提出的問題。

3. 注重傳承人口述史和訪談的記錄

只透過現場的拍攝記錄是不能充分地體現出侗錦織造技藝的歷史文化內涵的，這需要紀錄人口述整個傳統的歷史。侗錦國家級傳承人栗田梅從業30

餘年，15 歲時，就已經掌握了侗錦的織造技藝，並且能獨立完成整經、穿綜、埋色、補色，挑、勾經帶緯等一系列的編織工序和技術。此外，張柏如先生一生走訪侗族大小村寨，研究許多侗錦中的圖案符號，並將一生所得侗錦符號文化的相關知識傳授給粟田梅，但並未留下任何實質的紀錄；今日張柏如先生已經去逝，透過對粟田梅的口述歷史錄音，是對往後研究者及學習者都是很重要的。對於侗錦織造技藝而言，傳承人是保護文化遺產極端重要的人物，他們是侗錦織造的現在進行式，通過對他們的採訪紀錄，可以看出現在所存在的現狀和問題，方便提供保護與推廣的計畫。

　　4. 後期製作最重要的是影像資料的剪輯，每一項織造工序都要有相應的文字說明，對於較為複雜的技藝，可以採取慢動作的手法。拍攝完成後，要對每一個檔案進行編號，將流程按順序編號，這樣在播放的時候就更加方便。

　　為了讓更多人瞭解侗錦深厚的文化價值，推展與行銷也是相當重要的任務：

　　第一、通過展示與行銷進而推廣。

　　2010 年，大陸的首家侗錦博物館——「湖南省侗錦博物館」在通道侗族自治縣的皇都侗文化村開館，國家級傳承人粟田梅和她的徒弟們在現場展示侗錦織造的完整流程，引來參觀民眾的廣泛關注。參觀者紛紛地向粟田梅請教有關織錦的諸多問題。這項帶有「神秘色彩」的全套技藝呈現在大家面前，讓更多的人瞭解到侗錦是怎樣織造而成的。侗錦博物館成為通道侗文化長廊中最著名的觀光景點。

　　2013 年 6 月 15 日，通道侗錦代表湘、桂、黔三省區侗族地區的數十個國家級非遺產品，在國際「非遺」節參展，侗錦作為侗錦文化的標誌符號，在「非遺節」參展的第一天就成為吸引大眾的目光，當天就有 5 千餘名觀眾駐足通道的侗錦展區觀賞、購買侗錦；通道展區成為人氣最為旺的展區之一。

　　侗錦織造技藝的兩次參展都達到了良好的行銷效果。經過這兩次參展的成功經驗，筆者認為，要在展覽展示中增強互動，將織造器材移駐展覽會場，向臨場群眾介紹工具、展演織造流程，並讓織造學徒在現場操作，同時由傳承人加以講解。

　　第二、運用大眾傳播媒介推廣行銷

　　資訊傳播過程中，大眾傳播媒體是在專業傳播者和公共資訊傳播過程之間的媒介者，大眾媒體具有傳播文化底蘊的特點，是為促進文化發展的最佳

媒介之一。大眾傳媒可以打破時間和空間的局限，將非物質文化遺產侗錦織造技藝展現在觀眾面前。從行銷角度，其內容是對侗錦織造技術進行報導，除了技術層面的基本情況之外，更重要的就是圍繞「當前侗錦藝術所面臨的危機」為核心，讓觀眾瞭解侗錦文化的價值與意涵，以及織造文化的傳承歷史和未來的發展，清楚地說明面臨危機的原因，以及如何應對。

透過不同屬性的媒介，如報紙，雜誌等平面媒體；侗錦織造技藝可以取得引導性話題與之深度對話。在廣播媒體方面，則是透過聲音傳播知識，例如可以邀請傳承人到演播室與觀眾分享自己的從業過程和經歷等；在電視媒體方面，運用影像介紹侗錦織造的侗寨生活環境，根據並影像進行每一項侗錦織造技藝工序的操作流程，這樣更能直接地顯示出織造技藝的全貌與價值。

三、侗錦的傳授與繼承

作為掌握非物質文化遺產之手工技藝與操作訣竅的傳承人，理當是整個侗錦傳承的核心，也是傳承延續的關鍵，但目前侗錦織造技藝的傳承中，出現了傳承人老化等問題，由於較少新血的加入問題，所以可能出現了無秩序和無成效的傳承。因此，如何實現有傳有承的關鍵是解決侗錦織造的傳承問題。

筆者認為，有秩序地繼承是指為文化技藝創造一個適時適地的良好環境以便進行永續的傳授技藝，並且必須培養出夠格的繼承人，使技藝得以代代相傳。侗錦織造技術目前正面臨著傳承問題，陷入青黃不接的危機之中，無法有序傳承。為了解決此一危機，研究侗錦的學者也提出了如下的建議：首先，減少傳承人的負擔，傳承人粟田梅是傳統的侗錦織造技藝支柱的中堅力量。現在她除了織錦，還要管理織布廠房的大小事務，諸如原材料庫存管理，車間工作人員的組織考核，她每天忙於行政工作。她無奈地說，就想安安靜靜的教好後輩，事太多了，根本沒辦法靜下心來。因此，必須減少對傳承人的負擔，使傳承人集中精力在傳授技藝中。再者，為技藝傳承招納人才：這是在侗錦織造技藝保護中迫切需要解決的問題，沒有新的學習者加入，無人傳承。應該試圖從「後繼無人」轉成為「有傳有承」。實現有序繼承，面向社會招聘人才。（吳景軍、楊旭昉，2012）

筆者在通道縣學習的期間也能同樣感受到侗錦技藝傳承所面臨的困境。就算尋找到侗錦技藝高超的傳承人，但是在招幕學習者時，也面臨無從找起

的困境。研究者也提到當下的侗錦織造技藝面臨困難，就是因為沒有有序傳承和有效的傳承工藝。對侗錦編織技術進行有效的傳承，是在技能的傳授過程中不變質，不流失人才，實現生活底蘊，所以有效性的傳承是非常重要的技能。首先，技能必須能夠全面傳承。在現行的傳承人中，培養他們除了從事自己擅長的技藝以外，周邊的其他技藝，也要瞭解、學習。對新人才的培訓上，採取多元的培訓方法，即設計、織造、管理，以及推廣行銷等都是必不可少的。其次，建立完善的傳導機制；從現今傳承人得到每月 3000 元的固定工資，轉化為根據織造的產量而變動的，有別於工作越資深薪支越高的概念。提高傳承者的薪支待遇，創造激勵機制，使得傳承人的生活有保障，紡織起來有更多的熱情。第三，傳承人的文化的傳承有一個自覺的意識。作為非物質文化遺產傳承人，不僅僅把織錦當成努力賺錢的一份工作，更需要對技能的傳承和實現其深刻的文化內涵有所真正的熱愛。（吳景軍、楊旭昉，2012）

　　民族技藝傳承人的角色是一個複合型的角色，他們應是民族文化的繼承者、傳播者、反思者和創造者。要扮演好這種角色，如同前文所提到的，傳承人必須以其文化自覺為前提，就是對自我民族文化進行反省，做到有「自知之明」的意識。（M'Hammed Mellouki、Clermont Gauthier、宋瑩譯，2006）

　　任何一個人，從他出生之日起就被帶入一個預設的文化世界；也就是說，這個世界的價值和意義是先於其個人經驗而存在的，是個體所無法選擇的。作為特定文化繼承者的傳承人需要通過對本民族文化的學習和體認以使自己擁有本民族文化的素養，從而使自己成為本民族文化最忠實的繼承者。這是一個文化習得的過程，是一個對本民族文化進行分析與考量的過程。因為，民族文化是一個龐雜的系統；如何汰弱留強，需要傳承人以文化自覺為前提來加以判斷，如此才能保證其繼承行為的科學性。

　　傳遞民族技藝文化是傳承人的重要使命。如果說繼承民族技藝文化是為了讓自己成為一個民族技藝文化的「既得利益者」的話，那麼傳遞則是為了讓受學習者也成為民族技藝文化的「既得利益者」。現在，家庭已不是對下一代進行民族技藝文化傳承的唯一場所，這是現代教育發展所帶來的必然趨勢。在這種情況下，傳承人在代表本民族傳遞技藝文化時，就必須要有對本民族文化自覺的意識。這一方面有利於強化傳承人的使命感，另一方面也能讓傳承人在傳授本民族文化的過程中對本民族文化進行選擇和組織。（盧德生、馮玉梓，2010：101）

第三節　織造技藝傳承人的文化適應

　　文化是人類創造的特有成果。人類順應自然而產生特定的文化，但人類憑藉文化也可以去適應自然、遵循自然規律、改造自然、滿足人類生存與發展的需要，同時使不同族群長期得以穩定地凝聚在一起。然而，當一個族群所處的自然環境及社會環境產生變化時，其文化就必然發生變化以適應新的環境，以滿足該族群在新環境中生存與發展的需要。

　　文化適應是文化變遷理論中的一個重要概念。20 世紀 30 年代中期，人類學家 Robert Redfield、Ralph Linton、Melvile J‧　Herskovis 用文化適應來理解如下一些現象：「當具有不同文化的各群體進行持續的、直接的接觸之後，雙方或一方原有文化模式因之而發生的變化。這一權威性的定義幾十年來一直處于不斷完善之中，但持續的文化接觸中大量的文化傳播所引起的文化適應，已是學界不爭的定論。」（Milton M. Gordon，1997：91～112；林耀華，1998：396～398；黃淑聘、龔佩華，1998：222～234）

　　個人或群體期望與生存環境達成一致的目標，是人們在文化發展過程中的一種適應。一般來說，文化適應發生的狀況是在個體需要從一種文化轉換到另一種文化，在當初生活的文化基礎上發生不同的異質，做出的一種有意識、有傾向的行為選擇和行為調整。從人類學的角度來看，人類學家通常把群體過程理論作為是文化適應。（羅康隆，2005）因此，本文指的文化適應，是指由於文化上的轉變導致一個族群為了適應生活環境的變化，從而達到對生活和行為模式達到一個共識。

　　功能學派把功能、結構看作社會文化系統的核心，認為社會是一個整體系統，由各個相關部門組成，它們都有自己的功能，作用於整體，一處失調可由其他部門得到調整，因而無論社會怎樣變遷，文化最終會趨於認同，社會最終總是趨於均衡、穩定的狀態。（黃淑聘、龔佩華，2004：236）

一、生態環境與織造技藝傳承人的文化適應

　　從歷史上來看，侗族文化在宋代未發生文化轉型之前，侗族先民由於受所屬文化類型的制約，衣著材料主要取自於野生動植物資源。完成文化轉型後，衣著材料中的人工種植原料開始穩定增加。《溪蠻叢笑》中，共有三個詞條記載了侗族居民的衣著習尚：（符太浩，2003）

　　娘子布：漢傳載闌干。闌干，獠言紵，合有績織細白苧麻，以旬月而成，

名娘子布。

　　順水斑：蠶事少桑多柘繭，薄小不可繰。可緝為紬〔綢〕，或以五色間染布為偽，名順水斑。

　　點蠟幔：溪洞愛銅鼓甚于金玉。每模取鼓文以蠟刻板印布，入靛缸漬染，名點蠟幔。

　　從這三條反映的內容中可以看出，人工種植的衣著原料明顯增加。

　　由於侗族發現了苧麻的外皮纖維可以加工利用於紡紗，織造成為高級的白細麻布，造成「娘子布」新型布料的產生，也因為苧麻的性質有利於紡紗，因此造成了侗族祖先開始大量種植苧麻。前曾述及，侗族早在漢朝時期就開始種植棉花，雖然無法證實當時的種植狀況，然而直到清朝，侗族仍以種植棉花作為織造原料的來源之一。由於苧麻的加入，造成織造原料的多元化，棉花種植與苧麻種植在技術上完全不相同；換言之，侗族婦女知識的擴充與技術的學習是無休的，可謂日日新、又日新，呈現出侗族織造者的智慧、辛勞與毅力。今日的湘桂黔侗族地區已經很難見到成片的苧麻田地，但是筆者在雲南的文山州進行田調時，仍可見到當地的苗族村寨仍然不斷地種植著苧麻，以利紡紗織布。由此可以推測在新型市布或機製紗線沒有進入侗族地區之前，苧麻種植的盛況。從而推知在「娘子布」開始生產之前的侗族衣物的珍貴程度。

　　關於「順水斑」條所提到的「蠶事少桑多柘繭，……可緝為紬」，柘樹屬於桑科的落葉喬木，其價值除了纖維是造紙的重要材料之外，其嫩葉也用於餵養幼蠶。〔註12〕宋時侗族以拓樹養蠶習俗的興起，勢必大量種植柘樹。學者符太浩雖然認為當時侗族文化的再適應所導致的生態改變規模並不大，但可以想像至少住宅周圍的低山緩丘可能受到種植柘樹的影響而造成其他樹種被排擠。此外，當時的柘樹養蠶大多為野放飼養，為此必須防範鳥害，再加上柘樹種植面積的增加，也必然加重了侗族婦女的勞務負擔。

　　《溪蠻叢笑》所提到的「點蠟幔」，在今日的大陸少數民族地區仍可見到大片種植的藍靛草，這種植物與一定比例的石灰和水混合發酵之後，可以沉

〔註12〕柘樹屬於桑科、波羅蜜屬、拓種高約 8 公尺的落葉喬木。生長於 2,000 公尺以下的陽光充足地區，目前在華北以南的全中國都可見到。拓樹纖維用於造紙，嫩葉則用於餵養幼蠶。資料來源（檢視日期：2012 年 2 月 1 日，http://baike.baidu.com/view/2291486.htm）

澱出做為藍色染料的化合物，用以製作稱為「點蠟幔」的成布加工。由《溪蠻叢笑》的這個記載可以了解當時的侗族居民已經開始大量製作藍靛蠟染布匹的面料，這說明了侗族染料的再適應。藍靛草屬於草本多年生植物，雖然對於生長環境的要求不高，但是因為用量大，就意味著侗族婦女必須增加勞務照顧藍靛草。

侗族在織造原料因著時代的變遷而有所不同，舉例而言，到了近現代，由於外部大環境的改變較快，尤其是紡織工業發達之後，紗線與市布的取得較為容易，所以侗錦織造者已經逐步以外來原料作為織錦的主要來源。由於減少了在自製紗線的勞務與時間，侗族婦女使用於織造上的時間反而增加，亦即在生產的數量上較之於過去有所增加。

侗族因為沒有文字，所以表達情感的最好方式是通過精美織物上的圖案來代言。通道境內夏季涼爽、冬季暖和，氣候宜人。年平均氣溫為 16.3℃，無霜期長達 298 天，冬無嚴寒（5.2℃，一月平均氣溫），夏無酷暑（26.2℃，7 月平均氣溫）。自然環境對人文的產出有絕對的影響，所以在這樣溫和的氣候之下，侗族的織造產品之中不可能出現厚重的冬衣布料、也無輕薄的麻紗面料。其中為侗錦所用的生產設備織布機就是取於自然環境中的衫材加工製作，而侗錦的五色錦紗線是棉線與染料，同樣也是完全取自於當地的自然生態資源。花木是侗錦的主要圖案，其中最明顯的就是衫樹幾何化的紋樣，其他諸如牡丹、月季、芙蓉、玫瑰等；此外還有鳳、鴛鴦、麻雀、春燕、牛羊等屬於鳥獸；迴龍橋、鼓樓、月亮、星星、波浪、銀鉤等屬於器物形；悉皆取材自侗家周邊環境的動植物，再將圖像抽象化，成為適合於經緯交叉所適合的幾何圖案。

我們應該注意到人類自始自終都需要從不同的自然生態系統中獲取文化養份，因而需要使用各種方式去利用自然，人類與自然的互動，是相互制約、也是相互形塑；例如侗族為因應自然而發展出特殊的稻魚文化系統，然而稻魚給予侗族的制約又反射到侗族的宗教信仰與文飾圖案之上，甚至於雙方的互動、互補進而反映在形而上的觀念中。如果生態環境改變，相關的民族就得採用不同的辦法互動。整個文化也會按照上述途徑發生系統改變，文化也就從不適應變得適應。另一種可能的情況是生態環境本身沒有改變，當相關文化有了新的技術發明和新的利用辦法，從而將對生態環境的利用提高到了一個新的層次。與此同時，文化的週邊特徵也會隨之而發生重構和整合，從

而使該種文化發展到另一個境界以增加適應之可能性。

　　侗錦文化所面對的自然生態系統是客觀的存在於湘、桂、黔三省區的侗文化環境當中。通道侗族有很多不一樣的地方，織造技藝外在形態上的改變會受到彼此之間不同的影響，如物產、資源等。生態環境作為民間的基礎建設，民族的生活、生計都與生態基礎相互依賴，生態環境也對精神生活和文化模式的環境有所影響和制約。族群要生存，必須對生態環境的棲息地有所適應，包括地理、氣候、資源、物產等，利用當地自然資源優勢，生活模式選擇適應當地的生態環境相。選擇的基本材料如衣食住行，都需考慮到當地的生態環境對自然資源有所提供，這就是由區域生態環境受到限制。同時，這些材料的選擇必須能夠適應當地的氣候特點，並盡一切努力獲得的最大程度的有效利用。民族性格、精神和其他面貌等，在特定的生態環境制約形成的生計方式下微妙潛移地塑造。

　　侗族婦女長期勞動的成果是侗錦的織造技藝，但它卻是來自於侗族先民與其生存環境的完美協調。與自然環境的和諧共生改善了侗族先民的生活條件，也提供了織造所需要的材料，這對於織造的成果產生了決定性的因素。換言之，棲息地的自然環境決定了侗族織錦何時織造、織造什麼、如何織造等關鍵性問題，從而決定了侗族服飾文化的內容、式樣與倫理。

　　織造技藝體現人類在充分了解自然之後所發揮的利用自然環境中的織造資源的成果。族群在產生、生存、壯大的過程中，與自然的物質交換、能量交換和資訊交換是必不可少的。在這個過程中侗族族群扮演著資訊存儲和傳輸的角色，在與自然互動的過程中，族群形成了一系列的文化生活和相適應的生態環境，並且是編織技術的重要組成部分。生活在特定區域的侗族族群並不是隨心所欲地選擇使用侗錦工藝的資源，侗族先民早已體會出自然環境所提供的侗錦資源有一定的限度。換句話說，形成侗錦習俗特色的生態性動因是，生態地理環境以及生計方式，對侗錦資源種類有著相當的影響和控制。侗錦資源因著生態地理環境和生計方式所提供的條件而有所不同，所以侗錦資源實際上體現的更多的是一種文化，它不僅僅是為了織造，同時也是通道侗族適應當地的環境而產生的結果，更是對於當地織造資源的認同，永久地沉澱在通道侗族的文化心理、價值取向和審美規則中。

二、文化困境與織造技藝傳承人的文化適應

國學大師錢穆先生：「各地文化精神不同，窮其根源，最先還是由於自然環境有分別，而影響其生活方式。再由生活方式影響到文化精神。」（錢穆，1971：22）換言之，自然環境也會直接影響各個民族的文化精神，形成獨特的民族性格。同樣地，文化心理也會間接地影響到該民族對環境方面的運用，可以說兩者之間是屬於相互影響的關係。一個族群對自然調適能力和社會環境適應能力深深受到文化心理的影響，文化心理意識的決擇將註定一個族群的發展或存亡，亦即精神文化面貌其實暗暗操縱著一方水土養育一方人的觀點。湖南通道侗族在發展的過程中，為了兼顧適應自然環境和社會環境，因而形成獨特的文化心理，同時也奠定侗族的生存發展。侗族在與主流文化強勢進入的條件下，可以頑強的生存和發展下去，從學習外來技術轉換到同時併進地學習在地的傳統技藝，這種潛在過渡，較多的因素是由於侗族的文化心理推動著族群的文化調適能力。

然而，文化適應策略是提供了兩種文化在相互接觸時雙方成員行為策略的類型學。而國家的政策取向也將影響雙方的策略選擇，同時，某一社會往往會對某種策略有一定的傾向性，而個人在整個文化適應階段，也可能作出不同的策略選擇，並充分理解影響雙方決策選擇的因素。（Berry，1997；陳慧等，2003）雙方對待彼此文化的態度何以形成，在文化適應策略之外，整個文化適應過程的行動存在何種機制，則需要置入一個包羅更廣的框架中加以討論。

在這片多山交通不便的侗族村寨裡，侗族婦女在長期的歷史中，不斷地創造、磨合，累積了她們純手工的生活技藝。這個技藝在侗寨的日常生活中，代代相傳，以複雜的工藝、考究的做工和緩慢的進度著稱，在侗族地區創造了獨特的侗錦文化。

現在的侗錦也屬於「國家級」的非物質文化遺產，近年來，通道侗錦作為由國家重點扶持對象，但以前侗錦也曾一度面臨著無人繼承的困境。主要是因為以往的侗錦文化是屬於自給自足的生產，根據族人的實際需要製作。在市場資訊進入侗寨之後，寨子裡大多數年輕人比較願意選擇外出打工，賺取更多的收入，不願意留在村寨內等待著那不但織造工藝複雜，而且需求有限的侗錦；即使選擇留在村寨裡的年輕人，也不願意亦續從事這門手藝，不少的人只是把織機作為柴火燒掉。

　　侗錦織造技藝傳承人具有自身的文化主體性，但同時他們對侗錦文化傳承行為還受到外界文化大環境的制約和影響，侗錦織造出的圖紋還要適應外來觀賞者的審美感受，由此在某種程度上陷入難以兩全其美的困境。侗族意識到，唯有讓侗錦迎合外來觀賞者的審美感受才能有更大的發展空間。曾在縣文化局工作的歐瑞凡是來自一個古樸的侗族村寨，為了保護這一古老的侗錦技藝，她於 2009 年創立了「呀羅耶侗錦織藝發展有限公司」，她表示：「侗錦丟了太可惜，它是我們侗家生活必不可少的東西」。他還說道：「以前大家的積極性不高，侗錦沒有市場銷路，現在成立一個公司，把每家做的侗錦收集起來再對外銷售，我們用分散生產、收購統一的方法來銷售，解決了人們的後顧之憂。」〔註13〕

　　製作侗錦要經過十多道織造工序，其製作複雜精細。為了提高產品品質，擴大生產規模，歐瑞凡請來了栗田梅協助指導技藝，及至 2012 年涵蓋全縣侗族 11 個鄉鎮，共有超過 2,000 餘人接受了培訓。在第一節中提到近年通道縣活化設計了多款現代的侗錦商品，包括被面、衣裙、胸巾、枕頭、被面、門簾、頭帕、桌旗等織物的鑲邊或整面之用。傳承人雖然能發揮自己的選擇機制，做出獨立的判斷，但是傳承人會隨著當代的需求，所選擇的方向不可避免地會受到主流文化的牽制，致使他們不能完全自主地做出自己的選擇。這一方面表現了侗錦織造傳承人積極地與周圍環境相互調適、尋求發展的現狀，另一方面體現了織造者處於非主流文化的弱勢地位的無奈。

　　為了讓侗錦在活化中保護、傳承與發展，歐瑞凡與栗田梅在縣城和村寨開辦的博物館、傳習所以及「侗錦工作坊」，歐瑞凡還建立了一個原生態的「啞哇帕哇侗族歌舞藝術團」。近年他們受到了越來越多的社會關注，在上海世博會、深圳文博會和全國非物質文化遺產展覽等系列活動，都能看到侗錦產品的展示和隨行的侗族歌舞藝術團的展演。

　　隨著「呀羅耶侗錦織藝發展有限公司」名氣不斷大增、產業不斷發展、市場需求不斷上升，這樣的成績讓侗錦傳承人解決了侗錦在活化中保護的品牌以及需求量的問題。有了對侗錦需求量的提高，傳承人接著要面對的問題是保證有足夠的供應來源。此刻面臨的主要問題是定期生產侗錦，去哪裡找那麼多的人。於是歐瑞凡與栗田梅開始通過全縣、各鄉鎮對織錦愛好者進行

〔註13〕2012 年 7 月 31 日於雙江鎮「呀羅耶侗錦織藝發展有限公司」辦公室，訪談歐瑞凡。

招募，培訓他們，使他們加入到生產侗錦的行列。通道縣對於非物質文化遺產產業化的政策是形成「企業為龍頭，載體是基地，紐帶是農戶」，這影響了整個縣境內的產業。織造技藝繼承人——農村婦女，在閒暇之餘，通過織錦也獲得了不錯的收入。所以加入到此一行列中的人數不斷增多，在牙屯堡鎮、播陽鎮、獨坡鄉成為侗錦文化相對集中的重要生產基地，不斷擴大的生產隊伍使得侗錦文化得到了相當程度的保護與傳承。

「呀羅耶侗錦織藝發展有限公司」不僅是活化侗錦，而且還創造了再就業之路，讓農村婦女們足不出戶也可以創造收入。該公司四年來傾全力於開設專班集中培訓以及由傳承人下鄉開班培訓。到 2013 年年底，總共培訓了2,600 多名婦女。同時，湖南省侗錦博物館、「亞哇帕哇侗錦藝術團」、侗錦展示廳紛紛被建立了起來，通過這些視窗和團隊的陳列、展示和演出，對國家級非物質文化遺產侗錦織造技藝的發展歷史、意義、作用和文化內涵發揮了廣泛宣傳的作用，在各種重大會展活動中，現場表演侗錦服飾節目，展示了錦織造技術......等，展示演出超過 300 場，觀眾超過 15 萬人。由於侗錦織造技藝的產業化發展，不僅是造就侗錦傳承、發展的機會，同時保護了傳統的侗錦文化；此外，就實際層面而言，更提供了廣大農村婦女們的就業機會，大量解決了農村婦女的就業問題。目前，全縣在家織錦的婦女就有大約 900 多名。她們其中有技藝較高的人年收入曾經超過萬元人民幣，婦女不用外出就業，在家裡織錦，既不誤農事，還能照顧家庭、護理老人和孩子，實現了不出家門可以脫貧致富的理想。

由以上案例和論述，我們也可以得知，文化適應的策略是面臨兩種文化相互接觸時，非主流文化的成員如何自主地選擇行為策略，另又在政府政策指導下，非主流文化成員又如何選擇其策略。侗族透過政府所制定的政策下，逐步進行適合侗寨環境的各別生產、集中銷售的產業發展，從文化困境中，走出適合當代的侗錦文化產業。

三、文化傳承與織造技藝傳承人的文化適應

過去，在侗族青年男女談情說愛時，男方將會收到女方贈送的侗錦作為信物，以表達愛意。十餘年之前，整個侗寨的家家戶戶，至少都擺有一台或幾台木制的土織機，它是侗族婦女用於織錦的機器。侗族生下了女兒時，母親交給女兒的第一門手藝就是侗錦的織造技藝。女孩長到了十幾歲就要開始

學習織錦，等到出嫁當天，由父母或兄弟贈送的木制織機將作為嫁妝送到夫家，讓她為全家人織布或織錦。成為一個母親後，讓她把織錦技能傳授給下一代，以此代代相傳。

通道侗族侗錦的傳承歷史，就是一個不斷發展、流傳的過程，也是侗錦織造者在選擇侗錦中沉澱的過程。當地侗錦織造技藝者主動思考和分析織錦織造者在傳承中的新環境，及時對侗錦的發展規劃進行調整。通道侗錦工藝傳承的目的是恢復當地的文化底蘊與復振文化傳承。侗錦傳承人選擇侗族重要圖紋，例如迴龍橋紋、鼓樓紋、龍鳳紋、蜘蛛紋等，作為文化傳承的重點來帶動整個侗錦文化的傳承，基本上是受了外界對侗族印象的影響。下面以當地侗錦傳承為例，討論侗錦織造技藝者的文化適應的過程。

在 20 世紀 60 年代，通道侗族自治縣牙屯堡鎮樹團侗寨是粟田梅的出生地，粟家幾代女性都是紡織侗錦的好手。受環境的影響，至 12 歲，粟母就開始教她由紡紗到織造的技藝，真正上機開始織布的時候也就是十三、四歲。她通過織布機，做的東西大多屬於侗族女性代代相傳的內容。大半輩子的時間都用於編織侗錦。侗錦編織工藝非常複雜、難學，但她深受侗錦圖案的吸引，所以從來也沒有放棄過對於編織技藝的熱愛。她不僅向母親學習，還請教、拜訪村中的多名老師傅。因為她的勤奮學習、刻苦鑽研，15 歲的她對侗錦的織造技藝就已經完全掌握，能獨立完成一系列的編織工序和技術。由她所織造的一幅兩個孩子手牽手的作品，受到了許多人的讚賞與認可，這樣更加深了她對侗錦織造的信心與喜愛。

80 年代初至 90 年代初，在侗錦織造領域已經小有名氣的粟田梅，被縣織布廠延攬，成為了一個技術員，之後當上了車間主任。在 90 年代初期，由於企業重組改制，粟田梅不得不回家務農，但是她花更多的時間在精進侗錦織造技藝和研究創作上。近 40 年過去了，織布機到現在還放著在她的家裡，有事沒事還用它做活。她的生活與侗錦分不開，她一生的追求就是使侗錦更為精美。

2006 年，憑著紡織技藝的出色表現，中國工藝美術學會將粟田梅評予「中國優秀織錦工藝傳承人」。2008 年，國家非物質文化遺產名錄將侗錦列入，其技藝項目被選入第二批國家級非遺名錄。第二年，國家級非遺代表性人物將粟田梅列入傳承人，是文化部唯一認證的國家級非物質文化遺產侗錦織造技藝傳承人。身為侗錦傳承人的粟田梅生活更加忙碌，通過在當地政府開班侗

錦培訓班，開設公司成立侗錦紡織技藝，來保護傳承侗錦紡織技藝。

栗田梅認為現在能夠專心學習的人不多，尤其是年輕人，因為掌握侗錦技藝需要時間較長，這不利於技藝傳承。現在有些工序機器雖然可以代替，但是機器無法與手工技藝的精美相比。值得高興的是，現在的侗錦市場形勢走上正軌，逐漸好轉。她認為：「將侗錦作為披肩、床上用品、壁掛等，提高侗錦的實用性是我們現在正在努力所做的事情，將這些織品銷於國外，使其受到歡迎，擴大市場。」〔註 14〕現在每年近兩萬件侗錦成品，是栗田梅與其他織造者要完成的工作量。

「傳授」和「繼承」兩種動態活動組成了侗錦文化的傳承，傳授者和繼承者共同組成了侗錦文化的織造技藝者，其充分的互補性，使侗錦文化在傳承上不斷地擴展，以實現其永續發展。侗錦的發展方向和未來前途，受其傳承態度和文化遺產活動的影響。

四、文化創新與織造技藝傳承人的文化適應

廣義地說，文化是人類對自然和社會的適應方式。人類為適應環境創造了一定的生產和生活方式，因此，文化成為人們適應環境和社會的對應物。

文化適應過程具有兩個特徵：「創造與保持，前者是一種結構和模式的進化，這種特定的結構與模式能使一種文化或一種有機體實現必要的調整以適應環境。後者為一種穩定化趨勢，即保持已實現的適合的結構和模式。」（Thomas Hardy 等著，韓建軍、商戈令譯，1987：37）適應過程的全部結果就是產生一個有組織的文化整體，它包含著一種綜合性的技術、社會和觀念，它應付著可供選擇的自然界和外部民族（文化）的雙重影響，使文化通過變異產生多種文化和多樣性，使人類有可能利用地球上的各種資源；人類的文化也有相似之處，任何一種文化絕不會一成不變，它既有傳承又有創新，在新陳代謝的過程中不斷地尋求「適者生存」的方案。

在通道的侗錦織造者對於侗錦文化的創新，主要表現在以下幾個方面：

通道是侗族活態文化保存最好的地區之一，通道的侗族文化歷史淵遠流長，文物古蹟豐富多樣，例如在百里侗文化長廊的重點文物保護共有 6 處 14 個點、侗族傳統村寨有 90 多處、416 處為不可移動文物。通道的「非遺」獨特資源，是侗族木構建築、侗錦織造技藝、侗族大歌、侗戲以及侗款的傳奇

〔註 14〕2012 年 7 月 24 日於牙屯堡鎮，訪談栗田梅。

等傳統藝技發源地，其中前 3 項屬於國家級非物質文化遺產。

　　通道侗錦成為中國著名的織錦之一，筆者將之與傣錦、黎錦、土家錦並稱為中國少數民族四大名錦，其製作工藝獨特、圖案帶有侗族特色、民族風格鮮明。近年來，通道縣進行了大膽的創新和發展，充分利用民族文化資源，打造文化旅遊產業、壯大文化產業。對國家非物質文化遺產項目的侗錦，進行了有效的探索，在保護和傳承、藝術內涵的豐富化、使用價值的提升、市場化開發等方面都有所突破。

　　2009 年舉行了通道縣首屆侗錦展示展銷會，先後在牙屯堡大戊梁歌會和縣民族劇院，成立了第一家以生產線方式的製作和銷售的侗錦坊──雄關侗錦坊。

　　2010 年通道縣舉辦了第一場兩岸侗族文化傳承與創新研討會，由湖南省人民政府臺灣事務辦公室主辦、懷化市人民政府，旨在為兩岸文化交流搭建新的平臺，本次研討會探討侗族文化傳承與創新，促進通道侗族文化遺產項目申報世界文化遺產。

　　在研討會上，雙方的專家們對侗族文化景觀保護、侗族文化產業發展、原住民和生態旅遊等進行了學術交流和討論。專家和學者認為，大家共同的責任是使優良的侗族文化遺產受到保護，走出侗寨，走向世界。其次就是完備三坡省與侗族文化生態實驗保護區，協助民眾探索該地區、促進深入研侗族文化，進一步豐富學術交流形式和內容，為建立通道侗族世界文化品牌提出意見。

　　為促進侗寨「申遺」，台灣清華大學、政治大學、暨南大學、南華大學和北京大學，都有學者來到通道，撰寫了 30 多篇文章，展開了實地考察。同時也在臺灣舉辦多次研討會，讓臺灣民眾更瞭解侗族傳統文化。國立政治大學民族博物館館長張駿逸教授帶領學生，曾在南部侗族的八個地區進行了實地調查，收集了超過 120 件物品，反映了南部侗族物件的特色，並在臺灣舉行了「別有侗天──侗族生活物器特展」，這是臺灣首次展示與侗族文化相關的展覽，這是臺灣人對侗族文化的啟蒙理解。

　　通道侗鄉的侗錦織造工藝精細，更重要的是，編織使用的是耐用的棉材料，越洗越緊的面料，越洗越鮮豔的色彩。幾年前留下的侗錦被面現在看起如以前一樣，不走樣、不顯舊。以往織造的侗錦主要以幾何圖形、動植物和侗族民俗活動踩歌堂等圖案為主。因此，侗錦也是載體，例如在侗族心中的

精神圖騰是蜘蛛，它記載著、反映著侗族的生活以及文化發展的變遷。

2009 年由中國紡織工業協會在是上海新國際展覽中心主辦的第十五屆中國國際家用紡織品及輔料博覽會，第一次推出中國非物質文化遺產 100 幅侗錦精品在展區裡，侗錦造織技藝代表傳承人栗田梅在現場精彩的演示了侗錦織造技藝，受到國內外學者、專家、商人等眾多人的喜愛。其中，栗田梅將自己帶有蜘蛛圖案長 3.3 公尺，寬 1.公尺的侗錦帶到了上海世博會，那副蜘蛛圖來自美國的廠家和研發單位，當場以高價買下，並表示希望和她簽訂合約。其他也有國內外公司與達成與通道合作意向。主辦韓國首爾國家紡織品第四屆博覽會的韓國 WJC 公司，邀請侗族自治縣組團前往韓國首爾出席博覽會，並展出國家級非物質文化遺產——侗錦。

栗田梅很開心看到外界對侗錦的喜愛。回家後，心想如何讓更多人瞭解侗錦和桐鄉，把侗錦的圖案織得更美，挖掘更多的侗族文化元素，受到大家的喜愛。她改進原有的技術，把更多的圖案變得形象生動。蘆笙、寨門、迴龍橋、鼓樓及侗族的生活等文化元素都被她反映在侗錦圖案上，侗錦在她的手中變的得活靈活現。現在，古老的民間工藝品侗錦也有了新的用途。侗族婦女心靈手巧的把侗錦織成了新款式的背包、壁掛、被面等，出現在市場成為了搶手貨，新的活力注入了侗鄉經濟建設，更豐富了侗錦文化。

2013 年以來，通道用於侗錦科創項目累計投入 100 萬元人民幣，國家外觀設計申請成功 6 項專利，授權 6 項，初步建設的侗錦基本（藏品）資料庫建設，填補了中國專門性資料庫資訊描述的空白，並用在侗錦傳承與創意再利用的領域上。2014 年，實驗區的建設、整合資源優勢、通過科技創新、發展創新將通道侗錦依託成了可持續發展產業，使「設計、生產、銷售和服務」實現一體化，組成為新型文化產業鏈。

被譽為「侗族文化聖地」的侗族通道，有非常豐富的非物質文化遺產，成為了中國著名的織錦之一，其被列入國家級非物質文化遺產項目名錄的是「侗錦織造技藝」。至 2013 年以來，因為湖南省科技廳的大力支持，所以通道科技專案創新得以發展；充分挖掘傳統元素，在侗族非物質文化遺產中結合科技創新文化項目，實現低能源、低資本、低資源消耗的優勢，開辦了侗錦文化保護與創意設計培訓班，分別在該縣甘溪、牙屯堡等四個鄉鎮實施。從目前來看，有 465 名婦女通過侗錦科技創新專案的培訓，雖然部分學員無法立即理解培訓內容，但多數學員對侗錦之喜愛得以強化，不僅使當地婦女

掌握更多的侗錦技能，同時也增強了創業與創新能力。成果如下：研發了 10
餘件新的侗錦產品，展示中心實物增加至 30 件；皇都侗錦博物館陳列樣品增
加了 15 件，年收入計約 60 萬人民幣，有 300 餘位侗族婦女實現了足不出戶，
在村寨居家內就業的理想生活。

　　由前文的例子中，侗族織造技藝的創造者和傳承者，他們都是侗族織造
技藝文化的主體。任何一個民族的文化在發展中都有自己特性的傳承機制，
但不論是何種機制，都是為了確保文化可以自然地延伸相傳；例如在這種機
制包含文化主體的選擇機制，其主體能夠根據環境的變化做出對適應的判斷，
有可能是因應時代的改變，使一環或幾環的文化發展鏈出現具有創新的特質。
最後把文化精髓整合為文化資源，使文化傳承永遠有新的自行發展能力。正
是主體的文化不斷地創造縱深，才使文化內涵無比豐富。

　　侗錦織造技藝者應對文化負有傳承的使命感，同時他們也理當享有被尊
敬的地位，如此才能使侗錦文化織造技藝更為精進，也得以更長久地傳承下。
換言之，他們根據大環境的需要對文化進行創新和改造。在面對市場經濟和
外來文化的衝擊，侗錦織造技藝文化與產品的空間被壓縮，顯然已經無法適
應現代社會的競爭和品味，只有創新才能做出更大的發展空間。因此，侗族
族人需要通過超越原有的侗錦文化，整合新的文化元素，才能造就侗錦織造
技藝與內容繼續創新與發展。